# 貧困, 紛争, ジェンダー
——アフリカにとっての比較政治学——

戸田 真紀子 著

晃洋書房

はじめに

### 比較政治学とアフリカ研究

　日本語で執筆された比較政治の本は多いが，アフリカが事例として取り上げられているものは少ない．紛争後の平和構築や民主化をテーマとした専門書にはアフリカの事例はよく取り上げられているが，政党政治や選挙制度を比較した研究書に，アフリカの政党や選挙を分析した論文がどれほど掲載されているだろうか．

　アフリカ諸国は憲法を持ち，政党も議会もある．民主主義，君主制と共和制，立法権と行政権，連邦主義と単一制度など，比較政治の重要テーマについては，他地域と比べても遜色なく研究材料を提供できる．軍事政権時代，独裁政権時代ならいざ知らず，21世紀に入ってもなおアフリカの事例が日本の比較政治学の教科書になかなか登場しないのはなぜだろうか．

　アフリカが事例として取り上げられにくい理由の1つは，アフリカの社会や文化の理解が難しいことと，アフリカ政治が特異なもので，他地域と比較できない特殊アフリカ的なものだと考えられてきたことにあるのではないだろうか．

　確かに，アフリカのほとんどの国は多民族国家である．民主主義は同質的社会でしか安定的に機能しないとした通説に対する反論として，レイプハルトが多極共存型民主主義（consociational democracy）理論[1]を提起した時，バリーは，多極共存主義は宗教やイデオロギーで分断された社会ではうまく動くかもしれないが，民族的に分断された社会には適用できないとして，レイプハルトを批判した [Barry 1975: 502-504]．

　バリーの考えでは，階級や宗教の問題における論点は，「どのようにして国を運営するか」，「どのようにして我々は1つの国のなかで仲良くやっていくか」という問題であり，民族集団にとっての論点は，「1つの国であるべきなのか」という問題にある．つまり，民族集団が問わなければならないことは，「1つの集団は分離し独立国家となるべきなのか」，「各民族集団は民族的に同族である隣国と合併するべきなのか」，それとも，「今ある国家の全体が他国を吸収す

るか，他国に吸収されるべきなのか」という国家の分裂と統合に関わる問題だという．バリーは，民族集団が提示しているこれらの問題には話し合いの余地がないと結論付け，各民族集団が政党をもった場合に社会的調和が生まれるという可能性を否定するのである．

　バリーにとっては，アフリカの民族は太古の昔から連綿と続く集団であり，民族同士の対立は解決の目途のたたない複雑怪奇な問題にみえたのかもしれない．では，バリーの指摘は妥当だろうか．多民族国家では常に民族が対立関係にあり，民族共存の理念は掲げられたことがないとでもいうのだろうか．

　まず覚えておくべきことは，現在のアフリカの民族の全てが太古の昔から連綿と続く集団ではないということである．植民地化以前，集団は分裂や統合を繰り返し，様々に変化した．植民地時代には，植民地政府によって，小さな集団が集められ大きな集団（現在の民族）が作られたり，白人や他の集団との競争の過程で，まとまりのなかった集団が1つにまとめられ現在の民族が形成されたりするなど，一定の共通性があったにせよ，人為的に「民族」が作り上げられたという事例は，アフリカの各地でみることができる[2]．

　多民族共生はアフリカの伝統である．1つの村に複数の民族が住んでいることがアフリカの日常風景である．ヨーロッパ列強が決めた国境線を独立後も維持するという原則のもと，独立以来，多くの国が「どのようにして1つの国の中で仲良くやっていくか」という問題に取り組んできた．無論，コンゴ動乱（1960-65年）やビアフラ戦争（1967-70年，後述）のように分離独立の是非が問われた内戦もあるが，両者とも民族集団同士の対立から生まれたと説明できるような単純な戦争ではない．東西冷戦，植民地時代の政策や旧宗主国の既得権益といった外的要因が大きく影響した戦争であった．これらの要因を最小限にできれば，「1つの国家であるべきなのか」という問題は制度設計によって解消でき，民族対立は緩和できると筆者は考える．

　ソマリアやナイジェリアのように「破綻国家」や「失敗国家」と呼ばれる国もアフリカにはいくつか存在する．こういった国でみられる民族対立は，ほとんどの場合，民族の違いが引き起こしたというよりは，権力や富といった資源配分の問題に端を発している．アフリカでは，近年，キリスト教徒とイスラーム教徒が対立する宗教紛争も多くみられるが，よく観察すれば，教義に基づく純粋な宗教対立ではなく，支配と被支配を巡る対立であることが多い．異教徒排斥のデモや襲撃も政治エリートによる扇動であることが報告されている．ま

た，アフリカにも"greedy"な富裕層[3]がおり，階級間対立も深刻である．こういったことを念頭に置いた上で，アフリカの事例とアジアやヨーロッパの事例を同じ土俵で比較することには何の問題もないはずである．

　本書は，アフリカを比較対象として学ぼうとする人たちへの入門書として企画した．

### アブディナシルの物語

　アブディナシルという青年がいる．彼は東アフリカに位置するケニア共和国の北東部のソマリ人の村に生まれた．貧しい家庭であった．ポリオの予防接種を受けていなかったため，感染し，幼くして下半身が麻痺した．労働力にならない息子を見た父親は，母親に，「捨ててくるように」と命じた．しかし，母親はその言葉に従わず，彼を荷台に乗せて野菜売りを続けた．アブディナシルが学齢期に達した時，母親は，自分の手元においていては学校に通わせてやることが出来ないと考え，ポリオの子どもたちのための孤児院を経営していたママ・ハニという女性のところに彼を預けた．アブディナシルはママ・ハニ孤児院で暮らし，小学校に通った．勉強熱心な彼はセカンダリー・スクール（中等学校）への進学を望み，ママ・ハニはNGOに助けを求めた．NGOはスポンサーを探しだし，そのスポンサーの援助で，アブディナシルは中等学校を卒業し，首都のカレッジに通い，会計士の資格をとって，地元の銀行に勤め，結婚もした．

　このアブディナシルの話から，読者は何を思うだろう．父親の冷酷さに驚いたかもしれない．しかし，「家畜をもたないソマリ人は惨めだ」というママ・ハニの言葉通り，極貧家庭には労働力にならない子どもを養う余裕はなかっただろう．戦前の日本の農村部でも同様で，口減らしの結果，赤ん坊の遺体が川を流れてくる話を筆者も聞いたことがある．では，貧しかったのだから仕方がないという話になるだろうか．決してそうではない．この問題の根本には，ケニア国内の富の再配分が不平等であるという問題がある．ケニア政府がポリオの予防接種をこの地域で無償で実施していれば，アブディナシルの足が麻痺することはなかったからである．

　この地域は長く開発から取り残されてきた．ケニア政府の報告書において，北東部が「アクセスしにくい地域だから〇〇出来ない」と書かれているのも，道路網を含めたインフラ整備が遅れているせいであって，気候が厳しいという

自然条件だけが原因ではない．アブディナシルの生い立ちについて，責められるのは父親ではなく，この地域の開発を考えてこなかったケニアの政治家たちである．

　アフリカで多くの人びとが貧困に苦しんでいるのはなぜか．仕事を怠けているから貧しいわけではない．アブディナシルの母親も彼を片時も離さずに一生懸命働いていた．多くのアフリカの国々では，働いても働いても豊かになれないような制度が既に出来上がっているのである．抑圧の重しとしてアフリカの貧しい人びとを押しつぶそうとするこの制度を支えているのは，腐敗したアフリカの政治エリートと，既得権益を守り続ける大国である．この制度によって，国民の福祉を考えることのないアフリカの政治家が蓄財に励めるようになり，貧しい人びとに富が配分されにくくなっている．不公平な貿易ルールが維持され，富が北の世界に流れ，北の大国に協力する政治家たちの蓄財を許し，貧しい人びとが抵抗できないように，国内の抑圧装置が動いている．もちろんアフリカではパトロン・クライアント関係（第6章第2節参照）が顕著であり，政治エリートの蓄財のおこぼれに預かる人びともいるが，全ての村から政治エリートが誕生しているわけではないので，大部分の国民にはその恩恵は無関係である．先進国にも搾取の関係に心を痛める人びとはいるが，その人びとが先進国の企業や政治家の行動を拘束するまでの力をもつことは滅多にない．本書の第Ⅱ部では，この2つの集団が支える「貧困を作りだし維持する制度」について考えていきたい．

　教育を受けたアブディナシルは高収入を得る仕事に就くことが出来た．しかし，この原稿を書いている今，この地域の人びとは暴力に怯える生活を送っている．筆者が2000年から通い続けたこの地域は，2011年10月にケニア軍が隣国ソマリアの南部を支配するアル・シャバブ (al-Shabab) の掃討作戦を始めて以来，その報復テロとして手榴弾が爆発し，多くの死者が出ている．さらには，アル・シャバブの協力者の取り締まりのためにケニアの治安部隊が展開し，数百名が逮捕されたと報じられている．住民は自由に出歩くこともままならず，経済活動も停滞しているという．

　人びとが努力して気付いた平穏な生活を一瞬のうちに破壊するのが紛争である．冷戦終結後，アフリカは「紛争の大陸」と呼ばれるようになった．[4] 今，この時点でも，どこかの国で誰かが紛争の犠牲になっている．

　1970年代に南欧から始まった「民主化の第三の波」は，南米やアジア，そし

て旧ソ連・東欧を経て,冷戦終結後,アフリカに押し寄せたとよく言われるが[5],この表現は間違っている.冷戦時代,民主化を求めるアフリカの人びとの運動は,西側陣営からの支援を受けた独裁者がことごとく潰していった.さらに言えば,植民地解放闘争こそが,アフリカで民主化を求めた最大の運動ではなかっただろうか.アフリカにとって,民主主義はヨーロッパから教えてもらったものでは決してない.紛争の問題,アフリカの民主主義の伝統,冷戦終結後の欧米による民主化要求,その帰結については,第Ⅲ部で扱う.

　第Ⅱ部の貧困,第Ⅲ部の紛争の問題まで読み終えた読者の中には,「日本に生まれてよかった」という感想を持つ人がいるかもしれない.日本の全てがアフリカに勝っているわけではないということを理解してもらうことも願って,第Ⅳ部では,ジェンダーに焦点をあててアフリカを語りたい.

　アフリカ政治の理解を助けるために,序章で,地理,伝統王国,民族,宗教,生業について説明している.また,第Ⅰ部では,第1章で米国を中心とした比較政治学の発展とアフリカとの関係を,第2章と第3章でアフリカの政治制度を,第4章でアフリカの地域機構としてアフリカ統一機構(Organisation of African Unity: OAU)とアフリカ連合(African Union: AU)を概観する.

●注
1) 例えばアーモンドは民主主義体制を英米型(同質的な世俗的政治下位文化)と大陸ヨーロッパ型(断片化された政治下位文化)に分類し,同質的な英米型の方が断片化された大陸ヨーロッパ型よりも政治的に安定していると結論付けた(第1章参照).
2) 民族とは何かという問題については,福井 [1999] を参照してほしい.福井は次のように述べている.「ここではまず,民族に関するひとつの大胆な仮説を前提に,そこから民族という『不可思議なもの』に接近していくことにする.その仮説とは,民族とは元来虚構のうえに成り立った集団である,ということである.……いくら出自や言語などの『客観的』指標を共有していようとも,『主観的』に『我々』つまり同類意識をもたない民族などありえない.同類意識こそが,民族を成立させているもっとも基本的な条件である」.
3) コリアーとヘフラーは,"Greed and Grievance in Civil War"というタイトルの論文を複数発表している(http://www.econ.nyu.edu/user/debraj/Courses/Readings/CollierHoeffler.pdf, 2015年1月23日閲覧).
4) アフリカに対する暴力の歴史は長い.奴隷貿易はアフリカの内陸部の村々を破壊し,植民地化に抵抗した人びとは虐殺された.独立時に武装解放闘争を経験した国もあるし,冷戦の代理戦争に苦しんだ国もある.
5) ハンティントンの議論に代表される [Huntington 1991a; 1991b].

# 目　次

はじめに

序　章　アフリカの多様性 ……………………………………… *1*
　　1　アフリカの地理　（*1*）
　　2　アフリカの伝統王国　（*7*）
　　3　アフリカの民族・宗教・生業　（*10*）

## 第Ⅰ部　比較政治学とアフリカ

第1章　比較政治学の方法論 …………………………………… *31*
　　1　アフリカと比較することの意味　（*31*）
　　2　比較政治学の歴史とアフリカ　（*34*）
　　3　比較政治学の理論とアフリカ　（*39*）
　　4　本書のアプローチ　（*46*）

第2章　アフリカの政治制度 …………………………………… *53*
　　　　――ケニアを事例として――

第3章　アフリカの政党システム ……………………………… *59*
　　1　ケニアの複数政党制と一党制の歴史　（*59*）
　　2　民族アイデンティティと民族ナショナリズム　（*60*）
　　3　ナイジェリアの政党の歴史　（*63*）

第4章 アフリカ統一機構とアフリカ連合 …………………………… 66
  1 アフリカ統一機構　（66）
  2 アフリカ連合　（68）

## 第Ⅱ部　貧困と比較政治学

第5章 アフリカはいつから貧しいのか …………………………… 79
  1 奴隷貿易　（80）
  2 植民地化　（80）
  3 独立後の人びとの生活　（82）
  4 奪われた教育機会　（85）
      ――タンザニアの事例――

第6章 富める人びと，貧しき人びと …………………………… 90
  1 アフリカの貧困の見方　（90）
  2 作られた貧困　（94）
      ――ケニアのソマリ人の状況――
  3 国際社会の責任1　（97）
      ――南北問題の構図と新植民地主義――
  4 国際社会の責任2　（107）
      ――独裁者支援と介入――

*COLUMN 1*　児童労働　（116）
*COLUMN 2*　HIV/AIDS（エイズ）の感染拡大について　（117）

## 第Ⅲ部　紛争と比較政治学

第7章 紛争を引き起こす政策 …………………………… 121
      ――植民地化の遺産――
  1 分割統治が育てた相互不信　（123）

2　民衆を弾圧する軍の伝統　（*134*）
　　3　ナイジェリア軍の「中立性」の欠如と「法が支配しない世界」　（*140*）

COLUMN 3　子ども兵　（*149*）
COLUMN 4　冷戦の代理戦争　（*150*）
COLUMN 5　国際刑事裁判所　（*150*）

## 第 8 章　ソマリ人の経験 ………………………………… *152*
　　　　――民族の分断，冷戦の代理戦争，
　　　　　　民主化が生んだ内戦，「テロとの戦い」が生んだ紛争――
　　1　ソマリ人居住地域の分割　（*152*）
　　2　「シフタ」戦争　（*154*）
　　3　冷戦の代理戦争　（*157*）
　　　　――オガデン戦争――
　　4　民主化要求が生んだソマリア内戦　（*157*）
　　5　「テロとの戦い」が生んだ紛争　（*160*）
　　6　テロを撲滅するために必要なこと　（*163*）

## 第 9 章　紛争の再生産を断ち切るために ………………………………… *171*
　　1　アフリカの紛争の犠牲者が多い理由　（*171*）
　　2　退出しない軍隊　（*179*）
　　3　幻想としての「民主主義」　（*190*）
　　　　――国際社会の民主化要求と紛争――
　　4　紛争抑止の制度設計　（*196*）
　　　　――コンセンサス型の手法――
　　5　ジェノサイドの心理学　（*198*）
　　　　――人びとはなぜ殺戮に参加するのか――
　　6　国際社会の責任　（*200*）

## 第Ⅳ部　ジェンダーと比較政治学

### 第10章　アフリカから見るジェンダーと政治学 …………… 209
　1　ジェンダー研究の必要性　（209）
　2　日本の状況　（210）
　3　政治学のジェンダー中立性の虚構　（213）
　　　――ジェンダーという「メガネ」から見えてくるもの――
　4　アフリカから見るジェンダーと政治　（218）
　5　ルワンダの経験　（220）
　6　アフリカ女性と因習　（226）
　7　ジェンダー平等の必要性　（231）

お わ り に　（237）
参 考 文 献　（243）
人 名 索 引　（256）
事 項 索 引　（259）

# 序章　アフリカの多様性

## 1　アフリカの地理

　アフリカ政治を学ぶためには，思い込みからの脱却が必要である．アフリカは多様な大陸である．北アフリカとサハラ以南アフリカをあわせて54の国家（日本が国家承認していないサハラ・アラブ民主共和国，いわゆる西サハラを含めれば55カ国）が存在する．皆さんはいくつの国を知っているだろうか．

### (1)　アフリカの白地図
　まずは地図1をみてほしい．この白地図にいくつの国名を書き込むことができるだろうか．筆者は1990年代から講義で試しているが，3カ国正解というのが受講生の平均である（正解は地図3参照）．

### (2)　アフリカの地形と気候
　アフリカ大陸は広大である．その面積はヨーロッパの3倍になる．スーダン西部のダルフール地方がフランスとほぼ同じ広さだと言えば，その広大さは想像しやすくなるだろう．地図2では，アフリカ大陸にすっぽり入ってしまった米国，中国，ヨーロッパの国々を見てほしい．
　気候は多くの地域で雨季と乾季に分かれる．アフリカと聞くと「暑い」と考える人が多いが，アフリカ最高峰キリマンジャロ山の頂上は氷河に覆われている[1]．ケニアの首都ナイロビは標高1600メートルに位置しているため，日本人にとっては7月にはセーターが必要となるほど肌寒い．ナイロビから北東に350キロメートルほど離れたガリッサに向かうと，徐々に高度が下がり，気温が上がっていくのが分かる．2月のガリッサは気温が42度まで上がり，夕方6時に

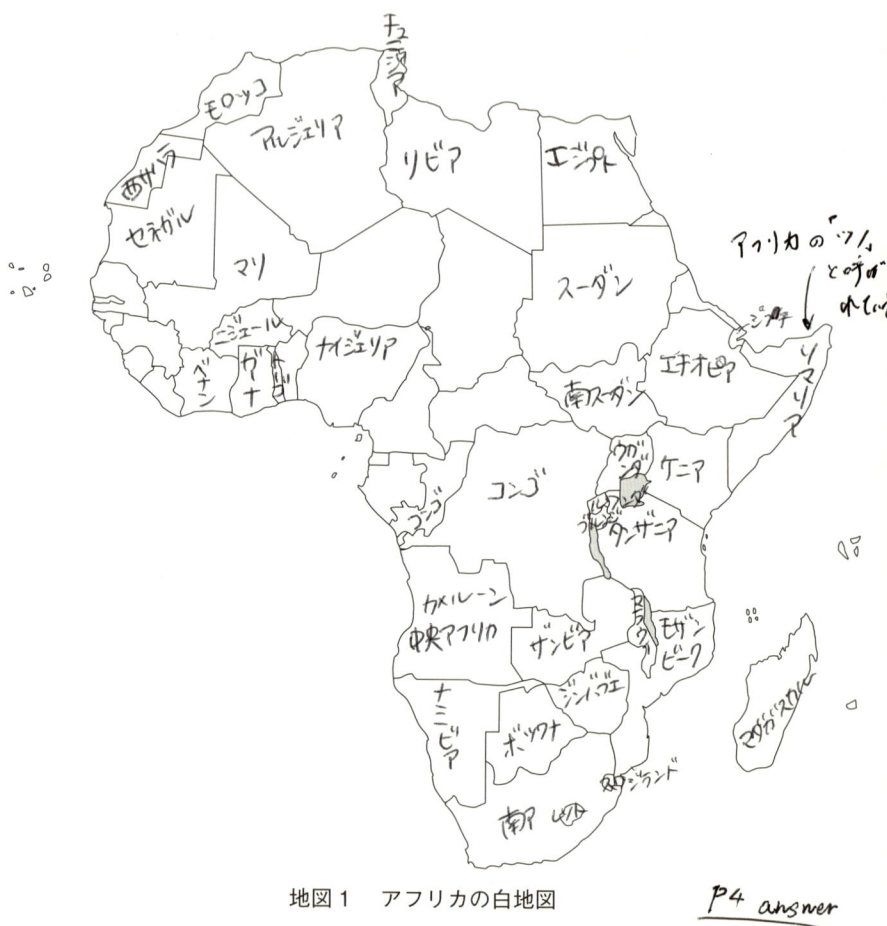

地図1　アフリカの白地図

序　章　アフリカの多様性　3

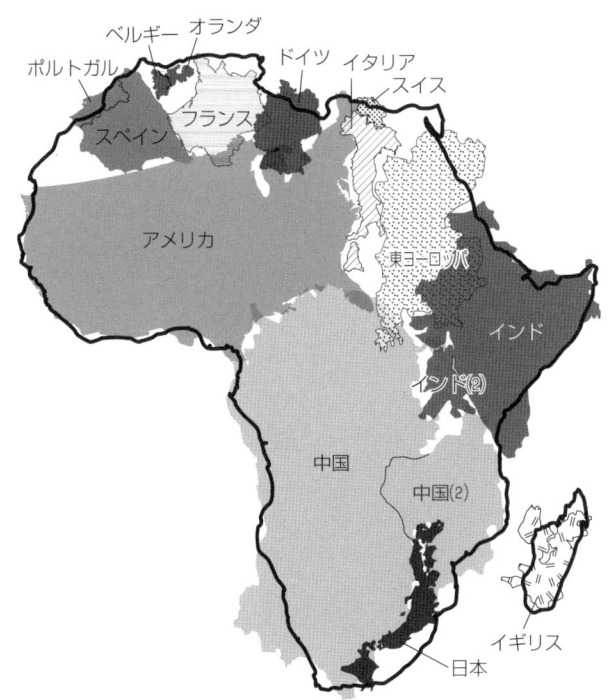

地図2　アフリカの大きさ

(出所) The True Size of Africa (Kai Krause 製作. http://static02.mediaite. com/geekosystem/uploads/2010/10/true-size-of-africa.jpg, 2014年12月23日閲覧) を参考にして筆者作成.

なっても気温は30度から下がらない．暑さが厳しい時に限って1週間停電になり扇風機が止まってしまうということもあった．

　アフリカ大陸の北部に広がるサハラ砂漠は面積約940平方キロメートル，米国とほぼ同じ面積を誇る．砂漠がある一方で，熱帯雨林に覆われた地域が，ギニア湾の沿岸部からガボン，コンゴ共和国，コンゴ民主共和国，アンゴラにかけて広がっている．後述するように，世界最長のナイル川をはじめ，西アフリカのニジェール川，中部アフリカのザイール川，南部アフリカのザンベジ川の流域には，数々の王国の栄枯盛衰があった．地図3と地図5で，国名と気候区分を見てほしい．地図5には，大河と湖も載せてある．

　アフリカの政治を理解する上で，地理や植民地以前の歴史を知っておくことは必須である．近年，世界が注目しているナイジェリアの過激派ボコ・ハラム

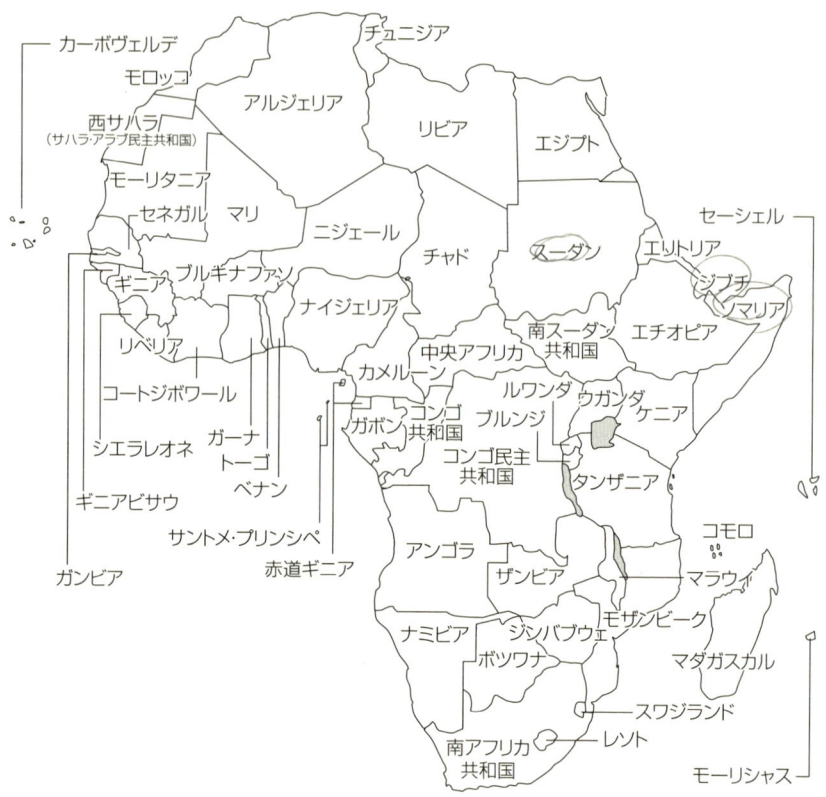

**地図3　現在のアフリカ**

(出所) 戸田 [2013] を改訂.

(Boko Haram) をみてみよう.

　ボコ・ハラムは，2002年，ナイジェリア北東部のマイドゥグリで結成された．2009年に指導者ムハマッド・ユスフが殺害されるまでは，現在のような過激な行動をとってはいなかったという．しかし，ユスフ殺害後，次の指導者の下で，ボコ・ハラム関連事件による死者は，過去5年間で1万3000人に上ると，2014年9月にジョナサン大統領が表明しており，現在のボコ・ハラムを「過激派」と呼ぶことに支障はきたさないだろう.

　ボコ・ハラムの構成メンバーを考えたとき，ナイジェリア北部の2つの帝国が登場する．ナイジェリアの新聞 THISDAY によれば，ボコ・ハラムのメンバーの9割が，ナイジェリアからニジェール，チャド，カメルーンにかけて居住し

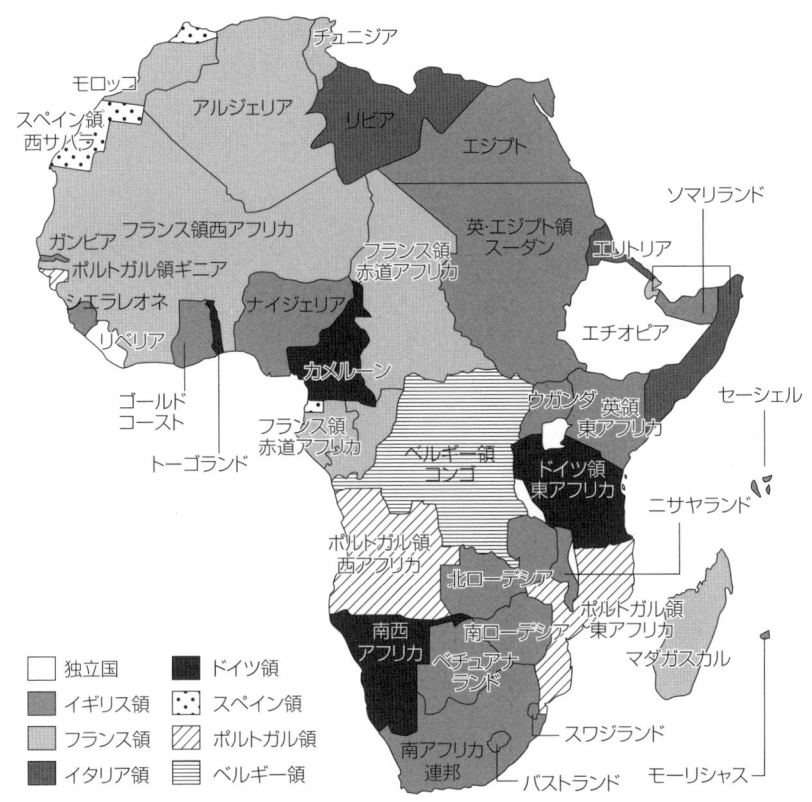

地図4　植民地時代のアフリカ（1914年）

(出所) 戸田 [2013] を改訂.

ているカヌリ人である[3]. カヌリ人は, イギリスに制圧されるまでナイジェリア北部を支配した「ソコト (Sokoto) 帝国」(地図7及び第7章地図7-3を参照) とは異なる, 「カネム・ボルヌ (Kanem Bornm) 帝国」(地図7) の末裔である.

また, ボコ・ハラム登場の背景に, 近年のチャド湖 (地図6) の縮小と政府の無策が関係しているという指摘がある. ナイジェリア北東部では政治的崩壊が続いている. ボコ・ハラムのこの誕生地は, ナイジェリアで最も貧しい地域の1つであり, 住民の71.5％が最貧困層, 半数以上が栄養不良という状態である. 漁業や灌漑農業で暮らす3000万人の人びとが依存しているチャド湖が, この40年間縮小し続け, 住民の生活が大きな打撃を受けていることに対して政府は無策である[4]. 国連環境計画 (UNEP) は, 気候変動と農業用水利用により,

**地図5　アフリカの気候区分**

(出所) 帝国書院編集部編 (2013) 『新詳高等地図』帝国書院をもとに筆者作成.

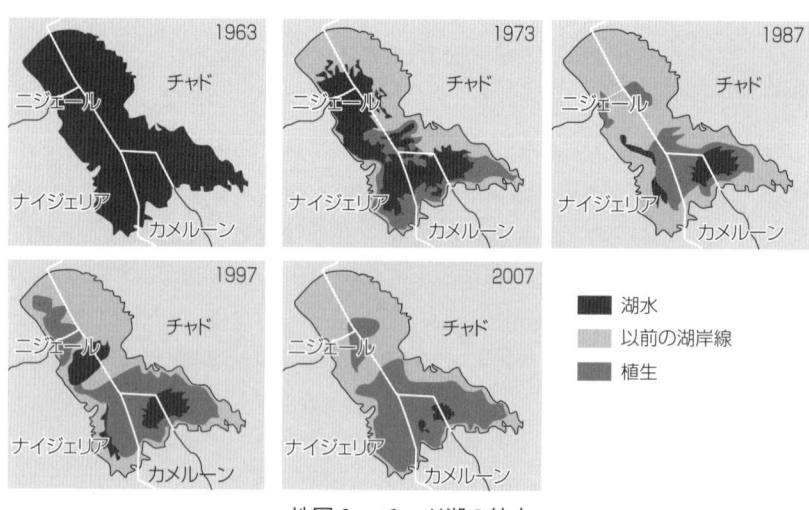

**地図6　チャド湖の縮小**

(出所) Lake Chad: almost gone (http://www.unep.org/dewa/vitalwater/article116.html, 2015年1月23日閲覧) より筆者作成.

1963年と比べ,チャド湖は20分の1の大きさに縮小していると報告している(地図6).

## 2　アフリカの伝統王国

　ナイル川をはじめ,西アフリカのニジェール川,中部アフリカのザイール川,南部アフリカのザンベジ川の流域に様々な王国の栄枯盛衰があったことは,先述の通りである.地図7は,時代を問わずにいくつかの伝統王国のある時期の領域を示したものである.地図7と地図3を比較すれば,現在のアフリカの国境線が伝統王国の領域と全く重なっていないことがわかる.

　日本で一番有名なアフリカの伝統王国は,紀元前のエジプトの古代王国だろう.数冊の高校の世界史の教科書をみたが,古代エジプト以外には,「エジプトを除く最古のアフリカ人の国」として,「ナイル川上流のクシュ王国」,「アラビアからエチオピアに移住していたセム系のアクスム人」が建てた「アクスム王国」,西アフリカの「ガーナ帝国」,「マリ帝国」,「ソンガイ帝国」が登場する.マリ帝国については,14世紀に大量の金とともにメッカに巡礼した王,マンサ゠ムーサが有名である(第5章参照).「海のシルクロード」ともつながるインド洋交易で栄えた東アフリカの海港都市や南部アフリカの「モノモタパ王国」を紹介している教科書もある.

　世界史の教科書では,この後,大航海時代,黒人奴隷貿易,地理上の探検(19世紀半ばから後半にかけてのリヴィングストンとスタンリーのアフリカ内陸部の探検),植民地化へと話が進むが,登場するのは,ヨーロッパ商人に奴隷を売り渡して富を得た西アフリカのダホメー(Dahomey)やベニン(Benin)などの王国だけである.中部アフリカにコンゴ(Congo)王国(15世紀に最大版図)という大国があり,ポルトガルの王と兄弟王の関係まで築いたが,教科書には,この王国ではなく,現在のコンゴ民主共和国に連なり,1884-1885年のベルリン会議でベルギー国王の私有地となった「コンゴ自由国」しか登場せず,また,ベルギー国王がどのように残虐な方法で統治を行っていたかも紹介されていない(第5章参照).また,ベルリン会議に始まる「アフリカ分割」の中で,アフリカ人の抵抗運動には触れていても,具体的な話は載っていない.

　現在のジンバブウェの南西部にあったンデベレ(Ndebele)王国(第6章参照),西アフリカ西部のトゥクロール(Toucouleur)帝国,サモリ(Samori)帝国,スー

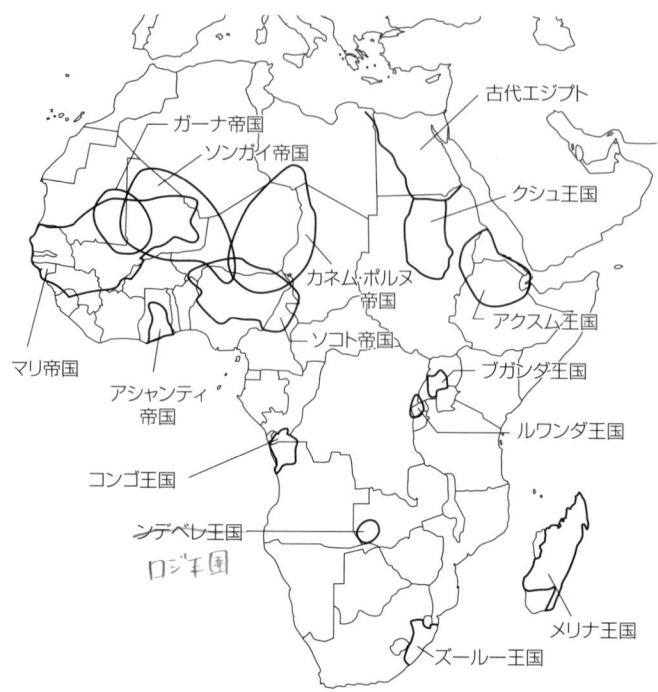

**地図7　アフリカの伝統王国と帝国**
(出所) 宮本・松田編 [1997] 等より戸田舜樹作成.

ダンのマフディ (Mahdi) 国家, チャドのラバー (Rabah) 国家, ガーナのアシャンティ (Ashanti) 帝国, マダガスカルのメリナ (Merina) 王国といったアフリカの帝国や王国が, イギリスやフランスとの激しい戦闘の末, 征服され, もしくは滅ぼされた話は是非知っておいてほしい.[16]

アシャンティ帝国は滅んだが, アシャンティの王の影響力は現在でも絶大である. アシャンティだけではなく, ウガンダのブガンダ (Buganda) 王国など, アフリカの伝統王国の中には, 植民地時代を生き残り, 現政権により, 伝統的権威を認められているところもある.

伝統王国の領土が植民地化によってどのように変化したのか, ルワンダ (Rwanda) 王国の例を見てみよう. 地図8をみれば, ルワンダ王国が戦闘により周囲の国々を征服し領土を拡大していった様子がよくわかる. ルワンダ王国の歴代の王と軍隊の努力によって得た領土を一瞬にして奪ったのが, ヨーロッ

序　章　アフリカの多様性

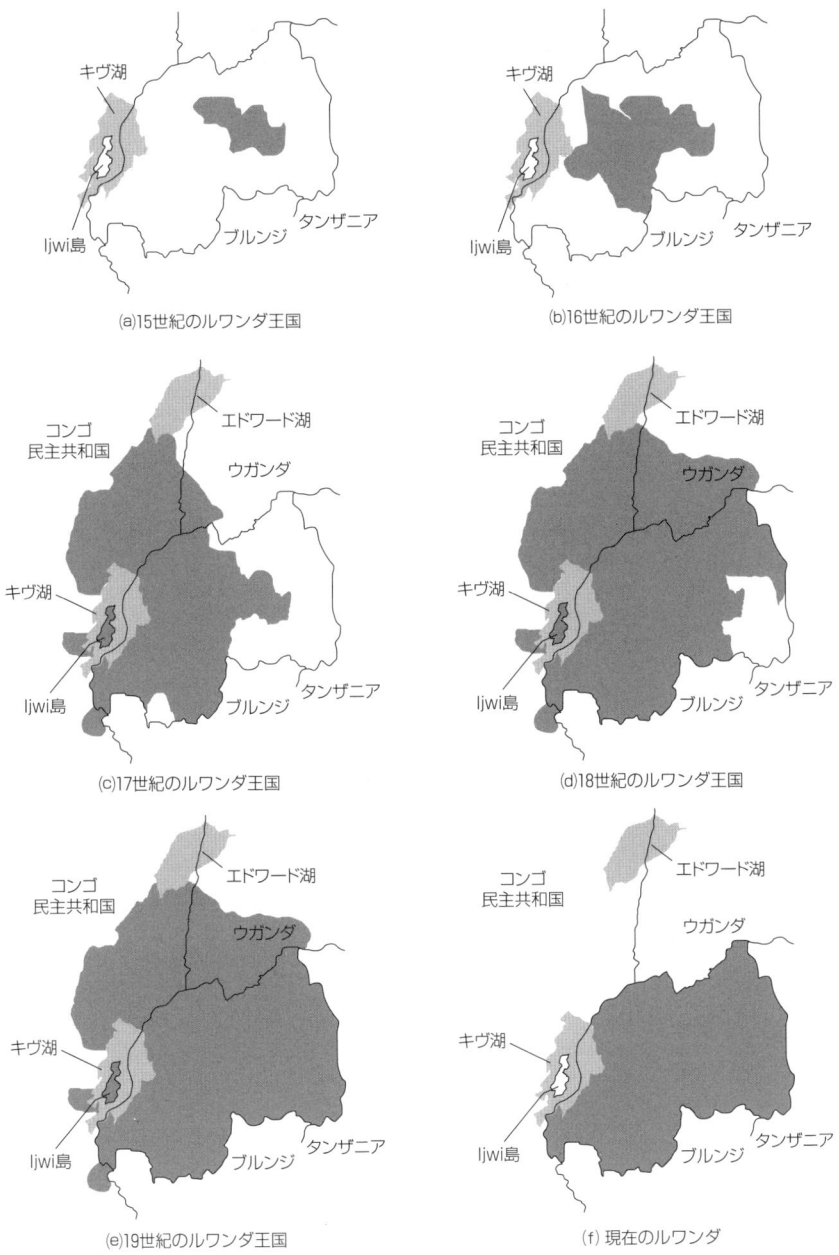

地図 8　ルワンダ王国の変遷

(出所) Institute of National Museums of Rwanda, *Rwanda : the formation of Rwanda from 15 century*, 2010より筆者作成.

パ列強であった．1910年5月14日，ベルギー領コンゴ，イギリス領ウガンダ，ドイツ領東アフリカの国境がブリュッセル会議で確定し，Bufumbiraがウガンダに，Bwishya，GishariとIjwi島がコンゴに併合され，ルワンダは現在の大きさになってしまった．

ルワンダ王国の変貌は領土の縮小だけではない．ルワンダの人びとは，それぞれクラン（氏族）に属し，トゥチ，フトゥ，トゥワ（表2参照）[17]というのは，牧畜民，農耕民，職人という職業の違いを表すものであった．農耕民が牛を多数持つようになれば，フトゥからトゥチになり，牧畜民が牛を手放せば，トゥチからフトゥとなったという．王や王妃のクランは決まっていたが，トゥチが政治的意思決定を独占し，フトゥが従属しているというような構造にはなっていなかった．

また，ルワンダ王国の意思決定は，第10章でも触れるように，王とQueen Mother（多くの場合，王の実母）と評議会（Abirus Council）のコンセンサスによって行われており，王の独裁ではなかった．評議会のメンバーは，全ての主要リネージとクランから選出されており，土地と農業生産を管理するフトゥの人びとが多数派であった．

この構造を変えたのが，宗主国ベルギーであった．まず，ベルギーは，キリスト教への改宗を拒否していた王（Yuhi V）を退位させ，カトリックに改宗していた王子を即位させた（Mutara III）．そして，評議会は解散させられ，Queen Motherが持っていた政治的権限も奪われた．トゥチ，フトゥ，トゥワは，民族の名前とされ，この3つの「作られた民族」に対して，ベルギー植民地政府はIDカードを発行した．これにより従来の流動的な職業集団の違いは消失し彼らはそれぞれに異なる民族として固定化された．このIDカードに記載された民族名で選別されたトゥチの人びとが，1994年のジェノサイドの犠牲者となったのである．

## 3　アフリカの民族・宗教・生業

### (1)　民族共存の伝統と政治エリートの権力闘争

アフリカでは，一時期よりは紛争の数は減少しているが，いくつかの国は未だに深刻な状況を抱えている．ソマリアやコンゴ民主共和国東部の紛争は10年以上続き，平和への道がなかなか見えてこない．まず，アフリカが経験してき

た，民族紛争や宗教紛争と呼ばれてきた紛争の構図を考えてみよう．

アフリカではなぜ紛争が起きるのか．高校世界史の資料集や参考書を含め，その答えとして，次のような説明が多い．「アフリカにおいては，その国境の多くが植民地時代に定められたものであり，必ずしも1つの民族を基に国家が形成されているわけではありません．このため，紛争がその国の中での民族的・文化的・宗教的な違いを火種として発生し，その規模が国境を越えて拡大する傾向があります」[18]．

「民族的，文化的・宗教的な違い」は確かに存在する．人びとは，キクユ人やカンバ人，イボ人やヨルバ人といった民族アイデンティティを持ち，また，敬虔なイスラーム教徒はシャリーア（イスラーム法）を支えとして暮らしている．多くのキリスト教徒も信仰を守って生活している．民族が異なる人びと，宗教が異なる人びとが共存してきたことがアフリカの伝統である．1つの村に異なる民族が住み，人びとが複数（人によっては10以上）の民族語を駆使できるのがごく当たり前のアフリカの風景である．

つまり，民族アイデンティティや宗教アイデンティティは最初から「火種」として存在しているわけではない．多民族共生もしくはキリスト教徒とイスラーム教徒の平和共存がアフリカでは普通の光景だからである．本書では，多民族国家であるから紛争が起きやすいという説明は間違っているということも強調したい．アフリカには，多民族国家ではあるが独立以来国内紛争を経験していない国が少なからず存在しているからである．表1は，1990-2002年に，一方の当事者が政府であり年間戦闘死者1000人以上の国内紛争を起こした国と起こしていない国の民族数を表したものである．サハラ以南アフリカ48カ国中34カ国のデータでしかないが，表1をみれば，民族の数と紛争の有無には相関関係がないことがわかる．具体的には表2を見てほしい．サハラ以南アフリカの国々

表1　民族数と紛争との相関関係
（1990-2002年）

| 民族数 | 紛争国 | 非紛争国 |
| --- | --- | --- |
| 0-10 | 4 | 4 |
| 11-20 | 1 | 5 |
| 21-30 | 1 | |
| 31-40 | 3 | 2 |
| 41-50 | | 1 |
| 51-60 | | 2 |
| 61-70 | | |
| 71-80 | | 2 |
| 81-90 | | |
| 91-100 | 2 | 1 |
| 101-150 | | 1 |
| 151-200 | 1 | 1 |
| 201-250 | 1 | 1 |
| 251-300 | | |
| 301-350 | | |
| 351-400 | | |
| 401-450 | | |
| 451-500 | | |
| 501以上 | 1 | |

(出所) 戸田 [2004: 188] を修正．

は，そのほとんどが多民族国家である．ボツワナやソマリアなど一部の国を除いて，ほとんどの国が複数，それも膨大な数の民族を抱えている．しかし，民族の数が多いから民族紛争が起こっているわけではない．

ソマリアはソマリ人が85％以上を占め，一時はパン・ソマリズムを掲げるほどであったが，1991年に独裁政権が倒れてから，民族を構成するクラン（氏族）同士の対立による内戦状態が長く続いた．ブルンジも，フトゥが85％，トゥチが14％，トゥワが1％という割合で，民族数は3と少ないが，深刻な内戦を経験している．一方，同じく内戦を経験したリベリアは28，アンゴラは100，コンゴ民主共和国は200以上，ナイジェリアは300以上の民族を抱えている．このように，内戦を経験した国の民族の数は大小様々である．これに対して，ツワナ人が約8割を占めるボツワナも，民族数73のザンビアも，130以上の民族が住んでいるタンザニアも，独立以来内戦の経験はない．内戦を経験していない国の民族の数も大小様々である．つまり，民族紛争の発生には，民族の数ではない別のメカニズムが働いていることが推測できる．

では，何故異なる民族や信仰者が殺しあっているのか．それは，政治エリートによって，民族アイデンティティが民族ナショナリズムに，宗教アイデンティティが宗教ナショナリズムに変質し，紛争の「火種」に作り変えられるからである．

例えば，選挙の時，候補者たちは，「○○人のために」，「△△人に支配されないために」，「イスラーム教徒は，イスラーム教徒の候補者に投票しよう」といったキャンペーンを展開する．人びとに敵対心や恐怖心を与え，「敵」を作り出す．失業中の若者に金と武器を与え，彼らに暴動を扇動させることもある．こういった紛争は，民族アイデンティティや信仰心や教義とはもはや無関係であり，世界の他の地域でみられるのと同様，政治エリート間の権力闘争と考えてよい．

1994年にジェノサイドを経験したルワンダは，カガメ政権のもとで民族間の和解が進み（民族の区分を否定し，トゥチもフトゥもトゥワも同じルワンダ人であることを強調している），「良い統治」を体現した国づくりを進めている．国内紛争を経験している多くの国で，政治エリートによる暴力の扇動がみられる．紛争が起きるかどうかは，多民族であるかどうかではなく，政治エリートに協調する意思があるかどうかにかかっているのである．

紛争については第Ⅲ部で詳しく扱うが，紛争がどのようにして起きるかとい

うメカニズムを議論する前に,「民族とは何か」について先に考えてみよう.

### (2) アフリカ人を「民族」と呼ぶ理由

この節のサブタイトルに「民族」という言葉があるのを見て,「部族」の誤植かと思った人がいるかもしれない. まず, アフリカの人びとを「民族」と呼ぶか,「部族」と呼ぶかについての問題から考えてみたい. 高校の教科書やテレビのドキュメンタリーでは,「○○族」という表現の方が多くみられるため, アフリカの人びとを「○○族」と呼ぶことに慣れているかもしれない. しかし, アフリカの人びとを「部族」と呼ぶ, つまり「○○族」と呼ぶか,「民族」と呼ぶ, つまり「○○人」と呼ぶかという問題は, アフリカを専門とする研究者の間でも, 意見の一致はない.

本書では, アフリカの人びとを「部族」とは呼ばない. これまで出来るだけ多くの場所で述べてきたことではあるが [戸田 1992; 2000; 2008; 2012; 2013], 理由は3つある. 第一の理由として,「部族」という言葉には,「未開」とか「原始的」とかいうイメージが付着していることがある. アフリカ人を「部族」と呼び, ヨーロッパ人を「民族」と呼ぶことは, 白人よりも低い地位にアフリカ人を貶めていることになり,「『野蛮な』アフリカ人をキリスト教徒にしてやり, 文明化することが神から与えられた白人の使命である」と主張してアフリカを支配してきた, ヨーロッパの植民地主義に与することだと考える.

第二の理由は, アフリカ人を「部族」と呼ぶことにより, ヨーロッパなど他地域で起こっている「民族紛争」とアフリカの紛争の比較が出来なくなることである. 特に, 東欧における「民族形成」や「民族紛争」とアフリカの事例を比較することは, 研究上とても有意義なことだと考えるが, アフリカの人びとを「部族」と呼ぶと, 対等な比較ができなくなる.

第三の理由は, 学術用語としての定義上,「部族」と「民族」の間にきちんとした区別がないことである. 日本語では,「部族」と呼ばれる集団は規模が小さく原始的であり,「民族」は「部族」よりも大きい集団として理解されているが, 現実はそのようにはなっていない. 例えば,「民族」紛争として引用される「ユーゴ内戦」(旧ユーゴスラヴィア, 1991-95年)と,「部族」抗争と呼ばれた「ビアフラ戦争」(ナイジェリア, 1967-70年)を比べてみても,「ユーゴ内戦」の当事者グループの1つであるクロアチア (Croatia)「人」の人口が当時約500万人であったのに対し,「ビアフラ戦争」の一方の当事者であったイボ「族」(表

2参照)の人口は当時でさえ約1000万人であった.

　このようにみていくと,「部族」と「民族」の間に, 学問的な定義の違いを見出しえない. あえて言えば, 白人の集団は「民族」という高い地位におかれ, アフリカの集団は「部族」という一段低い地位におかれている違いしかない.

　何の偏見も持たずにアフリカと接するためには, まず,「未開」という意味が付着している「部族」という言葉を, 根拠なくアフリカの集団に対して使うことをやめることが必要ではないだろうか. このような理由から, 本書では,「部族」「部族抗争」という言葉ではなく,「民族」「民族紛争」という言葉を使っていく.

### (3) アフリカ諸国の主要民族

　アフリカ大陸には, 一説によれば, 2500以上の民族が住んでいるという. 2500以上の民族が存在するということは, 2500以上の民族語があり, 慣習法があるということになる. 宗教は, 伝統宗教, キリスト教, イスラーム教に分かれる. 1つの国で, 北部がイスラーム教徒, 南部がキリスト教徒主体であるということも珍しくはない. 表2に, アフリカ諸国 (サハラ以南アフリカ) の主要民族と公用語をまとめた. アフリカ全体で54カ国 (サハラ・アラブ民主共和国を加えれば55カ国), サハラ以南アフリカには48の国があることから, 表2から計算すると, ほとんどの国が多民族国家であることと, 同じ民族がいくつかの国に分かれて暮らしていることがわかる.

　人びとはそれぞれの民族語を母語とし[22], さらにいくつかの民族語やリンガフランカ (地域共通語. 東アフリカのスワヒリ語や中部アフリカのリンガラ語など) を自由に操る. ただし, 学校では, 民族語で授業を教えられるのはよくても低学年の間だけであり, 基本的には公用語で授業を受ける. 公用語は, 子どもたちにとって母語ではない英語やフランス語やポルトガル語, つまり旧宗主国の言語であることがほとんどである.

　地図3 (現在のアフリカ) と地図4 (植民地時代のアフリカ) を見ると, 国境線が直線になっているところが何カ所かある. ヨーロッパの国々が, アフリカ人が誰一人としていない会議で, 地図を広げ, 分捕り合戦をしながら引いたためである. 会議で境界線を決めるときに, そこに住んでいるアフリカの人びとの歴史や生活を考慮しなかったため, 後述するように,「中国とアイルランドとドイツほどの違いがある」[23]人たちが1つの植民地に組み込まれ, 1つの民族がい

序章 アフリカの多様性　15

表2　アフリカ諸国（サハラ以南アフリカ）の主要民族と公用語（数字は全て概算）

| | 国　名 | 民族数と主要民族の割合 | 公　用　語 |
|---|---|---|---|
| 東アフリカ | ブルンジ（Burundi） | 3：フトゥ（Hutu）85%，トゥチ（Tutsi）14%，トゥワ（Twa）1% | ルンジ語，フランス語 |
| | コモロ（Comoros） | アンタロト（Antalote），カフレ（Cafre），マクア（Makoa）サカラヴァ（Sakalava），アラブ系 | アラビア語，フランス語 |
| | ジブチ（Djibouti） | ソマリ（Somali）60%，アファル（Afar）35% | フランス語，アラビア語 |
| | エリトリア（Eritrea） | 9：ティグリニャ（Tigrinya）55%，ティグレ（Tigre）30%，サホ（Saho）4%， | ティグリニャ語，アラビア語，英語 |
| | エチオピア（Ethiopia） | 80以上：オロモ（Oromo）34.5%，アムハラ（Amhara, Amara とも）26.9%，ソマリ6.2% | アムハラ語 |
| | ケニア（Kenya） | 40以上：キクユ（Kikuyu）22%，ルヒヤ（Luhya）14%，ルオ（Luo）13%，カレンジン（Kalenjin）12%，カンバ（Kamba）11%，キシイ（Kisii）6%，メル（Meru）6% | 英語，スワヒリ語 |
| | マダガスカル（Madagascar） | 18-20：メリナ（Merina），ベツィミサラカ（Betsimisaraka）15%，ベツィレウ（Betsileo）12.1%，ツィミヘティ（Tsimihety），サカラヴァ | フランス語，マダガスカル語（マレー系）， |
| | マラウィ（Malawi） | 約40：チェワ（Chewa）32.6%，ロムウェ（Lomwe）17.6%，ヤオ（Yao）13.5%，ンゴニ（Ngoni）11.5%，トゥンブーカ（Tumbuka）8.8% | 英語，チェワ語 |
| | モーリシャス（Mauritius） | インド系68%，クレオール27%，中国系3%，フランス系2% | 英語 |
| | モザンビーク（Mozambique） | 40以上：マクア・ロムウェ（Makua-Lomwe）40%，ツォンガ（Tsonga）など | ポルトガル語 |
| | ルワンダ（Rwanda） | （3）：フトゥ（Hutu）84%，トゥチ（Tutsi）15%，トゥワ（Twa）1% | ルワンダ語，フランス語，英語 |
| | セーシェル（Seychelles） | クレオール | クレオール語，英語，フランス語 |
| | ソマリア（Somalia） | ソマリ（Somali）85% | ソマリ語，アラビア語 |
| | 南スーダン（South Sudan） | 60以上：ディンカ（Dinka）35.8%，ヌエル（Nuer）15.6%，シルック（Shilluk），アザンデ（Azande）など | 英語 |
| | ウガンダ（Uganda） | 40以上：ガンダ（Ganda）16.9%，アンコレ（Nyankole）9.5%，ソガ（Soga）8.4%，キガ（Kiga）6.9%，テソ（Teso）6.4%，アチョリ（Acholi）4.7% | 英語，スワヒリ語 |

| 地域 | 国 | 民族 | 公用語 |
|---|---|---|---|
| 東アフリカ | タンザニア (United Republic of Tanzania) | 130以上: スクマ (Sukuma), ニャムエジ (Nyamwezi), チャガ (Chagga), ハヤ (Haya), マコンデ (Makonde) | スワヒリ語, 英語 (第2公用語) |
| | ザンビア (Zambia) | 73: ベンバ (Bemba), トンガ (Tonga), チェワ (Chewa), ロジ (Lozi), ルンダ (Lunda) | 英語 |
| | ジンバブウェ (Zimbabwe) | ショナ (Shona) 82%, ンデベレ (Ndebele) 14% | 英語 |
| 中部アフリカ | アンゴラ (Angola) | 100: オヴィンブンドゥ (Ovimbundu) 37%, キンブンドゥ (Kimbundu) 25%, コンゴ (Kongo) 13%. | ポルトガル語 |
| | カメルーン (Cameroon) | 240: ドゥアラ (Duala), バミレケ (Bamileke), ティカル (Tikar), バムン (Bamoun), フルベ. | 英語, フランス語 |
| | 中央アフリカ共和国 (Central African Republic) | 80以上: バヤ (Baya) 33%, バンダ (Banda) 27%. | サンゴ語, フランス語 |
| | チャド (Chad) | 200: サラ (Sara) 27.7%, アラブ人 (12.3%), | フランス語, アラビア語 |
| | コンゴ共和国 (Republic of the Congo) | 4主要民族: コンゴ (Kongo) 48%, サンガ (Sangha) 20%, ムボチ (M'Bochi) 12%, テケ (Teke) 17%. | フランス語 |
| | コンゴ民主共和国 (Democratic Republic of the Congo) | 200以上:; 4大民族 モンゴ (Mongo), ルバ (Luba), コンゴ, アザンデ (Mangbetu-Azande) で約45%を占める | フランス語 |
| | 赤道ギニア (Equatorial Guinea) | ファン (Fang) 85.7%, ブビ (Bubi) 6.5%. | スペイン語, フランス語 (第2公用語) |
| | ガボン (Gabon) | 40: 4大民族 ファン, プヌ (Bapounou), ンゼビ (Nzebi), オバンバ (Obamba) | フランス語 |
| | サントメ・プリンシペ (Sao Tome and Principe) | メスティーソ | ポルトガル語 |
| 南部アフリカ | ボツワナ (Botswana) | 20以上: ツワナ (Tswana) 79%, カランガ (Kalanga) 11%, バサルワ (サン) (Basarwa) (San) 3% | 英語 |
| | レソト (Lesotho) | ソト (Sotho) 99.7% | ソト語, 英語 |
| | ナミビア (Namibia) | 13: オバンボ (Ovambo) 50%, カバンゴ (Kavango) 9%, ヘレロ (Herero) 7%, ダマラ (Damara) 7%, ナマ (Nama) 5%, サン 3%. | 英語 |

序　章　アフリカの多様性

| | | | |
|---|---|---|---|
| 南部アフリカ | 南アフリカ共和国 (South Africa) | 9主要民族（黒人）：黒人（ズールー Zulu、コーサ Xhosa、ツワナなど）79％、白人 9.6％、カラード 8.9％、アジア人（主にインド人）2.5％ | 11：ペディ語、ソト語、ツワナ語、スワティ語、ベンダ語、ツォンガ語、アフリカーンス語、英語、ンデベレ語、コーサ語、ズールー語、 |
| | スワジランド (Swaziland) | スワジ（95％） | 英語、スワティ（siSwati）語 |
| 西アフリカ | ベナン（Benin） | 42：フォン（Fon and related）39.2％、アジャ（Adja and related）15.2％、ヨルバ（Yoruba and related）12.3％、バリバ（Bariba and related）9.2％、 | フランス語 |
| | ブルキナファソ (Burkina Faso) | 60以上：モシ Mossi（40％以上）、その他（セヌフォ Senufo、ボボ Bobo、フルベ Peul など）60％ | フランス語 |
| | カーボベルデ（Cape Verde） | ムラート 71％ | ポルトガル語 |
| | コートジボワール (Cote d'Ivoire) | 60：バウレ（Baoulê）23％　ベテ（Bété）18％、セヌフォ 15％、マンディンゴ（Mandingo）11％、 | フランス語 |
| | ガンビア（Gambia） | 8：マンディンゴ（Mandinka）42％、フルベ（Fula）18％、ウォロフ（Wolof）16％、ジョラ（Jola）10％、セラフリ（Serahuli）9％、 | 英語 |
| | ガーナ（Ghana） | 80以上：アカン（Akan）47.5％、モレ・ダバニ（Mole-Dagbon）16.6％、エウェ（Ewe）13.9％、 | 英語 |
| | ギニア（Guinea） | 20：フルベ（Peuhl）40％、マンディンゴ（Malinke）30％、スス（Soussou）20％ | フランス語 |
| | ギニアビサウ (Guinea-Bissau) | 40：バランテ（Balanta）30％、フルベ 20％、マンジャカ（Manjaca）14％、マンディンゴ（Mandinga）13％、パペル（Papel）7％ | ポルトガル語 |
| | リベリア（Liberia） | 28：ペレ（Kpelle）20.3％、バッサ（Bassa）13.4％、グレボ（Grebo）10％、ギオ（Gio）8％、マノ（Mano）7.9％、アメリコライベリアン | 英語 |
| | マリ（Mali） | マンデ（Mande）系（バンバラ Bambara、マンディンゴ、ソニンケ Soninke）50％、フルベ（Peul）17％、 | フランス語 |
| | モーリタニア (Mauritania) | ムーア人（ムーア系を含む）70％、トゥクロール（Tukulor）、ソニンケ、フルベ、ウォロフ（Wolof）、バンバラ | アラビア語 |
| | ニジェール（Niger） | ハウサ（Haoussa）55.4％、ジェルマ（Djerma）21％、トゥアレグ（Tuareg）9.3％、フルベ 8.5％、 | フランス語 |

| 西アフリカ | ナイジェリア (Nigeria) | 300以上：ハウサ＝フラニ（フルベ）(Hausa and Fulani) 29％, ヨルバ 21％, イボ (Ibo) 18％, イジョ (Ijaw) 10％, カヌリ (Kanuri) 4％, イビビオ (Ibibio) 3.5％, ティブ (Tiv) 2.5％ | 英語 |
|---|---|---|---|
| | セネガル (Senegal) | 7以上：ウォロフ 43.3％, フルベ (Pular) 23.8％, セレル (Serer) 14.7％, ジョラ (Jola) 3.7％, | フランス語 |
| | シエラレオネ (Sierra Leone) | 20：テムネ (Temne) 35％, メンデ (Mende) 31％, クレオール | 英語 |
| | トーゴ (Togo) | 約40：エウェ 45％, ミナ (Mina), カブレ (Kabre) | フランス語 |

(注1) 国名，公用語については，2014年12月20日現在．
(注2) 西アフリカに広く居住するフラニ人はプール，フルベなど地域によって呼び方が異なる．
(出所) 地域区分は以下に従った．United Nations, "Composition of macro geographical (continental) regions, geographical sub-regions, and selected economic and other groupings," (http://unstats.un.org/unsd/methods/m49/m49regin.htm, 2015年1月23日閲覧), CIA, The World Factbook (https://www.cia.gov/library/publications/the-world-factbook/wbfExt/region_afr.html, 2014年12月22日閲覧) などから筆者作成．

くつかの国に分断されることになった．

　地図3にはアラビア半島しか入っていないが，北アフリカの対岸がヨーロッパであり，北アフリカがかつてはローマ帝国の一部であったことや，アフリカ大陸の西には南北アメリカ大陸があり，大西洋三角貿易（奴隷貿易）でつながっていたことを想像してほしい．また，北アフリカと東アフリカは，交易によって古くから中東とつながっていた．

### (4) 流動的な民族の境界

　1994年にルワンダでジェノサイド（大量殺戮）が起こったとき，マスコミ各社は，フトゥ民兵によるトゥチの殺戮を「500年来の部族対立」と紹介した[24]．500年前からフトゥ人という集団とトゥチ人という集団が対立していたようにとれるが，これは全くの間違いである．第2節で述べたように，この両者の違いは元々生業の違いによるものであり，植民地化の過程で，ベルギーが職業集団を民族集団に変えていったのである．

　このように，アフリカの多くの「民族」は，「太古の昔から連綿と続いてきた集団」ではない．本来，人間集団は，ある種の基盤はもちながらも，気候の変化，人口密度の変化，戦争，内的発展など，そのときどきの状況に応じて，合併したり分裂したりする流動的なものであり，現代アフリカ政治の舞台に登

場する諸民族も，決して，昔から連綿と続いてきた集団ではないのである．
　実際にどのようにして民族が作られたのか．タンザニアのチャガ人と，ナイジェリアのヨルバ人とイボ人の例を見てみよう（表2も参照のこと）．

### (5) 植民地化のインパクト：「作られた民族」

　植民地時代，植民地政府は，アフリカ人を統治しやすいように，似通った集団を集めて1つの民族にするという「上から」の民族形成を行った．もしくは，アフリカ人の側が，権力や地位や経済権益を巡って他集団と競争していく中でアイデンティティを高め，「下から」の民族形成を行った地域もあった[25]．つまり，表2に並んでいる民族の多くは，元来の共通性が基盤となったとはいえ，植民地化の過程で「作られた民族」とよんでもよい存在なのである[26]．

#### 上から「作られた民族」：チャガ人の事例

　タンザニアのキリマンジャロ（標高5895メートル）の山麓とその周辺に住むチャガ人は，植民地化以前，政治的に自立した多くの首長国に分かれていた．当初，これらの首長国は，チャガ人としてではなく，しばしば異なる民族として説明されていた［Moore and Puritt 1977: 1］．米国人で博物学者のアボットによれば，これらの首長国のなかで，最も大きいものがマチャメ（Machame）国で，人口が1万人を数え，最北がウッセリ（Usseri）国で人口が5000-6000人であった．このウッセリ国を含むロンボ（Rombo）地域には，1899年の時点で20もの首長国があり，その中ではムクウ（Mukuu）国が最も発展していたという［Abbott 1892: 381-428］．

　このキリマンジャロ山麓がドイツの植民地だった1899年に，首長国は37を数えたが，その後，統合が進み，第一次世界大戦が終わり，この地域の支配者がドイツからイギリス（国際連盟の委任統治領）に変わった頃には，28になっていた．地図9は，1946年当時の首長国を図示したものである．

　首長たちは，コーヒー栽培導入をめぐり，白人入植者と対抗するために連携を強めていき，この経済面での協力を経て，チャガ人の最高首長（Mangi Mkuu, paramount chief）選出計画が進められていく．チャガ人の首長たちは，最高首長を誰にするかについて議論をしたわけだが，会議では，スワヒリ語が用いられたそうである[27]．首長たちが話すチャガ語のそれぞれの方言では，互いに意思疎通を図ることができなかったのがその理由である［Illiffe 1979: 331］．

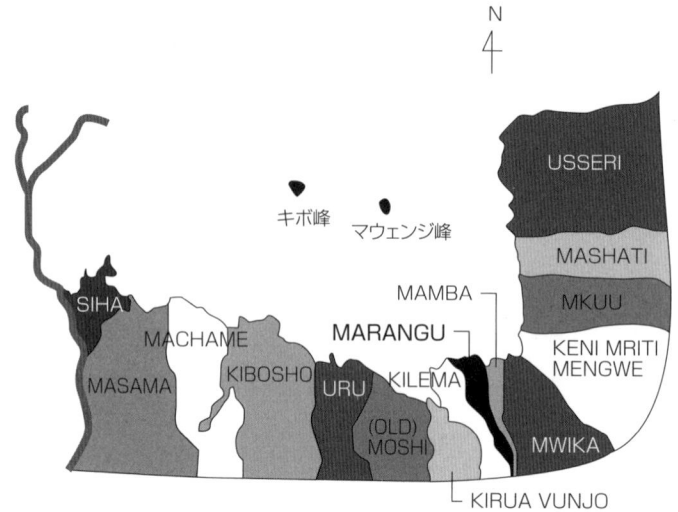

地図9　キリマンジャロの首長国（1946年当時）

(出所) Moore and Puritt [1977] より筆者作成.

　当時は，チャガ首長評議会（Chagga Council of Chiefs）から発展したチャガ評議会（Chagga Council）やキリマンジャロ同盟（Kilimanjaro Union）など，様々なチャガ人組織が活動していた．1951年にチャガ人は最高首長の選挙を行い，マラング（Marangu）国（地図9参照）のトーマス・マレアーリ（1915-2007, 在位1952-60年）首長が勝利し，1952年に最高首長の座についた．彼は，チャガ人統一のシンボルとなり，チャガ人を代表して，イギリスの植民地政府と交渉していったのである．

　図1にチャガ人の政治単位の変化の様子をまとめてみたが，このように，タンザニアの主要民族であるチャガ人は，昔から存在した集団ではなく，植民地化の過程で多くの首長国がまず整理統合され，資本主義経済に組み込まれていく過程で（白人との競争の中で），さらに1つにまとまって出来上がった「作られた民族」といえるのである．

### 下から「作られた民族」：ヨルバ人とイボ人

　植民地時代に他民族との競争に勝つために，アフリカ人の側が民族形成を行った事例として，ナイジェリア南西部に住むヨルバ人と南東部に住むイボ人の例を取り上げる．ヨルバ人はかつて50以上の王国に分かれており，それら全

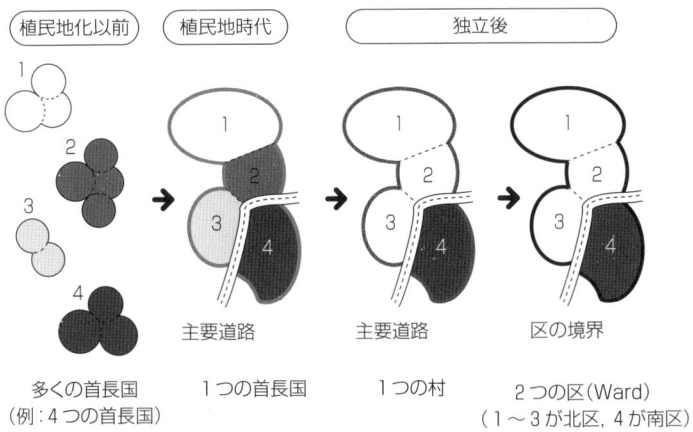

図1　チャガ人の政治単位の変化

(注) Moore and Puritt [1977] より筆者作成.

てを統一する政治組織はなかった．それらの王国は，絶頂期には北方のヌペ (Nupe) 王国や西方のダホメー王国をもその支配下におく大帝国を築いたオヨ (Oyo) から，数十の町村からなるにすぎないエキティ (Ekiti) 地方の小王国群まで，規模も組織形態も様々であった．18世紀からイギリスの支配権が確立する19世紀末にかけては，これらの王国が日本の戦国時代のように争っていたのである [渡部 1983; 1985]．

イボ人についても，植民地化される以前には，「イボ人」は存在せず，(独立後のナイジェリア第一共和制の) 南東部州と中西部州にわたって，数百の村もしくは村落連合が存在し，独立した政治単位となっていた [Smock 1971: 7; Coleman 1960: 28-30; Forde and Jones 1950: 15-17]．また，文化的には，5つの下位集団に分けられていた．[32) イボ人には，その出自に関する共通の伝承もなく，イボ語を話す諸集団が，近年自分たちを「イボ人ではない」と主張しなくなったため，イボ人は大集団たりえているともいわれている [Fried 1975: 103; Lloyd 1972: 27; Uchendu 1965: 3]．つまり，イボ語の話者であることがイボと呼ばれる民族の唯一の共通点なのである (第7章注6も参照のこと)．

これら2つの民族の「民族アイデンティティ」が高まり，「民族ナショナリズム」に変わっていったのは，植民地時代のポスト争いや，自治・独立を間近にしての政党結成においてであった．1951年のマクファーソン憲法に基づく中

央議会選挙から第一共和制にかけて，行動党（Action Group: AG）はヨルバ人のための政党，ナイジェリア＝カメルーン国民会議（National Council of Nigeria and Cameroons: NCNC．1961年に「ナイジェリア市民国民会議」と改称）はイボ人のための政党と位置づけられた．選挙活動において，票集めのために「反イボ人」や「反ヨルバ人」といったスローガンをうちだした政治エリートが，民族間の対立を生み出していった．選挙と政党結成の話は，第Ⅰ部で説明する．

### (6) アフリカの人びとの暮らし

アフリカの人びとといっても，その職業は，農耕民，牧畜民，遊牧民から商人，ビジネスマン，公務員と様々であるが，農村に住む人口が圧倒的に多い．失業率が高いため，都市部ではインフォーマル・セクター[33]に属する靴磨き，新聞売り，露天商など，様々な職種を見ることが出来る．アブディナシルの住むガリッサの町があるケニア北東部の主要民族はソマリ人であり，主な生業は遊牧である（旧北東部州の住民の7割が遊牧民）．夕方，青年が，100頭ほどのラクダを連れて戻ってくる様は，圧巻である．適度に雨が降れば，水と牧草地を確保でき，安定した生活が送れるが，もともと年間200-300ミリにすぎない降水量が近年さらに減少し，遊牧で生計を立てているソマリ人の生活はますます圧迫されている．水と牧草地をめぐるクラン間の争いも増えている[34]．

2013年6月の第5回アフリカ開発会議（TICAD V）では，マーケットとしてのアフリカが強調された．確かに，アフリカの経済成長は目覚ましい．2014年10月7日に国際通貨基金（IMF）が発表した経済成長率の予想では，先進国は14年が1.8%，15年が2.3%，アジア途上国は14年が6.5%，15年が6.6%であるのに対し[35]，サハラ以南アフリカは14年が5.1%，15年が5.8%と，アジア途上国に次ぐ世界で2番目に高い成長を示す地域になっている[36]．しかし，それでも，国連開発計画（United Nations Development Programme: UNDP）の人間開発指数（HDI）ランキングの下位グループはアフリカ諸国が独占している（第Ⅱ部参照）．経済成長率が高くても国民の大多数は貧しいままである．

アフリカの経済成長を牽引しているのは資源の輸出国であり，工業化が成功し雇用が増えたなどという話にはなっていない．国家の富はエリートが独占するために，国が富んでも貧しい人びとの生活水準は上がらない．石油や天然ガス，レアメタルなどの輸出により莫大な富を得ている国でも，大統領やその家族，閣僚，高級官僚などの少数のエリート層が国家の富の大半を食べつくして

しまうため，経済成長率がいかに高かろうとも，多くの人びとは基本的人間ニーズ（Basic Human Needs: BHN）が満たされていない生活を送っている．他方，地下資源をもたない国は，援助に頼らなければ国の運営が出来ず，国民の多くが貧困に苦しんでいる．

最後に，本書で扱うアフリカは，サハラ以南アフリカであるため，北アフリカとサハラ以南アフリカの違いを簡単に説明しておきたい．国連の定義では，北アフリカは，アルジェリア，エジプト，リビア，モロッコ，スーダン，チュニジア，西サハラ（サハラ・アラブ民主共和国）から構成されている[37]．北アフリカはイスラーム世界，アラブ世界である．もちろんアラブ人以外の民族も住んで

表3　MDGs の達成状況（2014年6月現在）

| | | アフリカ | |
|---|---|---|---|
| | 目標 | 北 | サハラ以南 |
| 目標1：極度の貧困と飢餓の撲滅 | 極度の貧困半減 | | |
| | 生産的かつ適切な雇用 | | |
| | 極度の飢餓半減 | | |
| 目標2：初等教育の完全普及の達成 | 初等教育の完全普及 | | |
| 目標3：ジェンダー平等推進と女性の地位向上 | 初等教育における女性の就学率 | | |
| | 女性賃金労働者の割合 | | |
| | 国会における女性議員の割合 | | |
| 目標4：乳幼児死亡率の削減 | 5才以下死亡率2/3削減 | | |
| 目標5：妊産婦の健康の改善 | 妊産婦死亡率3/4削減 | | |
| | リプロダクティブ・ヘルスへのアクセス | | |
| 目標6：HIV／エイズ，マラリア，その他の疾病のまん延の防止 | HIV／エイズまん延防止 | | |
| | 結核まん延防止 | | |
| 目標7：環境の持続可能性確保 | 安全飲料水のない人口半減 | | |
| | 衛生設備のない人口半減 | | |
| | スラム居住者の生活改善 | | |
| 目標8：開発のためのグローバルなパートナーシップの推進 | インターネット利用者 | | |

□ 目標達成済み，または，2015年までに目標達成が見込まれる．　■ 進展なし，または，悪化．
▨ 現状のままでは2015年には目標達成不可能．

編集：国連経済社会局統計部（外務省仮訳）

（注）枠内の色は，2015年の目標達成に向けた進展の度合いを表したものであり，各地域の状況の良し悪しと関連がある場合も多いが，各地域全体の状況を表しているわけではない．
（出所）外務省 HP「ミレニアム開発目標（MDGs）とは」（http://www.mofa.go.jp/mofaj/gaiko/oda/doukou/mdgs/about.html#report, 2014年12月10日閲覧）より筆者作成．

おり，キリスト教徒もいる．スーダンのダルフール地方のように，宗教はイスラーム教であるが，アラブ系住民と黒人系住民が混住しているところもある．[38] サハラ以南アフリカに比べれば，全体的に，生活水準，教育水準は高い．ミレニアム開発目標の達成状況を示す表3[39]においても，16項目のうち，「目標達成済み，または，2015年までの目標達成が見込まれる」項目の数は，北アフリカの9に対し，サハラ以南アフリカでは1しかない．[40]

いずれにしろ，この広い大陸には，10億人を超える人びとが住んでいるのである．

● 注

1) 地球温暖化が原因であるかについては議論があるが，この氷河が2022年までに消滅する可能性があるという研究が発表されている（http://news.nationalgeographic.com/news/2009/11/091102-kilimanjaro-glaciers-disappearing-ice-cap-snows/, 2015年1月23日閲覧）．
2) Boko Haram has killed 13,000 Nigerians-Jonathan 26 Sep 2014 (http://www.premiumtimesng.com/news/top-news/168686-boko-haram-has-killed-13000-nigerians-jonathan.html, 2015年1月23日閲覧）
3) Boko Haram: Nigeria, US, France, UK, Cameroon, Chad, Niger Meet in Paris 11 May 2014 (http://www.thisdaylive.com/articles/boko-haram-nigeria-us-france-uk-cameroon-chad-niger-meet-in-paris/178291/, 2014年6月5日閲覧）．
4) Weate, J., "Boko Haram's roots in Nigeria long predate the Al-Qaeda era: Analysis: While the group is linked with Salafist groups in North Africa, it's a product of northern Nigeria's collapse," 2014 (http://america.aljazeera.com/articles/2014/4/23/boko-haram-s-rootsinnigerialongpredatethealqaedaera.html, 2014年12月25日閲覧）．
5) 伝統王国は数多く存在し，また，その領域は時期によって拡大・縮小している．
6) 詳しくは，宮本・松田編［1997］，福井・赤阪・大塚［1999: 164］，北川［2014: 40-51］などを参照のこと．
7) 年号と年代は，教科書によって幅があり，また最新の研究とはずれがあるため，筆者が書き換えた．
8) 紀元前2000年から紀元前1500年頃のヌビア人の国家．紀元前900年頃に別の王国がヌビアに現れ，エジプト第25王朝を開いたが，アッシリアに滅ぼされた．
9) 1世紀から10世紀．4世紀にキリスト教を国教とした．
10) 8世紀以前-11世紀．
11) 13世紀前半-17世紀．
12) 15世紀前半-16世紀後半．
13) リヴィングストンが植民地主義の手先と批判されていることや，スタンリーがベルギー国王レオポルド2世の依頼で，後に「コンゴ自由国」となる地域の探検を行ったことなどは書かれていない．コンゴ自由国については，第2章を参照のこと．Twain［1905］

所収の野間［1968］には，スタンリーが，レオポルド2世のために3回目のコンゴ探検を行い，「コンゴ川の川口の奥から今日のキンシャサ（旧名レオポルドヴィル）までの200キロあまりの瀑布地帯に道路をつくって蒸気船を運び上げるとともに，大小の族長約400人に，衣服，銃と弾薬，少額の年金とひきかえに，高コンゴ調査委員会に主権を譲渡するという契約書に調印させた」ことや，ベルリン会議（1884-85年）に出席し，これらの契約書の有効性を主張したこと，コンゴ「開発」のために鉄道建設を勧告したことなどが詳しく書かれている．現在入手可能な本の中では，藤永［2006］を強く勧めたい．

14) 野間［1968］には，1526年に，当時のコンゴ国王ドン・アフォンソが，ポルトガル国王ジョアン3世に宛てた手紙が紹介されている．兄弟王の関係も，奴隷貿易の莫大な利益の前にもろくも崩れ去り，1665年にポルトガル軍がコンゴ王国に侵入し，コンゴ国王の部隊は粉砕され，王は戦死した．「コンゴ王国は崩壊し，ポルトガルのカイライ小王国に分裂した」という［野間 1968: 27-28］．宮本・松田編［1997: 74-76］，本書第5章第2節も参照のこと．

15) 宮本・松田編［1997: 287-288］にも記載はあるが，この時代をテーマとした歴史専門書も薦めたい．例えば，福井［2008: Ch.7］は，ヨーロッパ列強が植民地帝国形成に向かった国内事情を述べている．

16) 宮本・松田編［1997: 288ff.］には，様々な帝国や王国が制圧されていく過程が記載されている．アシャンティ帝国軍は，一時は戦闘に勝利し，2カ月にわたってイギリス軍を城砦に閉じ込めた上，補給路を断たれたイギリス軍が脱出するのを黙って見逃した［宮本・松田編 1997: 423-430］．サモリ帝国については，岡倉［1987］が詳しい．

17) 民族の下位集団．共通の祖先を持つ．

18) 外務省「わかる！国際情勢 Vol.19 アフリカにおける紛争の現状と平和構築——PKOセンターへの支援——」(http://www.mofa.go.jp/mofaj/press/pr/wakaru/topics/vol19/, 2015年1月23日閲覧)．

19) 宮本・松田編［1997: 20］でも同様に，「部族」という言葉には「植民地支配の過程で，未開で野蛮な集団概念として，アフリカにあてがわれてきた歴史がある」ことから，使用しない旨が記されている．

20) 月村［2006］や羽場［1994］に詳しく書かれている．

21) 『文化人類学事典』（弘文堂，1994年）などを参照のこと．

22) 言語は極めて政治的なものであり，その境界も厳密なものではない．例えば，南アフリカ共和国の公用語であるズールー語とコーサ語は，正書法が異なるだけで方言ほどの差しかないが［米田 2012］，植民地時代に両民族の連合が結成されることはなかった．言語と政治との関係は，田中［1981］などに詳しい．アフリカの言語については，アフリカの言語の専門家の研究書を読まれたい．梶・砂野編［2009］，米田・若狭・塩田ほか［2011: 43-60］は必読．南アフリカ共和国の言語政策についてであれば，楠瀬［2002: 51-64］を参照．

23) ナイジェリアのヨルバ人を代表する政治家アオロオが，ナイジェリアの北部と南西部と南東部の違いを表現した言葉［Gunther 1953: 747; 邦訳 257］．

24) 1994年のジェノサイドについては,『ホテル・ルワンダ』などの映画や『生かされて』[Ilibagiza and Erwin 2006] なども見てほしい.
25) 日本の国際政治学にアイデンティティ理論を始めて導入した馬場伸也は「アイデンティティ」を以下のように定義している.(1)「歴史の創造に主体的にかかわっていこうとする自我」であり,「歴史における自己の存在証明を求めることである」.(2)「自己の内・外部に,自分がなにものであるかを確立することである」[馬場 1980: 7; 9].
26) フリードは「二次的(secondary)」と表現している [Fried 1975].
27) スワヒリ語は,東アフリカのケニア,タンザニア,ウガンダで英語と共に公用語として用いられ,さらに,周辺のルワンダ,ブルンジ,コンゴ民主共和国,コモロ,モザンビーク,マラウィなどでも広く話されている地域共通語(リンガフランカ)である.話者は5000万人以上といわれている.
28) チャガ人組織の発展については,川端 [2002] が詳しい.
29) 1961年に首長国は廃止されたが,その前年に最高首長を辞したマレアーリは,国連(FAO/WFP)に招かれ,13年間,第三世界向けの援助に携わった.
30) ハンティントンの著作にも,ヨルバ人という意識がキリスト教伝道団によって19世紀に作られたことや,イボ人という意識も1950年代に作られたものであることが書かれている [Huntington 1966: 38].
31) 王国と首長国の違いは,文化人類学では重要なテーマであるが,当時のアフリカの政治組織を「王国」なり「首長国」なり命名したのは白人であり,また呼ぶにあたって厳密な定義が適用されたわけでもない.本書では,先例にならって記述した.
32) ① Northern or Onitsha Ibo ② Southern or Owerri Ibo ③ Western Ibo ④ Eastern or Cross River Ibo ⑤ Northern Ibo [Wente-Lukas 1985].
33) 政府による規制を受けず,捕捉されない経済部門を指し,フォーマル・セクターと対比される.
34) ケニアに住むソマリ人のクランについては,第7章図7-1を参照.
35) アジア途上国の原語は Developing Asia で,IMFが先進国と定義する日本,韓国,台湾,香港,シンガポールを除くアジア諸国を指す.
36) IMF「IMF サーベイ:世界経済見通し 2014年10月7日」(http://www.imf.org/external/japanese/pubs/ft/survey/so/2014/new100714aj.pdf, 2014年12月27日閲覧).ただし,平野は,「石油を中心とした鉱物性資源価格の2000年代における高騰が……サブサハラ・アフリカの経済成長をもたらした」と考え,「資源価格が上昇をやめればアフリカのこの高成長も終わるだろうと予想」している [平野 2009: 209].
37) http://unstats.un.org/unsd/methods/m49/m49regin.htm#africa(2015年1月23日閲覧).西サハラは,サハラ・アラブ民主共和国として独立宣言をしており,アフリカ連合(AU)の加盟国であるが,国際社会の多数からは国家承認されていない.現状は,モロッコの占領下にある.詳しくは,高林 [2006] を参照のこと (http://www.ajf.gr.jp/lang_ja/africa-now/no73/top2.html, 2015年1月8日閲覧).
38) 独立したスルタン国であったダルフールは,イギリスによってスーダンに併合された(1916年).ダルフールでは,2003年以降,黒人系の反政府勢力の攻撃が激しさを増し,

対抗するアラブ系武装勢力ジャンジャウィード（Janjaweed）とそれを支援するスーダン政府軍に黒人系の村が襲われるダルフール紛争が続いている．最近は，ウガンダ北部を拠点としていた反政府勢力「神の抵抗軍（Lord's Resistance Army：LAR）」がスーダン政府軍から武器を供給され紛争に関わっているという報告もある．

39) ミレニアム開発目標（Millennium Development Goals：MDGs）は，2000年9月にニューヨークで開催された国連ミレニアム・サミットで採択された国連ミレニアム宣言を基にまとめられた，開発分野における国際社会共通の目標である（詳しくは下記の外務省のサイトを参照のこと）．MDGs は，2015年までに達成すべき8つの目標を掲げている：「① 極度の貧困と飢餓の撲滅，② 初等教育の完全普及の達成，③ ジェンダー平等推進と女性の地位向上，④ 乳幼児死亡率の削減，⑤ 妊産婦の健康の改善，⑥ HIV/エイズ，マラリア，その他の疾病の蔓延の防止，⑦ 環境の持続可能性確保，⑧ 開発のためのグローバルなパートナーシップの推進」．2015年を前にして，2015年から先の国際開発目標（「ポスト2015年開発アジェンダ」）の策定が進められている（http://www.mofa.go.jp/mofaj/gaiko/oda/doukou/mdgs.html（2014年12月10日閲覧）．

40) http://www.mofa.go.jp/mofaj/gaiko/oda/doukou/mdgs/about.html#report（2014年11月2日閲覧）．

# 第Ⅰ部　比較政治学とアフリカ

「ケニアの議会議事堂」
(2007年9月，戸田舜樹撮影)

第Ⅰ部では，比較政治学の事例研究の対象としてアフリカを含めることの重要性を考えた上で，第二次世界大戦後の米国における比較政治学界の議論を概観し，比較政治学の理論がアフリカに与えた影響をみていく．また，現在のアフリカの政治制度（ケニア），政党（ケニア，ナイジェリア），地域機構としてOAUとAUを紹介する．

# 第1章　比較政治学の方法論

## 1　アフリカと比較することの意味

　比較政治学とは何だろうか．主題の点からみると「比較政治学は国内政治研究と国際政治研究の中間に位置する政治学の一分野」であり，研究方法の点からみると「諸外国の人々の政治行動と政治の仕組みの類似点と相違点を探ることによって，現実に根付いた理論を導き出し，仮説をテストし，因果関係を考え，政治に関する一般理論を構築する作業」となる［眞柄・井戸 2004: 9］．より簡単に言えば，「世界中の政治システムを系統的に比較して研究する分野」である［Wiarda 1993: 邦訳 11; Wiarda ed. 1985: 邦訳 3］．
　ウィーアルダは，比較政治学の研究を6つに分類している．

① 一国研究，またはその国における特定の制度（政党，軍部，議会，利益集団），政治過程（政策決定），もしくは公共政策（例えば労働政策や福祉政策）に関する研究
② 2カ国以上の国々を対象とした研究
③ 地域研究（regional or area studies）：一例として，アフリカ研究
④ 地域横断的研究：一例として，アフリカと中東の軍部の役割の比較
⑤ 地球規模の比較：世界銀行や国連などが集めた統計データを用いたグローバルな比較
⑥ テーマ別研究：読者が興味を持つ例として，国家の役割の変化，軍部のプロ化（professionalization）の過程，階級関係の構造についての比較の視点（comparative perspective），もしくは，政治的社会化の過程（どのようにして私たちは政治を学ぶか，私たちの政治的アイディアはどこから来ているの

か），もしくは，比較の視点を伴った，従属論，新興諸国の民主化や発展の過程，コーポラティズムなどのテーマ．

　こうした研究には，様々な地域に関する大量の知識と「全体像」を見渡す能力が必要である［Wiarda 2007: 20-23］．

　比較政治学を学ぶためには，政治学の基礎となる概念や制度を先に学んでおく必要がある．日本で出版されている比較政治学のテキストでは，「民主主義」「君主制と共和制」「立法権と行政権」「連邦主義と単一制度」「選挙制度」「投票行動」「政党」といったテーマが取り上げられている[1]．これら政治学の概念や制度が国や地域ごとにどのように運用されているかを比較し，政治文化の違いを考えたり，何かの法則性を見出したり，従来の常識を覆したり，新しいアプローチを提案したりすることが，比較政治学の醍醐味である．

　ただ，残念なことに，日本では，比較を行うために必要な情報収集の段階で，アフリカ政治はほとんど視野に入れられていない[2]．手元にある A 社の『比較政治学』のテキストでは，全体で 2 カ所しかアフリカについての記述がない（そのうち 1 カ所は残念なことに記述が間違っている）．各国の連邦制を比較した表にも，ヨーロッパ，南北アメリカ，アジア，オセアニアの国々が挙げられているが，アフリカからは 1 カ国も入っていない．多民族多言語国家がほとんどであるアフリカにおいては，中央集権制と連邦制のどちらを選択するかという問題が時として内戦やクーデターの原因となったほど（1960年のコンゴ動乱や，1966年のナイジェリアでの第二次クーデターなど），連邦主義の問題が重要であるにもかかわらずである．

　では，比較政治学の研究にアフリカの事例を取り入れることのメリットは何だろうか．ここでは，3つ紹介したい．

　第一のメリットは，アフリカ大陸54カ国（「西サハラ」と呼ばれているサハラ・アラブ民主共和国を含めれば55カ国），もしくはサハラ以南アフリカ48カ国という比較対象の数の多さである．世界の主要国を飲み込んでしまう面積をもつ大陸（**地図 2 参照**）を比較の対象から除外して作った理論に，どのような有効性があるだろうか．

　第二のメリットは，アフリカにはありとあらゆる制度があり，事例の宝庫であるということである．アフリカには，君主制（モロッコ王国，レソト王国，スワジランド王国）も共和制もある．伝統文化の保護のために認められた伝統王国も

各地で健在である．民主主義の成功例，失敗例，民主主義のモデルである多数決型とコンセンサス型，紛争を予防するためのパワー・シェアリング，紛争後の平和構築，民主主義の定着の問題についても，すべて事例を挙げることが出来る（第9章参照）．旧イギリス領と旧フランス領の制度の比較もできる．大統領制，連邦制，政党，選挙など，他にも様々なテーマについて事例を提供することが出来るのが，アフリカ政治である．

第三に，欧米中心主義からの脱却である．筆者の高校時代よりは改善されてはいるが，それでも，高校までに習う世界史は欧米中心の歴史観に基づいている．私たちは知らず知らずに欧米中心のメガネをかけて国際政治を眺めている．アフリカの側，つまり世界システムの周辺におかれている弱者の側に立ったメガネをかけて国際政治をみると，また違った光景が見えてくる．

比較政治学の事例にアフリカ諸国を取り上げることのメリットは間違いなくあるが，他方，アフリカ諸国の事例を正しく理解するには周辺領域の研究成果を取り入れる必要がある．歴史の理解は不可欠である．ポスト・コンフリクト研究でモザンビークを事例として取り上げながら，モザンビーク内戦終結後の経緯しか調べず，どのような紛争であったのかさえ答えられない学会報告を聞いたことがある．紛争後の和解，民主主義の定着をテーマとするのであれば，なぜその紛争が起こったのか，その原因や背景に加えて，植民地時代にどのような統治がなされていたのか，さらには白人がアフリカを侵略する以前にその土地ではどのような民族関係があったのかまでを調べておく必要がある．

文化人類学の知識も不可欠である．親族構造，慣習，文化はそれぞれの民族によって異なっている．民族間の関係を学ぶには言語学の研究成果も有用であるし，文学に触れることによって，政治状況や思想にふれることができる．また，映画も重要な資料となる．[3]

第Ⅰ部では，比較政治学の諸理論がアフリカの諸国家及びアフリカ地域研究に与えた影響について考えた上で，アフリカの政治制度を概観し，アフリカではどのように政党が結成され，選挙がどのように行われているかについて，ケニアとナイジェリアの事例を紹介し，最後に，地域機構であるアフリカ連合（African Union: AU）とその前身であるアフリカ統一機構（Organization of African Unity: OAU）を紹介する．

## 2 比較政治学の歴史とアフリカ

　比較政治学のアプローチ・理論の変化をみていくうえでは，時代背景の変化をきちんと押さえなくてはならない．比較政治学の発展の背景には，国際政治の大きな流れがある．植民地支配が文化人類学を必要としたのと同じように，第二次世界大戦後に米国を中心に勢力を伸ばしていった比較政治学は，アジア・アフリカ諸国が独立し勢力分布が変化した国際社会において，米国が覇権国としての地位を強化するために必要であった．

　比較政治学の起源は，古代ギリシアのプラトン(『国家』)やアリストテレス(『政治学』)にまで遡る．15世紀以降は，マキャヴェッリ(『君主論』)，モンテスキュー(『法の精神』)，トクヴィル(『アメリカのデモクラシー』)らが代表選手であるが，比較政治学を発展させたのは，常にヨーロッパと自国の政治体制を比較して議論を続けてきた米国であった．まずは，米国での政治学の理論の変遷を見ていこう．

### (1) 行動論革命と比較政治学の登場

　1950年代から60年代前半までの「行動論革命 (behavioral revolution)」を率い，米国政治学会会長を務めたイーストンは，「アメリカ政治学の発展」について，「第一の段階をフォーマルまたは法学的段階，第二の段階を伝統的またはインフォーマル，あるいは前・行動論的段階，第三の段階を行動論的段階，第四の段階のことを脱行動論段階」として区別した［Easton 1985: 邦訳 101］．

　第一段階をイーストンは次のように説明している．19世紀後半，政治学は，「政治制度がいかに作動するかについての正確な理解を獲得するためには，一つの政治体系における権力の分布を支配している法律についての記述でたりるという確信」をもって再出発した．「政治学の研究者たちは，さまざまな政治的公職についている人びとの権限や特権に関して憲法や法律がのべていることと，公職保持者たちがかれらの職務において行為する仕方とのあいだには相当程度以上の一致があると仮定」していたのである［Easton 1985: 邦訳 101］．

　第二段階は，19世紀末から始まる．「政治的公職や政治制度のフォーマルな構造のまわりに，決定作成に対する実質的権力をもっている可能性のある，あらゆる種類のインフォーマルな行動や組織がむらがっていること」が発見され

たのである．今では，「伝統的な」政治学と呼ばれているこの第二段階の時期には，「政党の活動と連邦議会ないし議会に対するその影響，さらに合衆国では圧力団体およびその他のタイプの集団の成長」といったテーマが重視されていた［Easton 1985: 邦訳 101-102］．

第三段階として，1950年代には，自然科学の手法を用いて実際の人間の行動（政治行動）を観察し分析する「行動論革命」が起こり，さらには，1955年にマクリディスが従来の「比較政治制度論」を痛烈に批判した著作を発表したことにより，比較政治学は大きく変貌した．

行動論革命を牽引した一人であったイーストンも，比較政治学の転換に大きな影響を与えた．イーストンの行動論は，自然科学と同様の探求方法を用いて，自然科学のように検証可能な命題に還元できる一般理論の構築を目的としている．イーストンの「政治システム」の枠組みは，政治システムの周囲の「環境」における変化が「要求」や「支持」を生み出し，それが「政治システム」に「インプット（入力）」され，次に「政治システム」から「アウトプット（出力）」として「決定」や「行動」が生まれ，それらがフィードバックして，また「要求」や「支持」を生み出すという循環を示した図式である．

図1-1は，ウィーアルダが示した「政治過程のシステムの枠組み」である．「統治の諸制度（Institutions of Government）」として，「法制度，憲法構造，大統領／総理大臣，議会／国会，司法・裁判制度，地方自治体」などが挙げられている［Wiarda 2007: 39］．

以上のようなマクリディスの主張，イーストンの政治システム論の図式を利

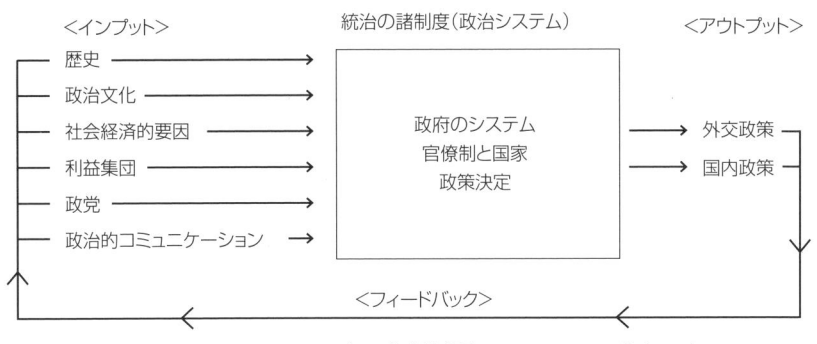

図1-1 ウィーアルダの「政治過程のシステムの枠組み」

(出所) Wiarda [2007: 37-41] より筆者作成．

用して，アーモンドは，「すべての政治システムが例外なく遂行する共通の諸機能に重点を置きはじめた」．また，アーモンドは，社会学者のパーソンズの「パターン変数」を用いて，比較政治分析のための一般的な理論枠組みを構築しようとした．すでに文化人類学では，実体論（現実の存在，要素）で比較することができない非西洋社会に対して，役割や機能（function）に注目して比較が行われていた．これをパーソンズが構造機能分析として社会学に取り入れ，それをアーモンドが政治学に応用したのである．

　1960年，アーモンドはコールマンと共に，新しく独立した国々の政治を初めて捉えた本を出版している［Almond and Coleman eds. 1960: 3-64］．アーモンドは，この本の中で，西洋と非西洋を比較するために有用だとして，西洋的な諸概念を機能主義的に置き換え，国家（state）ではなく政治システム（political system）を，権力（powers）ではなく機能（functions）を，官職（offices）ではなく役割（roles）を，制度（institutions）ではなく構造（structures）を，世論（public opinion）と市民としての訓練（citizenship training）ではなく政治文化（political culture）と政治的社会化（political socialization）を使うことを提案している［Almond 1970: 81］．その上で，「すべての政治システムは，機能と構造との間の関係によって，比較可能である」と考えたアーモンドらは，途上国研究に構造機能主義を取り入れ，「政治構造」と「政治文化」で「政治システム」を比較検討しようとしたのである．

　アーモンドは，世界中の政治システムを説明するものとして，インプット側に4つの機能を，アウトプット側に3つの機能を置いた．アウトプット側の機能は，「三権分立」という「古い機能」であり，構造的なニュアンスから自由にするために，「立法」のかわりに「ルールの作成」，「行政」のかわりに「ルールの実施」を用いている．

　＜インプット＞
　①　政治的社会化と補充（recruitment）の機能：異なる政治システムにおいて，人びとはどのようにして，政治的役割や政治的志向を学んだり教え込まれたりするか．
　②　利益の表出の機能：異なる政治システムにおいて，人びとの利益はどのように表されるか（西洋では利益集団が担う機能）
　③　利益の集約の機能：異なる政治システムにおいて，表出された要求や利益はどのように集約されるか（西洋では政党が担う機能）

④ 政治的コミュニケーションの機能：異なる政治システムにおいて，政治的な情報はどのように伝えられるか（西洋ではメディアが担う機能）

＜アウトプット＞
① ルールの作成
② ルールの実施
③ ルールの裁定

[Almond 1970: 95-96: 106-144]

　異なる政治システムは互いに比較できるというのがアーモンドの主張であり，彼はそのために，「機能」という概念を用いた．「政治システムは，政治構造による政治機能の遂行の頻度とスタイルの観点から，相互に比較可能」であるという［Almond 1970: 148］．このアーモンドの構造機能主義アプローチに従って，多くの若手研究者が非西洋の地域研究に取り組んでいった．

　1960年代の米国で出版された比較政治学のテキストには，アフリカを事例とした論文が掲載されている．マクリディスの論文［Macridis 1963］が収録されている『比較政治学』［Eckstein and Apter 1963］の目次が大変興味深いので紹介したい．第10部まである大著であるが，60本の論文のなかに，タイトルにアフリカという言葉が含まれている論文が2本ある．また，巻末の文献紹介には，「外国政府に関する一般的研究」の中に，「サハラ以南アフリカ」の項があり，17の研究書が掲載されている．

第1部　イントロダクション
第2部　比較政治学の現在の傾向
第3部　立憲政治と代議政治
第4部　選挙システム
第5部　政党
第6部　圧力団体と利益集団
第7部　全体主義と独裁
第8部　政治変動
第9部　非西洋の政府と政治
　　　　「西アフリカにおけるエスニシティと国民統合」（イマニュエル・ウォーラーステイン）

「西アフリカにおける一党制システム」(ルース・シャクター)
第10部　比較政治学と政治思想
比較政治学の文献紹介

　また，マクリディスとブラウンが編集した『比較政治学』[Macridis and Brown eds. 1968]には，キルソンによる「アフリカ政治における権威主義的傾向 (Authoritarian Tendencies in African Politics)」という興味深いタイトルの論文が収録されている (1963年1月に World Politics に掲載されたキルソンの論文を編者が要約したもの)．

　このように発展してきた比較政治学であるが，アーモンドらの政治発展論は，植民地から独立した国々が，欧米と同じような経路(欧米中心の単線的経路)で政治発展を遂げていくという考え方に基づいていた(後述する近代化論者の共通認識)．そして，アーモンドの方法論を携えて途上国研究を始めた若手研究者たちは，やがてその方法論では途上国の政治を理解することができないことに気付く[Wiarda 2007: 59-60]．近代化すれば政治発展や民主化が起こるものだと想定されていたことに対しても，例えば，ハンティントンが，経済発展が必ずしも民主化の安定をもたらさないことを示したように，研究者たちから異論が出てきた[Huntington 1968]．

　近代化論(後述)に従った政策が期待通りの結果を生まず，またベトナム戦争の経験に対して，現状肯定型の行動論政治学が批判され，イーストンの区分では第四段階であり，1960年代後半から台頭してきた「脱行動論革命[14]」が始まった．また，途上国における軍事政権や独裁政権の出現に直面した比較政治学の世界では，単線的で米国中心的なアプローチに反論する理論が登場した[15]．「権威主義体制」(リンス)，「官僚主義的権威主義体制」(オドーネル，ステパン)，「民主化の第三の波」(ハンティントン)といった議論によって，権威主義的な途上国の比較研究が進み，「民主的移行」や「民主主義の定着」といった「民主化」に関する議論が多くみられるようになった．また，「新制度論」も登場した．ウィーアルダは，政治発展論にかわる理論として，コーポラティズム論 (Corporatism)，従属論 (Dependency Theory)，政治経済学[16] (Political Economy)，官僚主義的権威主義体制 (Bureaucratic-Authoritarianism)，国家—社会関係 (State-Society Relations)，合理的選択論 (Rational Choice Theory)，新制度論[17] (New Institutionalism) を挙げている [Wiarda 2007: 10-12; 134-145]．従属論を批判・発展させ

た「世界システム論」(ウォーラーステイン) も忘れてはならない.

比較政治学の理論の変遷については，和書でも十分な先行研究があるため [Wiarda 1993; 河野・岩崎 2002; 岩崎 2002; 河野 2004; 真柄・井戸 2004; 岩崎 2005; リード 2006; 粕谷 2014など]，次節では，アフリカと関わりの強い比較政治学の理論に限定してその議論を見ていきたい．理論面での関わりとしては，近代化論の議論や民主化の理論がある．

## 3 比較政治学の理論とアフリカ

比較政治学がアフリカ諸国に向けた関心は，独立したばかりのアフリカ諸国をいかにして「発展」させるか(もしくは「貧困」問題の解決．近代化論，主に1950-60年代．従属論, 1960年代末-70年代)，いかにして「民主主義」を根付かせるか(1970年-現在)，「国家」とは何か(国家論)，そして「紛争」の原因と解決策をどう考えるかという4点に集約できる．

1950年代から60年代にかけて，ヨーロッパや米国をモデルとして，開発途上国の「発展」経路を論じた近代化論は，アフリカの政治にどのような影響を与えただろうか．経済政策への影響が大きかったことはもちろんであるが，前述したように，アーモンドらは，国の発展には同質的な社会が必要であり，安定した民主政治には同質的な政治文化が必要だという考えを持っていた．アフリカが発展するためには同質的なネイションを建設しなければならないとする「ネイション・ビルディング思想」が至上のものとされたことにより，抑圧された民族の正当な要求が弾圧される道が作られてしまったことをこれからみていきたい．

### (1) 近代化論とネイション・ビルディング思想

1940年代後半から1960年代にかけて，次々と独立していく旧植民地諸国を，いかに近代化させ欧米のような国民国家に形成していくかというテーマを論じたのが，近代化論者である．ロストウ(経済学)の近代化論では，どの開発途上国も皆，① 伝統的社会 → ② 離陸のための先行条件準備期 → ③ 離陸期 (テイク・オフ) → ④ 成熟への前進期 → ⑤ 高度大衆消費社会という単線的な発展段階をたどって欧米諸国のレベルに達することができるとされた．同じく近代化論者であるリプセット(社会学)は，経済発展と民主主義の間に相関関係が

あることを示し，経済発展によって民主主義的な規範をもつ中産階級（middle class）が登場することを指摘し，民主主義が社会に定着する上で彼らが重要な役割を発揮するとした．逆に言えば，欧米のように経済発展せずに中産階級が生まれない社会においては，民主主義は望めないという結論となる．

ロストウやリプセットと同じく欧米という先進社会をモデルとし，経済と社会の発展に従って伝統的社会から近代的社会へと移行するというパーソンズ以来の構造機能主義に立ったアーモンド（政治学）は，政治発展論（発展主義アプローチ）の議論を進めていく．そして，英米のように同質的な政治文化をもった社会では，民主主義が安定して機能すると考えた．

### 発展主義アプローチと同質的な政治文化

アーモンドは，すでに1956年の論文において，政治システムを，「同質的で世俗的な」政治文化をもつ英米型，「断片化された」政治文化をもつ大陸ヨーロッパ型（スカンディナヴィア諸国と低地諸国を除く），欧米以外の地域の前産業型（もしくは部分的産業型 partially industrial），全体主義型の4つに分類した [Almond 1956: 392-393]．そして，民主主義が安定して機能しているのは，政治文化が「同質的」である英米型政治システムであると結論付けた（スカンディナヴィア諸国と低地諸国については，英米型と大陸ヨーロッパ型の間に位置付けている）．

このようにして，この時代の比較政治研究が進められたわけであるが，「民主主義が安定して機能しているのは，政治文化が『同質的』である」とした彼らの主張は，アフリカの国家建設に大きな影響を与えた．「ネイション・ビルディング（nation-building）」思想である．

### 同質的なネイションという概念

ネイション（nation）という言葉は，日本語では，民族もしくは国民と訳される．ネイション・ステイト（nation-state）も，最近では，国民国家と訳されることが多くなった．このとき「国民」と訳されるネイションは，同じ国籍を持っているだけではなく，同質的であることも必要とされる．そもそもネイションとは何だろうか．ほとんどの日本人とって，このnationという言葉はとてもわかりにくいものである．たとえば，英国では，イギリス全体もnationであるが，文脈によっては，スコットランド，イングランド，ウェールズもそれぞれnationになる．

アンダーソンは，nation を「想像上の政治的共同体」[Anderson 1983; 1991; 2006]と呼んだが，シートン＝ワトソンが言う通り，nation は科学的定義が不可能な概念である[Seton-Watson 1977]．nation も nation-state も，その理論上の原型は西洋の歴史の中で作られてきたものであり，市民社会の成立以前の歴史，特に絶対王政による国内の諸集団の均質化の歴史が，西洋におけるネイションの形成に重要な役割を果たしてきた．

全ての人間は nation によって区分され，それぞれの nation は「自決権」を有し，「人は男も女も，おのおのいくつものアイデンティティ——存在基盤——を持っているが，『ネイション』によって最大の帰属意識を得られる」などという虚構の世界が[Ignatieff 1993: 5]，nation-state という理念と共に，世界中に広がっていったのである．

そののち，「唯一不可分の nation」を掲げるフランスも，「人種のるつぼ（メルティング・ポット）」説が信じられていた米国も，カナダ，英国，オーストラリアでも，1960年代から1970年代にかけて，エスニシティの復興（ethnic revival）と呼ばれる現象を経験した．移民社会である米国社会の同質性をうたった「メルティング・ポット」も，その後，様々な集団の共存を示す「サラダ・ボウル」に変わったのである．

このように，欧米では，異なる民族（ethnic group）に同質化を押し付けるのではなく，共存や共生が認められるように考え方が変わっていったが，アフリカに対しては依然として nation 形成が求められてきた．アフリカの不幸は，アフリカに住む異なる民族が，tribe（日本語では部族と訳される）として扱われたことである．民族（ethnic group）とは異なり，文化人類学の理論上，tribe は nation の下位集団であり，近代化論者にとっては，tribe は国の発展のために，同質化され解体される対象であった．欧米での異なる民族（ethnic group）の対立は，テロを除けば，正当な主張と容認される傾向があるが，アフリカの民族対立は「部族対立」「部族主義（tribalism）」と呼ばれ，未開で野蛮というイメージが付随していた．この「劣った tribe」のイメージを作り上げた nation-building 思想の問題点をこれから見ていきたい．

### ネイション・ビルディング思想の問題点

今では曖昧な概念ということが明らかになっているが，近代化論が米国の主流であった時代には，nation とは発展を遂げた欧米諸国が形成してきたもので

あり，したがって欧米諸国は nation-state であり，開発途上国も同じ経路を辿って発展すべきであるという理解が当然のものとされていた．近代化論者によれば，人間は「伝統的な部族（tribe）」から「近代的ネイション（nation）」に発展していくことになっており，近代化もしくは欧米化が進めば，アフリカ国内の沢山の tribe は解体され消滅し，nation という1つの同質的な共同体ができあがるとされていた．nation の同質性を確立するために，アフリカに対して，tribe から nation へというネイション・ビルディングのイデオロギーが生まれたのである．

近代化論者は，アフリカの tribe の実態を理解できていなかった．アフリカで白人が tribe と呼んだ集団で，少なくも国内政治に関わってくる集団については，欧米で○○人と呼ばれている集団となんらレベル的に変わりはなかった．ナイジェリアの南西部に住むヨルバ人や南東部に住むイボ人は現在，人口が3000万人を優に超している．ヨーロッパで「民族」と呼ばれている集団，たとえばスコットランド人と比べてもなんら遜色はないのである．

民族の境界線は流動的なものであり，合併，分裂，生成，消滅を太古から繰り返してきている．しかし，現在，アフリカの国政に登場する民族のほとんどは，植民地化の過程で何らかの変容を遂げている．ある民族は，植民地政府が小規模集団を上から合併させることで作り上げたものであり，ある民族は，白人や他民族との競争のために，集団や首長国の壁を越えて1つの民族となった（序章第3節参照）．植民地政府はこれらの民族を tribe と呼び[19]，ヨーロッパが一方的に引いた国境線の中で，分割統治（divide and rule）政策により，互いに競争し反発しあう民族関係が植民地政府によって構築されていた．

アフリカ諸国は，植民地時代の国境線を変えないというウティ・ポッシデティス（uti possidetis）の原則を採用したため[20]，独立後もほとんどの国が同質性とはほど遠い国となった．本来は民族として遇すべき集団を，近代化論者は，解体が容易な tribe と理解した．異なる集団の共生ではなく，同質化を求めたのである．そこで，アフリカの多くの指導者も，nation の形成，つまり nation-building の必要性を国民に説いた．こうして，アフリカ諸国が発展するためには同質的な社会を作らなければならないという信念に基づいた nation-building 思想が，アフリカ全体を覆うようになり，本来は民族として扱うべきであった集団を tribe と呼んで解体の対象としたのである[21]．

「nation をつくる（=nation-building）」というときには，「共同体性をもつ国民

としてのアイデンティティのために個々人（個々の集団）の民族アイデンティティを放棄すること」[Gellar 1973: 393]が要求されるわけであるが，アフリカでtribeと扱われた人びとの「民族アイデンティティ」は，そのように容易に放棄できるものだったのだろうか．地域や民族の主張は「部族主義」と呼ばれ，国家の統一を阻害するものとして，国内外から非難された．「自分勝手な主張（＝部族主義）はやめ，1つのnationになり，国全体のことを考える」という一見，至極もっともなnation-building思想であったが，大きく3つの問題点が指摘できる．

　1点目は，アフリカの人びとが自分たちのアイデンティティをたやすく放棄できなかったということである．たしかに民族の境界は流動的なものであるが，個々人が自分の利益を考えて，民族の境界線を超えることはあっても，政府の呼びかけで民族の解体がおこることはなかった．

　2点目は，人びとに民族アイデンティティを放棄することを求めたアフリカの政治家の多くが民族アイデンティティに訴えて支持者を獲得し，大統領は自民族で親衛隊を固め，自民族優遇政策を行っていたことである．nation-buildingを訴え，国内の諸民族の主張を「部族主義」として否定してきた指導者自身が，自らの権力基盤を維持するために，自分の出身民族や出身地を優遇した例は多い．指導者による自民族優遇は，当然，他民族からの反発を生み，指導者が主導してきたnation-buildingを指導者自ら阻害することになった．

　2007年12月の大統領選挙の不正により，北東部州（当時）を除く全土で暴動が起こったケニアを事例にみていこう（第9章も参照）．大統領選挙は，与党である国家統一党（PNU）のキバキ大統領（当時の現職）と，野党のオレンジ民主運動（ODM）のオディンガ候補の間で戦われたが，5年間の大統領任期中のキバキ大統領の行動は「部族主義」と非難された．政府のポストの半分はキバキ大統領の出身民族であるキクユ人と隣接する2つの民族が占めているとして，他地域の民族が反発したのである．国民の多くの予想に反し，キバキ大統領の当選が宣言されたため，不正選挙であるとして，オディンガ候補の出身民族であるルオ人の住むケニア西部を中心に各地で大きな暴動が起こり，2カ月間で死者1000人以上，国内避難民50万人と報じられた．[22] また，この暴動の背景に，植民地時代に白人に没収された土地が，独立後，ケニア人に返還されるときに，初代大統領ジョモ・ケニヤッタの出身民族であるキクユ人に手厚くなされたことへの不満があったことも見過ごせない事実である．

3点目は、「部族主義」という言葉が、政権の自民族優先主義・縁故主義を批判する言葉として、抑圧されている人びとによって用いられる一方で、支配者の出身民族を優遇している政権に向けられた、正当な批判を押さえつけるために、政権側が用いることもあったということである。第8章で詳述するが、ケニアの北東部にはるか昔から居住していたソマリ人が、キリスト教徒が主導権を握るケニアではなく、同じ民族（ソマリ人）で同じ宗教（イスラーム教）を信じる隣国ソマリアの一部となりたいと望んだとき、大国もケニアの主要政党もそれを拒否した。植民地時代の国境線を維持し、その中で、部族主義を捨ててネイションを形成していくというnation-building思想が、イギリスやジョモ・ケニヤッタらの主張に正当性を与えたことは間違いがない。

この問題を米国の大学で長く教鞭をとる社会学者のファン・デン・ベルグは、次のようにまとめた。「アフリカニスト達の著述は、完璧な用語上の混乱に陥っている。なぜなら、アフリカで『部族主義』と呼ばれたものは実際にはナショナリズムにほかならず、ナショナリズムと呼ばれたものは現実にはそのような実態を全く有していなかったからである。独立以前は、『ナショナリズム』は単に反植民地主義を意味したにすぎない。独立以後は、全般的に、それは、人工的に線引きされた植民地領土を継承した国家中央政府が行う官僚支配を意味する。この現象を述べるには、『ナショナリズム』よりも『ステイティズム』の方がより適切だろう。これらの政府はみな国内の純粋な『ナショナリズム』を押しつぶそうとするのだから。こうしたナショナリストの運動を、政府は都合よく『部族主義』と呼び捨てるのだ」[van den Berghe 1976: 243]。

## (2) 同質化の強要から民族が共存できる民主主義のあり方へ

これまで見てきたように、同質的な社会でしか安定した民主主義体制を達成し維持できないとする議論は、1950年代から続いている。マクレーが指摘しているように、1950年代における西洋民主主義体制の分類は単純であった[McRae 1974]。最も初期の分類は、安定した二大政党制（イギリスや米国など）と、変動的な与党連合に基づく脆弱な多党制（フランス、イタリア、ドイツなど）とを比較するものであった。この延長線上に、先述したアーモンドの分類があった。

「民主主義体制はどのような社会で安定して維持できるのか」という問いに対して、アーモンドを始めとする多数派は、「同質性」を民主主義体制の安定の条件と答えてきたわけであるが、こういった分類に疑問が提示されたのが

1960年代である．特に，途上国にとって，欧米の大国だけが唯一目指すべきモデルではないという理解が急速に広まっていった．ここにおいて，今まで無視されてきた「低地諸国」が研究者の注目を集めるようになった．多数派の見解に反論を出した一人が，レイプハルトである．レイプハルトは，アーモンドが逸脱例とした低地諸国を分析し，多極共存型民主主義（consociational democracy）理論を提起し，「多極社会（plural societies）において安定した民主政治を達成し維持することは，困難かもしれないが，決して不可能ではない」と述べている［Lijphart 1977: 1］．

### (3) アフリカの民衆にとっての同質性の意味

独立以来の歴史が証明しているように，アフリカの民族はたやすく同質化できるような存在ではなかった．ただし，多民族共存がアフリカの伝統であることも忘れてはならない．民族や宗教の違いが血みどろの紛争にまで発展するのは，政治エリートや退役軍人の利権，既得権益を守るために，彼らが貧しい人びとを扇動するからである．

アフリカ研究者は長く紛争を回避するための方策を研究してきた．アーモンドが活躍した同じ時期に，nation-building イデオロギーに染まらずに，アフリカの独立当初から，アフリカが多民族国家であることを認め，個々の民族が協調し共存できる政治システムを考えた研究もあった．ブテンションによれば，近代社会科学で最初に多極共存主義（consociationalism）という言葉を使ったのは，アプターである［Butenschøn 1985: 1-2: note3］[23]．アプターは，1961年の著作において，当時のアフリカの政治制度を，「動員システム」「近代化されゆく独裁制」「多極共存主義システム」の3つに分類し，ナイジェリアと一時期のマリ連邦を「多極共存主義システム」に含めて，民主主義をすぐに確立する点では一番期待が持てるものだとしている［Apter 1961］．

アフリカ研究者にとっては，どのような民主主義を取り入れれば，国が安定するかということが重要であった．レイプハルトは，1977年の著作で，多極共存型民主主義理論をナイジェリアなどにあてはめ，1984年の著作で，民主主義モデルは一般に多数決型とコンセンサス型に分けられるとしたが[24]，アフリカ研究では，すでに1960年代に，多数決型モデルはアフリカの多極社会に適切ではないという指摘がなされていた．二重経済モデルを示し，ノーベル経済学賞を受賞したイギリスの開発経済学者であるルイスは，西アフリカに関する1965年

の著作において，二大政党制，比較多数得票主義，小選挙区制といった「与党」対「野党」という両極化を生み出し，中央集権化させるような諸制度（多数決型モデル）ではなく，比例代表制，大選挙区制，主たる政党による連立政策，連邦制のような制度（コンセンサス型モデル）が，多民族国家である西アフリカに適していると論じた［Lewis 1965］．多数決型モデル，コンセンサス型モデルについては，第9章で説明する．

### 1980年代以降の「民主化」の比較政治学

アフリカ政治学の世界においては，多数決型よりもコンセンサス型の政治制度の方が，多民族国家には適しているということが理解されていたが，この考え方は，国際社会の政策決定者には共有されていなかったようである．

冷戦終結後，アフリカの国々に国際社会が要求したことは，多数決型民主主義の導入であった．1990年にラ・ボールで開催された第16回フランス・アフリカ首脳会議におけるミッテラン大統領の発言を皮切りに[25]，民主化（＝複数政党制の導入と選挙の実施）が新規援助の条件とされ，「勝者が全てを獲得する（Winner Takes All）」結果，多くの国で，民主化が紛争をもたらすことになってしまった．この問題についても，第9章で述べる．

## 4　本書のアプローチ

比較政治学には様々なアプローチの方法がある．海外で現地調査を積み重ねデータを収集し叙述によって比較しようとするタイプから，政治現象を数量データとして計測しその因果関係を示すためにコンピューターを駆使して計量分析を行うタイプまで，様々である．

どのアプローチが最も有効なのか．この問いに対して，前述のウィーアルダは次のように説明する．

>　……比較政治学の場合にも，自然科学と同様に，世界中の政治システムという『実験室』が存在し，……政治システムを対象にして科学的な実験が行えるように思われることもある……．たとえば比較政治学では，一ないしそれ以上の変数——宗教，文化，社会構造，もしくは何らかの政治制度——を一定に保って，比較の観点から政策結果が考察されることがある．

言い換えれば，仮に福祉政策を比較研究することに関心があるとするならば，一部の変数を十分に統制して，他の変数を検査することができるのである．この場合には，福祉政策の結果は従属変数とみなされ，宗教や文化，その他の社会経済的要因は独立変数とみなされている．

しかしながら，厳密科学との類推は確かに興味をそそりはするが，この類推を文字どおりに受け取るべきではない．比較政治学は，厳密科学とはほとんどの点で異なっている．この分野そのものも，この分野で用いられる概念――たとえば政治文化，政治的社会化，利益集団活動，決定作成，政策執行といった概念など――も，曖昧で漠然としている場合が多いため，厳密に経験科学的な実験で処理することは到底できない．しかもまた，こうした概念の厳密な意味にせよ測度にせよ，おそらくは国によってまちまちだろう．……このように，研究者によって概念の意味がしばしば異なり，検査を繰り返し実施するのも極めて困難である以上，比較政治学を物理学や生物学と同列に置き，厳密な経験科学として語るのは，およそ不可能なことである．

……比較政治学は実験的方法を用いることもできようが，それ以外の，もっと解釈的な方法を用いることもできるのである．研究対象にした国々で実施される文献調査や面接調査，もしくは参与観察といった方法がこれに当たり，いずれの方法にもデータ収集や論理的論証や解釈に関する固有のルールが備わっている．こうした方法に従う場合には，比較は探究様式として，もしくは認識方法として重用されているのである．望ましい成果をかちうるには，実験的方法が用いられる場合もあるにせよ，ここで列挙したような従来から使われてきたアプローチもまた，研究方法として有効なことに変わりはない．

[Wiarda 1993: 邦訳 18-19]

本書のアプローチ（方法論）であるが，アフリカを対象として計量分析を行った研究について，筆者はまだ納得できるものに出会ったことがないため，本書では，地道な現地調査，文献調査に基づいて筆を進める．

繰り返しになるが，アフリカの政治を理解するためには，植民地化以前からの歴史，民族ごとの慣習（慣習法），政治文化，植民地化以前の社会と経済，植民地化時代の社会と経済，独立後の社会と経済，統治制度，官僚制，政策決定

過程，利益集団，政党，公共政策など，政治学だけではなく歴史学，法学，文化人類学や開発経済学といった様々な分野の研究成果，知識と情報を得なければならない．

最後に，「理論の島々」と呼ばれる比較政治学の状況について述べておきたい．ウィーアルダが詳細に説明しているが，当時も，そして現在も，全ての比較政治学者が賛同できる「単一の全包括的なパラダイム」などは存在せず，「それぞれの研究部門で，やりがいがあり重要だと思われる個別具体的な研究課題に引き続き取り組んで」いきながら，「研究指針として有益なものを啓発し提供してくれる多様な『理論の島々』（発展理論，コーポラティズム，国家—社会関係論，従属論など）を，展開し明確に精緻にして」いき，同時に，「こうした多様な島々をたがいに結び付ける橋梁を築き上げようと努めるべき」であるという1980年の会議におけるホフマンの主張は，現在でも的を射ている［Wiarda ed. 1985: 邦訳 367-372］．

しっかりとアフリカ政治を理解しながら，さらには，他地域との比較も行いながら，仮説を提起し，比較政治学の理論の適用を試みることが，アフリカ地域研究者に求められることだろう．

●注
1) 岩崎［2005］，リード［2006］を参照のこと．
2) 日本と海外とではアフリカの扱いが異なる．例えば，邦訳されているWiarda ed.［1985］には，索引にアフリカ関係の事項が載っている．アフリカ，アフリカの発展，アフリカの部族主義，アルジェリア，アンゴラ，コートジボワール，ザイール，タンザニア，トーゴ，モザンビークである．
3) 大西洋三角貿易に組み込まれた奴隷貿易を学びたければ「アミスタッド」，植民地主義と新植民地主義を見たければ「ルムンバの叫び」，南アフリカ共和国におけるアパルトヘイトとの闘いであれば「遠い夜明け」，1994年のルワンダのジェノサイドについてであれば「ホテル・ルワンダ」，女性性器切除（FGM）であれば「母たちの村」，フェア・トレードの問題であれば「おいしいコーヒーの真実」など，アフリカを学ぶための映画は枚挙に暇がない．三上編［2013］には，取り上げた映画について，解説が掲載されている．
4) Wiarda［1993; 2007］では，比較政治学のアプローチ・理論の変化を紹介している．
5) 詳しくは，福田［1985］を参照のこと．
6) 米国において行動論に対する批判は，1950年代から絶えず行われてきたが，60年代後半には，「学界エスタブリッシュメントの中核を狙い撃ち」することによって，その批判がより徹底したものとなった．1969年の米国政治学会会長演説において，イーストン

は行動論正統派に対する挑戦を「脱行動論（post-behavioralism）」と呼び，「脱行動論革命（post-behavioral revolution）」という名称を与えた．この演説は，Easton［1971: 323-348；邦訳 331-358］に収められている．また，行動論から脱行動論への学界の動き，及びイーストンの会長演説に対する当時の学界の反応については，山川［1982: 292-338］が詳しい．

7）decision making の訳．本書では「政策決定」と訳している．

8）ウィーアルダは，当時の比較政治学に対するマクリディスの批判を次のようにまとめている．「1）視野が狭いこと――ヨーロッパに過度に重点を置き，他の地域を等閑視していること，2）記述研究に終始し，本来的な意味での分析研究がなされていないこと，3）形式的――法律的側面を重視し，法律上の形式手続きの型に嵌まらない政治過程を閑却していること，4）紛れもなくその名に値する比較研究では全くなく，主として事例研究が優位を占めていること，5）逸話が語られる場合があまりにも多く，系統立った研究になっていないこと」［Wiarda 1993: 邦訳 52; 2007: 18］．

マクリディスは次のように述べている．「（比較政治学は）あらゆる権力願望に調整と調和を与える目的で討議（deliberation）と政策決定を含む社会機能としての政治を研究するために，政府機関を強調する伝統を放棄する．（中略）実際，政府は，政治過程の分析に関与する多くの要素の単なる1つに過ぎない．この意味において，『比較政治学』は，昔は無視されていた諸要素を導入することにより，比較研究の範囲を拡大するのである．方法論的には，『比較政治学』は，一般化されたカテゴリーの観点から政治システムの特徴を確認することを試みるアプローチを明らかにする．（『比較政治学』は）政治現象の確認ができるだけ多くのシステムで可能となることを踏まえて分析的カテゴリーを確立する．とりわけ（『比較政治学』は）それらの類似性と差異性を確認するだけではなく説明責任も負うことを主張する．しかしながら，説明とは，共通のカテゴリーのなかにあらゆるデータの集約と検証されうる仮説の形成とを必要としている．最後に，（比較政治学は）傾向予測と政策提言が可能との観点から，知識体系の発展を目指している．この意味において，比較政治学は，諸理論が生まれる母体となり同時にそれらを検証する実験室となるのである」［Macridis 1963: 51］．

9）イーストンは，政治を「社会のための諸価値の権威的配分」と定義した．権威的配分とは，「所有している価値を剥奪すること」「獲得可能な価値の獲得を妨害すること」「ある人びとには価値への接近を許し，他の人びとにはそれを許さないこと」という3つの方法の1つあるいは2つ以上を用いて，個人や集団に価値を配分することである［Easton 1965: 50］．

10）「補助金付与機関と政策設定機関とを兼ねていた」［Wiarda 1993: 邦訳 69; Wiarda 2007: 55］米国社会科学研究評議会（Social Science Research Council: SSRC）は，1954年に「比較政治委員会（Committee on Comparative Politics）」を設置し，アーモンドが委員長となった（1963年まで在任）［Almond 1970: 11］．

11）社会学におけるグランド・セオリー（一般理論）の構築を目指し「システム理論」を展開したパーソンズは，1950年代初期に，「行為者が行為を行うときに選択しなければならない5組の二者択一的な選択肢」として「パターン変数（pattern variables）」を提

示した.「行為者による選択のパターンを示すことから,パターン変数と呼ばれ,選択の基準となる価値志向を記述するために用いられる」.5組の選択肢とは,① 感情性 (affectivity) と感情中立性 (affective neutrality),② 集合体志向 (collectivity) と自己志向 (self),③ 個別主義 (particularism) と普遍主義 (universalism),④ 無限定性 (diffuseness) と限定性 (specificity),⑤ 属性本位 (ascription) と業績本位 (achievement) を提示した(宮島喬編『岩波小辞典 社会学』195ページを参考にした).

政治学に適用するにあたっては,ウィーアルダの説明がわかりやすい.「伝統的社会は,属性(血統,家名,氏族,部族)に基づいているのに対して,近代的社会は業績に基づいている.また,伝統的社会は,ものの見方が個別主義的であるのに対して,近代的社会は普遍主義的な価値観に基づいている.さらに,伝統的社会は『機能的に無限定』(軍事機能と政治機能,経済的機能がすべて混ぜ合わされている)だが,より発展した社会の場合には,機能的に限定的で分化している」として,パーソンズは,「近代」社会と「伝統」社会を比較するためのカテゴリー群を「パターン変数」として提示した.伝統的社会については,「属性本位」,「個別主義」,「機能的に無限定」,近代社会には「業績本位」,「普遍主義」,「機能的に限定」というのが,パーソンズの「パターン変数」であるが,ウィーアルダも指摘しているように,先進国であろうと途上国であろうと,ほとんどの社会において,両者の特徴が混在しているのが現実である[Wiarda 1993: 邦訳 64-65; Wiarda 2007: 52-53].

12) ラドクリフ゠ブラウンの構造機能主義人類学に代表される.
13) Almond [1970: 79-151] に再録.
14) 注6を参照.イーストンは,脱行動論が登場してきた理由として,次のように述べている.「脱行動論は,行動論によって生み出された解決されない諸問題のいくつかと取り組もうとする努力の中から生まれたということです.そうした問題としては次のようなものがありました.倫理的判断への無関心,科学的方法の使用から帰結する形式的・数学的言明への行き過ぎたコミットメント,社会的争点のことを無視して理論的基準のことに関心を集中すること,重要な認知的(合理的)要素を見逃して社会的諸力を政治過程における行動の決定因と考える先入観,現在の政治体系が形成されるにいたった歴史のことを全く忘却していたこと,などです」.脱行動論革命に対する「対抗文化(カウンター・カルチャー)」や合理的アプローチの影響についての説明も以下を参照のこと[Easton 1985: 邦訳 107-108; 112-113; 117].また,Easton [1990] では,「脱行動論期,1980年代の最も活力ある理論的諸傾向のうちの1つである合理的行為者モデル」や,アルチュセールやプーランツァスの影響を受けた「新国家論 (neostatism)」(「行動論や,脱行動論の多くに対して抱かれた,構造論的観点からみてこれらには限界があるという強い不満の顕在化を代表するものであって,政治行為,政策,そして制度が埋め込まれている構造的状況への注意を再活性化した」ものであると指摘),さらには「新制度論」に至るまで,様々な理論とアプローチへの講評がなされている.
15) 1968年の講演で,アーモンド自身が,近代化論の3つのエラーについての理論的反省を行っている.第一は,アングロ・アメリカ型民主主義と議会主義が,人間の政治的才能が達成する最高点であり,他の全ての政治システムが必ずこれと同じ方向に進んでい

くと考えた「単線性（unilinearity）」のエラーであり，第二は，アフリカを含め，遅れて近代化する国々が自らの近代化を望んでいるという「目的論（teleology）」のエラーであり，第三は，西洋文明，特にアングロ・アメリカ変異型が進歩していると考えた「エスノセントリズム（ethnocentrism）」のエラーである［Almond 1970: 287-291］．ただし，同じ講演の中で，サハラ以南アフリカの国々を含めて，primitive という言葉を当てはめられていることには注目したい［Almond 1970: 323］．
16) 従属論は，A. G. フランクや S. アミンらによって提唱された．近代化論に基づく経済政策を実行しても発展しない自国をみた開発途上国，特にラテン・アメリカ諸国の経済学者が，自国の経済が発展しない原因を，世界資本主義の中心部と周辺部の搾取・被搾取関係で説明した．中心部にいる先進国は周辺部にいる開発途上国の富を搾取することによって繁栄しているというのが従属論者の主張であった．
17) 1960年代にラテン・アメリカ諸国に登場した軍とテクノクラートが支配する体制で，軍政が野党や国民を抑圧した．詳しくは，松下［1987; 2004］などを参照のこと．
18) ベルギー，オランダ，ルクセンブルクのベネルクス三国を指す．
19) イギリス領では，tribe と認められると，その集団には一定の権利が認められた．
20) 1964年アフリカ統一機構（第4章参照）のカイロ宣言で，アフリカ各国は独立当時の国境線を相互に尊重することを誓約した．
21) アフリカでは，様々な規模の様々なレベルの集団がある．人口が1000万人を超える集団から人口50万人という集団，さらに小さな集団もあり，誕生して数十年という新しい集団もある．周囲の大きな集団に吸収されつつある小さな集団もある．すべてを同列に「民族」と呼ぶことの問題点は理解しているが，本書では，国内政治の場に登場する力がある集団を念頭に民族という言葉を用いている．
22) 死者1000人以上という数字に対して，民衆同士の殺戮と同時に，警察の発砲による犠牲者数が多いことも指摘されている．
23) アプター自身，2006年の国際社会科学協議会の式典での講演において，民族や宗教で分断されている社会の1つの解決策として，多極共存主義というアイディアを（レイプハルトよりもずっと以前に）ウガンダで深めていたと述べている（http://www.worldsocialscience.org/documents/apter-address.pdf 2015年1月9日閲覧）．
24) レイプハルトは，多極共存型民主主義を「分裂した政治文化をもった民主主義を安定した民主主義に変えるために計画されたエリートのカルテルによる政治」と定義づけている．レイプハルトが示した多極共存型民主主義の4つの基本要素は以下の通りである．①「大連合」（多極社会にある全ての重要な区画の政治指導者が大連合によって政府を作る），②「相互拒否権（mutual veto）」もしくは「全会一致の原則（"concurrent majority" rule）」（重要な少数者の利益を守る追加手段として役立つ），③「比例制原理（proportionality）」（政治的代表・官吏任命・公債の分配に関する原則的な基準），④「区画の自立性（segmental autonomy）」（各区画がそれ自体の内部問題を管理する）［Lijphart 1974; 1977］．
25) 今後のフランスの支援が「自由を拡大する努力にリンクされる」と発言した（ラ・ボール宣言）．ただし，大林は，「フランスがアフリカに民主化を迫ったとみるのは正確では

ない. むしろアフリカに高まりつつあった民主化の波をフランスが追認し, 加速化しようとしたとみるべき」であるとしている. 1989年12月に国民会議設立が決定され, 独裁者ケレク大統領の退陣に道を開いたベナンを起爆剤として, 国民会議結成と民主化への動きがフランス語圏アフリカに波及しており, ラ・ボール宣言はこうした動きをフランスが「承認」し「後押し」することを明らかにしたものだからである. 大林によれば, ラ・ボール宣言以降のフランス語圏アフリカの民主化達成状況は, 21カ国中,「民主化達成」が9カ国,「問題あり」が4カ国,「失敗」が8カ国である［大林 1996: 78-79］. ベナンの国民会議については, 岩田［2004］を参照のこと. ケニアの事例では, 1991年11月にパリで開かれた援助国会議において, 新規援助停止が決定されたことを受けて, 同年12月, モイ大統領（当時）は一党制を廃止している.

# 第2章　アフリカの政治制度
　　　——ケニアを事例として——

　アフリカの政治制度の理解を妨げているものは何だろうか．政治制度には，統治制度としての憲法，三権分立，選挙制度，中央集権と地方分権，議会制度，議院内閣制と大統領制，官僚制，地方自治制度などがある．ほとんどのアフリカ諸国は，独立時に，イギリスやフランスといった旧宗主国をモデルとしているため，憲法も制定され，三権分立も認められ，選挙も行われ，議会もあり，どのテーマを選ぼうと，アフリカ諸国を事例として議論できるようになっている．

　日本で比較政治学を学ぶ人たちにとって，アフリカの政治制度が事例として取り上げにくいものだとすれば，その理由の1つとして，アフリカに制度が存在しないということではなく，制度が正しく用いられてこなかったため，理解しにくいということがあるだろう．近代以降のヨーロッパの政治制度は，君主や領主などの「人の支配」から「法の支配」へと移り変わったが，アフリカでは「人の支配」のイメージが強く，その後進性が強調されがちである．また，独立以降クーデターが多発し，憲法停止，議会解散の状態で，軍政が長く続いた国が多かったことも，その理由の1つだろう．かつての「アフリカ社会主義」の理解も難しかったかもしれない．アフリカ社会主義を掲げた国以外でも，大統領に権力を集中させ，憲法を改正して一党制を導入する国も多かった．

　とはいえ，制度の形式面を理解しておくことは，たとえその機能が不可解であろうと，必要なことであるので，まずは，ケニアを事例として，アフリカの政治制度をみてみよう．

## (1)　憲法と三権

　憲法は，国の最高法規であり，「國をどういうふうに治め，國の仕事をどういうふうにやってゆくかということをきめた，いちばん根本になっている規則」

（文部省「あたらしい憲法のはなし」より）である．憲法は，政治体制や統治のあり方，政治理念などを定めている．日本国憲法でいえば，国民主権，基本的人権の尊重，平和主義が三大原則である．

　ケニアでも，憲法が最高法規であることは変わりがない．日本と異なるところは，まず，ケニアの憲法が何度も改正されているところにある[1]．具体的な話は第8章に譲るが，ケニアは，イギリスから独立する過程で地方分権型の憲法をまず制定した[2]．1963年憲法は，名目的国家元首であるイギリス女王の名代として総督を置き（第31条），多数決型（議院内閣制で総督が首相を任命．第75条）でありながら，多極共存主義的なマイノリティの保護（第9章を参照）を持ち合わせていることをその特徴とした．憲法修正条件については独立直前の会議まで議論がもつれ，人権や地方（Regions）もしくは憲法修正など重要事項については下院の75％及び上院の90％を必要とするルールが採用された[3]．

　ケニアは1963年に独立した．独立前から地方分権型の憲法に反対をしていたケニア独立の父ジョモ・ケニヤッタ（初代首相）は，地方分権型の憲法をすぐに改正した（第3章第1節参照）．1964年の新憲法は共和制を採用し（ケニヤッタ初代大統領誕生），中央集権型，しかも，大統領に権限が集中するような制度を採用した．さらに，モイ第二代大統領時代の1982年には，ケニア・アフリカ人国民同盟（KANU，後述）による一党独裁制が憲法に明記され，複数政党制が廃止された．複数政党制が復活したのは，1991年になってからである．

　ケニアの新憲法である2010年憲法では，議会，大統領制，裁判所，省庁，選挙権及び政党について，以下のように規定されている．

### (2) 議　　会

　立法府は，国民議会（National Assembly）と上院（Senate）の二院制である（第93条第1項）．国民議会は，小選挙区制で選出された290名と，カウンティ（county）ごとに選出された女性議員47名と，若者と障がい者と労働者の特別な利益を代表し議員数に比例して政党に指名される12名と，議長（職権メンバー）から構成される（第97条第1項）．上院は，小選挙区制で選出された47名と，上院での議員数に比例して政党に指名される女性議員16名と，若者を代表する議員男女1名ずつ計2名と，障がい者を代表する議員男女1名ずつ計2名と，議長（職権メンバー）から構成される（第98条第1項）．議員の任期は5年である（第101条第1項）．

2010年憲法は二院制を採用し，Constitutional Amendment Act No. 40 of 1966によって廃止されていた上院が復活した．

2010年憲法が，女性議員を増やすためのクオータ制を導入していることに注目したい．列国議会同盟（第10章参照）が発表している2015年1月1日現在のケニア下院の女性議員比率は19.7％でランキングは71位である（日本は9.5％で113位）．議員数350名中，女性議員が69名である（日本は475名中45名）．

### (3) 大統領制

行政府は，大統領と副大統領と司法長官（Attorney-General）と閣僚（14から22名まで）から構成される（第152条第1項）．大統領の任期は5年である（第136条第2項）．大統領として選出されるためには，全体の過半数の得票と，半数を超えるカウンティで25％以上の票を得ることが要件とされている（第138条第4項）．2013年選挙の時点でカウンティは47あったため，24のカウンティで25％以上の得票が必要であった．

2014年5月1日現在の大統領は，ジョモ・ケニヤッタ初代大統領の息子であるウフル・ケニヤッタ（ウフルはスワヒリ語でfreedom）である．2010年憲法下での初めての大統領選挙（2013年3月）で当選し，2013年4月に大統領に就任した．

### (4) 裁 判 所

司法府は，上級裁判所（superior court）として，最高裁判所（Supreme Court），控訴裁判所（Court of Appeal），高等裁判所（High Court）から構成される（第162条第1項）．下級裁判所（subordinate court）として，治安判事裁判所（Magistrates court），イスラーム裁判所（Kadhis' court），軍法会議（Court Martial）及び議会及び第162条によって設置された裁判所がある（第169条第1項）．イスラーム裁判所の設置が，2010年憲法の大きな特徴である．

### (5) 省　　庁

2015年1月1日現在のケニアの省庁は以下の通りである．

1．内務・政務調整省 Ministry of Interior and Coordination of National Government
2．地方分権・計画省 Ministry of Devolution and Planning

3. 財務省 The National Treasury
4. 国防省 Ministry of Defence
5. 外務・国際貿易省 Ministry of Foreign Affairs and International Trade
6. 教育省 Ministry of Education
7. 保健省 Ministry of Health
8. 運輸・インフラ省 Ministry of Transport and Infrastructure
9. 情報・通信・技術省 Ministry of Information, Communication and Technology
10. 環境・水・天然資源省 Ministry of Environment, Water and Natural Resources
11. 土地・住宅・都市開発省 Ministry of Land, Housing and Urban Development
12. スポーツ・文化・芸術省 Ministry of Sports, Culture and the Arts
13. 労働・社会保障・サービス省 Ministry of Labour, Social Security and Services
14. エネルギー・石油省 Ministry of Energy and Petroleum
15. 農業・畜産・水産省 Ministry of Agriculture, Livestock and Fisheries
16. 産業化・企業開発省 Ministry of Industrialization and Enterprise Development
17. 東アフリカ問題・通商・観光省 Ministry of East African Affairs, Commerce and Tourism
18. 鉱業省 Ministry of Mining

(6) 選　挙　権

（精神異常と宣告されたり，過去5年間に選挙違反で有罪判決を受けたりしていない）18歳以上の市民に与えられる（第83条）．

(7) 政　　　党

ケニアの2010年憲法は，政党についても規定を設けている．第91条は，政党に対して，国民的性格（national character）を持っていること，民主的に選ばれた運営組織（governing body）を持っていること，国民の統一（national unity）を推進し守ることなどを求め，宗教・言語・人種・民族（ethnic）・ジェンダー・

地域基盤に基づいた政党を禁じている.

　2013年3月の総選挙では，6つの選挙が同時に実施された．上下両院の選挙と大統領選挙のほかに，2010年憲法の規定により，カウンティごとに女性代表が選挙され，カウンティ知事選挙とカウンティ議会選挙が行われた．

　議会選挙では，2つの政党連合，改革民主連合（the Coalition for Reform and Democracy: CORD）とジュビリー連合（the Jubilee Alliance）が議席の大部分を獲得し，上下両院とも議長席はジュビリー同盟が得た．下院（国民議会，350議席）では，ジュビリー同盟が195議席，改革民主連合が143議席を，上院（68議席）では，ジュビリー同盟と提携政党が34議席，改革民主連合が27議席を獲得した.

　大統領選挙では，ウフル・ケニヤッタ候補（ジュビリー連合）が50.07％を獲得し，憲法が求める「全体の過半数の得票」と「半数を超えるカウンティで25％以上の得票」という2つの要件を満たし，3月9日，第四代大統領として選挙管理委員会（IEBC）から認められた．次点はライラ・オディンガ候補（改革民主連合）で41.31％を獲得していた．オディンガ陣営は，憲法に従い，最高裁に異議申し立てを行ったが，最高裁はケニヤッタ候補の勝利を認めた．今回は大規模な暴動はなかった（2007年大統領選挙後暴動については第1章第3節を参照のこと）．

　このように，ケニアの政治制度は，先進国とほとんど変わりがない．これは共和制をとる他のアフリカ諸国も同様である．しいて違いを言えば，多民族国家という状況から，上記の大統領選挙の当選要件や政党の登録要件に加えて，言語の多様性（第7条第3項）や伝統文化への配慮（第11条，第44条など），特定の宗教を国教とすることの否定（第8条），少数派と疎外されてきた集団（minorities and marginalised groups）への優遇策（第56条．アファーマティヴ・アクションを含む）などを各所で行う一方，有害な文化的慣習（harmful cultural practices）から子どもを守る（第53条第1項）（FGMなど．第10章参照）ことなど，伝統や慣習のマイナス面への対応を迫られているところが，アフリカ諸国を悩ませている点である．

●注
1) 1963年12月12日の独立以来2010年憲法に至る改正年は以下の通りである．
　　1964（2回），1965, 1966（4回），1968（2回），1969, 1974, 1975（2回），1977, 1979（2回），1982, 1984, 1985, 1986, 1987, 1988, 1990, 1991（2回），1997（2回），2008．
　　個々の修正内容については，Nelly Kamunde-Aquino（2004）"Kenya's Constitutional History."（http://www.4cmr.group.cam.ac.uk/filecab/redd-law-project/20140821%20

BP%20Kenyas%20Constitutional%20History.pdf, 2015年1月8日閲覧) を参照のこと．
2) 1963年憲法については，下記を参照のこと (http://www.constitutionnet.org/files/KEL63-002.pdf., 2015年1月8日閲覧). 他に，"THE KENYA INDEPENDENCE ORDER IN COUNCIL 1963" と "Kenya Independence Act 1963". 後者については，下記を参照のこと (http://www.legislation.gov.uk/ukpga/1963/54/pdfs/ukpga_19630054_en.pdf, 2015年1月8日閲覧).
3) "Kenya: Independence Conference 1963" pp. 21-22 (http://filestore.nationalarchives.gov.uk/pdfs/large/cab-129-115.pdf, 2015年1月8日閲覧).
4) http://www.kenyalaw.org:8181/exist/rest/db/kenyalex/Kenya/Legislation/English/Amendment%20Acts/No.%2040%20of%201966.pdf (2015年1月9日閲覧).

# 第3章　アフリカの政党システム

## 1　ケニアの複数政党制と一党制の歴史

[手書き: 1989年12月 終結]

　冷戦期，多くのアフリカ諸国が一党制を導入していた[1]．前章でも述べたように，冷戦終結によって，東西両陣営は，独裁政権を味方につけておくために多額の援助をする必要がなくなり，1990年のミッテラン大統領のラ・ボールでの発言を皮切りに，一党制を否定する「民主化」が援助の条件とされた．

　前章で扱ったケニアも，独立前の1961年及び1963年に行われた選挙では，ケニア・アフリカ人国民同盟（Kenya African National Union: KANU）が第1党[2]，ケニア・アフリカ人民主同盟（Kenya African Democratic Union: KADU）が第2党[3]であり，1963年の独立時には，複数政党制であった．野党KADUの国会議員に対して，首相のジョモ・ケニヤッタ（KANU党首）は，KANUへの移籍を呼びかけ，自党の勢力拡大を見込めないと判断したKADU議員は11月10日に党を解散してKANUに入党し，ケニアの全ての国会議員がKANU所属という事態となった[4]．これにより，憲法改正へのハードルがなくなり，11月23日に議会は憲法，共和制に移行し（ケニヤッタ首相からケニヤッタ大統領へ），地方分権型であった憲法は中央集権型となり，大統領が強大な権限を手にするようになった（第8章の「シフタ」戦争を参照）．

　路線の対立により，1966年，副大統領であったオギンガ・オディンガが新党であるケニア人民同盟（Kenya People's Union: KPU）を立ち上げたときには，「当選時の所属政党を離党した議員は議席を喪失する」という憲法改正を行い［Nelly Kamunde-Aquino 2014］，KPUの弱体化を図り，KANUの有力者でありケニヤッタと対立していたトム・ムボヤは1969年に暗殺され，さらなる憲法改正によって，ケニヤッタ大統領の権限はますます強化された[5]．

Constitutional Amendment Act No. 40 of 1966によって上院が廃止され，1969年の総選挙の直前，KPUは非合法化され，選挙後，国会議員は全員KANU所属となった．ジョモ・ケニヤッタの死去により，第二代大統領となったモイは，1982年，KANUの一党制を導入した．モイ独裁政権の時代，汚職と腐敗が蔓延した．この事態が大きく変わったのが，援助を武器とした民主化圧力である．1991年，ケニアは再び複数政党制の国となった．

民主化の定義がグリューゲルの言うように，「市民権の導入と拡大」と「民主的な国家の構築」であるなら，アフリカに民主化は必要であるが，既得権益を巡る対立に対する予防策を考えていなかった「単純な民主化要求」は，各地で紛争を呼び起こした．

ケニアでは，高額な年金など，国の財政から考えれば素晴らしく好条件を与えられたモイが退任したあと，2002年12月の総選挙において，独立以来40年，与党の地位にあったKANUがその座を「国民虹の連合（National Rainbow Coaliton: NARC）」に明け渡した．しかし，その次の2007年12月の総選挙後，第1章第3節で述べたように，ケニアは，北東部州（当時）を除き，全土が暴動の渦に呑込まれたのである．

この暴動は，現職大統領支持派対野党候補支持派という構図，民族対立という構図だけでは理解できない．本章冒頭の政争を説明するときに，あえて政治家の説明に民族名を入れなかったが，有力政治家は，人びとの民族ナショナリズムを煽り，人びともまた「パトロン・クライアント関係」（第6章参照）により，自分たちに利益を与える自民族の政治家を支持した．しかし，これを単純に民族対立と呼ぶことが適当だろうか．各民族の期待を背負っている有力政治家は，同じ民族に属する貧しい人びとに福祉を提供することよりも，自分たちのファミリーの蓄財に励んできたのが実態である．2007年12月から2008年2月初めまで続いた暴動も，初代大統領ケニヤッタ時代の不公正な土地配分が大きく尾を引いている．民族対立という単純な構造で説明できる問題ではなかったのである．

## 2　民族アイデンティティと民族ナショナリズム

単純な民主化構想に従って選挙を実施し，抗争や紛争を招いたのはケニアだけではない．詳しくは第9章で述べるが，アフリカの民主化のシンボルである

「複数政党制」に基づく選挙には問題点が2つある．1つは，選挙に勝利するために「民族ナショナリズム」が利用され，紛争につながることであり，もう1つは，選挙に勝利した現政権が，次の選挙での政権交代を阻止すべく対立陣営排除に動き，結局は前政権と同じように権威主義体制となってしまうことである［Horowitz 1993］．

したがって，アフリカの政党政治を理解する難しさは，たとえ憲法で，民族や地域に偏った政党が禁じられていても，実際の選挙では，民族や宗教や地域を前面に出したキャンペーンが行われ，政治家も人びとの民族アイデンティティや宗教アイデンティティに訴えかけ，それを利用し，果ては暴動に直結するという事例が多いことにある．

アフリカの政党政治を理解するには，政治家同士の既得権益をめぐる争いであることを念頭に置きながら，各政党の基盤がどこにあり，政治家のクライアントがどの集団であるかといった情報を収集する必要がある．次節で，ナイジェリアの政党を事例として，政党の基盤となっている民族，宗教や地域について説明するが，その前に，民族アイデンティティと民族ナショナリズムについて，少し説明しておきたい．

アフリカで民主主義が定着しない理由として[7]，多くの研究者が「エスニック・ポリティックス」を挙げている．ほとんどのアフリカ諸国は多民族国家であり，「民族」が稀少資源を巡って対立しているのであるから，複数政党制を導入すると，民族政党が出来上がり，互いに対立し，ひいては民族抗争や紛争に至るというのが彼らの説明である．この説明が正しければ，アフリカの政情不安の原因は，民族「アイデンティティ」（自己の存在証明）となる．

序章で述べたように，アフリカの伝統は「多民族共生」である．民族「アイデンティティ」が紛争を呼ぶことはない．たしかに，1990年代のアフリカでは紛争が噴出したが，一見「民族」紛争にみえても，実は政治エリートの関与が原因の紛争が多い．

また，人びとの暮らしが悪化していることも，紛争多発の大きな理由である．ほとんどのアフリカ諸国は，1980年代に経済が悪化し，構造調整計画（Structural Adjustment Programmes: SAPs）を受け入れている（第Ⅱ部参照）．SAPsは受益者負担を要求したため，例えば食料品への補助金がカットされ，都市の生活者の暮らしは苦しくなり，授業料も無償から有償となり，貧しい家庭の子どもたちは学校に行けなくなり，医療や保健サービスも低下した．SAPsが進めた国営

企業の民営化は外資支配を促進し，例えば民営化された上水道では料金が値上げされ，貧しい人びとは安全な水にアクセスできなくなった．SAPs に加えて，冷戦終結による援助削減で，パトロンである政治エリートからクライアントである彼らの支持者への配分が激減した．エリートが取り分を争うパイは小さくなり，国民の経済的貧困化もますます進み，私物化された国家への不満が増大し，国家の正統性は色あせていった．

　経済の悪化により不満が増大しているところに「複数政党制」選挙が導入され，「動員」により「民族ナショナリズム」が形成されていった．[8] 前政権下での「権力の配分」に不満を持ち，「排除」されてきたと考えている集団は，民主化により「参加」が可能になったと考え，適切な「再配分」を要求し，対して，前政権下に参加してきた集団は既得権益を守ることに必死になる．民族「アイデンティティ」が民族「ナショナリズム」に変わったとき，目的達成のために，容易に「暴力」が用いられるようになるのである．

　「民族アイデンティティ」や「宗教アイデンティティ」は確かに存在している．しかし，アイデンティティがすぐに民族対立に結びつくわけではない．「経済問題のような利益に関する紛争」と「アイデンティティに関する紛争」がしばしば区別されて論じられているが，ほとんどの「民族」紛争は，もともと政治エリートの「利益に関する紛争」であり，エリートが人びとを動員するために「アイデンティティ」が用いられているだけである．「エスニック・ポリティックス」を強調することによって，アフリカの支配階級は，「持てる者」と「持たざる者」に分かれている社会を正当化し，国家権力や資源を巡るエリート同士の争いを覆い隠そうとする [Graf 1988]．希少資源を巡って対立しているのは民族集団同士ではなく，「持てる者」同士なのである．

　戸田［2008; 2013］でも述べたが，アフリカの「民族」紛争を引き起こす 2 つの要因として，「少数支配＝国家の私物化」[9]と「国家の崩壊」がある．アフリカの民族紛争を「民族や宗教がからむ」「アイデンティティをめぐる紛争」と位置づける研究者も多いが，あくまで紛争とは，「国家の私物化と国家の崩壊」に起因するものであり，「誰が国家を支配するか」の争いの中で民族が「動員」されて起こる政治的産物だといえるのである．

## 3 ナイジェリアの政党の歴史

ナイジェリアの独立国家選挙委員会 (Independent National Electoral Commission: INEC) によれば, 2014年12月現在, 登録政党は26もある (INEC HP). この中で, 1999年の民政移管 (第四共和制) 以来, 与党の座を維持している政党は, 国民民主党 (People's Democratic Party: PDP) である.

2011年の大統領選挙の結果は, 以下の通りである.

表 3-1　ナイジェリア2011年大統領選挙結果

| | 候補者の氏名 | 所属政党 | 得票率(%) |
|---|---|---|---|
| 当選 | グッドラック・ジョナサン (Goodluck Jonathan) | PDP | 59.6 |
| 次点 | ムハマドゥ・ブハリ (Muhammadu Buhari) | CPC[注1] | 32.3 |
| | ヌフ・リバドゥ (Nuhu Ribadu) | ACN[注2] | 5.5 |
| | イブラヒム・シェカラウ (Ibrahim Shekarau) | ANPP[注3] | 2.4 |

(注) 1　進歩変革会議 (Congress for Progressive Change).
　　 2　ナイジェリア行動会議 (Action Congress of Nigeria).
　　 3　全ナイジェリア国民党 (All Nigeria Peoples Party).
(出所) INEC HP.

州レベルになると, 政党の勢力も変わってくる. 2013年に行われたアナンブラ州知事選挙では, 全進歩大同盟 (All Progressives Grand Alliance: APGA) の候補が PDP の候補に圧勝している. APGA はビアフラ戦争において, ビアフラ共和国 (アナンブラ州を含む) 独立宣言をしたチュクエメカ・オドゥメグ・オジュクが2007年ナイジェリア大統領選挙に出馬したときの所属政党である. このとき, オジュクは, 第6位の得票であった.

個々の政党の来歴を語る紙幅はないが, 独立以前から1983年の第二共和制崩壊までの政党の変遷を図3-1に示すので, 参考にしてほしい. 第8章で説明するように, ナイジェリアは植民地時代から北部と南部が別個の国のように統治された経緯から, 北部と南部の間の不信感が強かったが, 南部では, ある時期までは, イボ人 (南東部) とヨルバ人 (南西部) の政治家が共に活動していた. 1951年の中央議会選挙から第一共和制まで, それぞれの地域に地盤をもった3つの政党がナイジェリア政治の中心であった. 第一共和制末期には, 再び民族の枠を超えて, ナイジェリア国民同盟 (Nigerian National Alliance: NNA) と統一

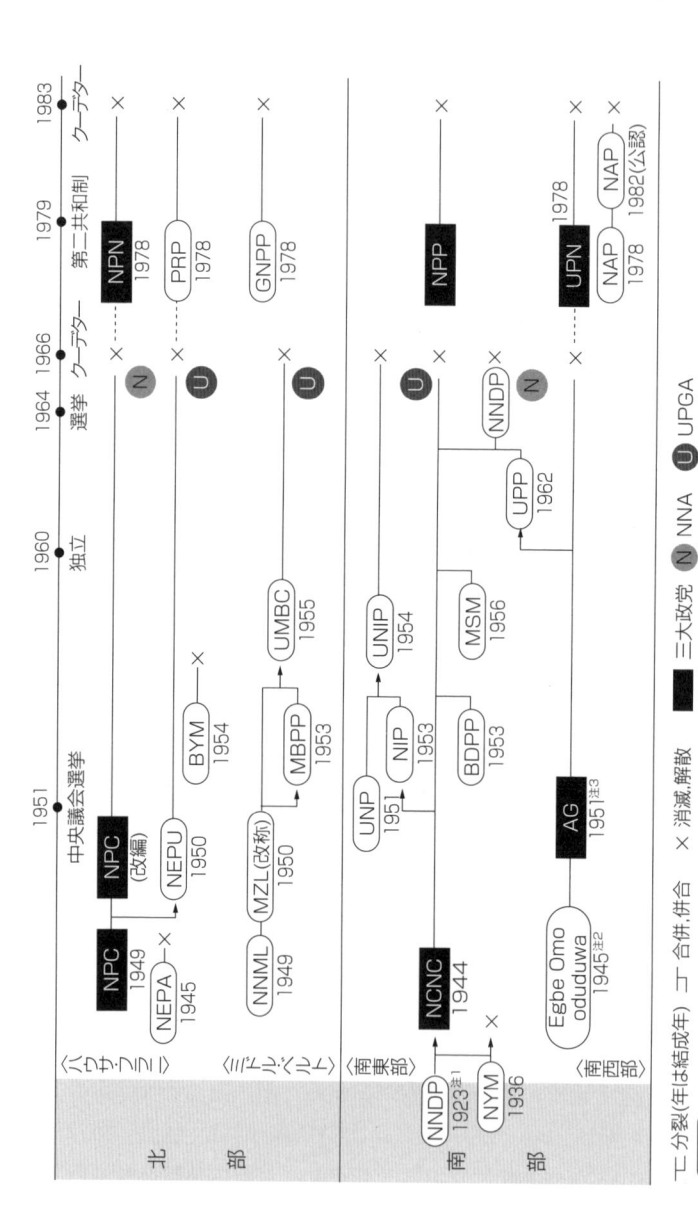

64　第Ⅰ部　比較政治学とアフリカ

図3-1　ナイジェリアの政党の変遷（-1983年）

┐分裂（年は結成年）　┐合同・合併　×消滅・解散
(NEPA) 北部人民進歩協会　(NNML) 北部排イスラム連盟　(MZL) ミドルゾーン連盟　(MBPP) ミドルベルト人民党
(UNP) 統一国民党　(NIP) 国民独立党

■ 三大政党　N NNA　U UPGA

(注) 1　1922年結成という説もある。
　　 2　於ロンドン、ラゴスでは48年に結成。
　　 3　50年に結成され、51年に公認された。
(出所) 戸田 [1991: 31] を修正。

進歩大同盟 (United Progressive Grand Alliance: UPGA) が二大政党として再編されている[10].

●注
1) 宮本・松田編［1997: 511-516］などを参照のこと．
2) 大民族であるキクユ人，ルオ人の支持を集めた（**表2参照**）．
3) 少数民族の権利擁護のため，連邦制を主張した．第二代大統領モイは元々はKADU議員であった．
4) すでにアフリカ人民党（African People's Party）が自主解散し，全議員がKANUに移籍しており，KADUは唯一の野党となっていた．
5) オギンガ・オディンガの主張は，土地の無償再配分や東側諸国との同盟であり，冷戦時代，西側諸国がケニヤッタ政権を支持し支援していたことを忘れてはならない．詳しくは吉田［2000: 236-239］を参照のこと．
6) グリューゲルは，民主化の定義として，「市民権の導入と拡大」と「民主的な国家の構築」の2点を挙げ，この「市民権の導入と拡大」を実現するためには，「権力の再配分」や「社会的経済的不平等の排除」が必要であると主張している［Grugel 2002］．グリューゲルも認めているように，完全に不平等を排除することなど，現在民主主義国とされている国でも不可能であるが，国内紛争を抱えているアフリカ諸国における不平等は，受忍限度をはるかにこえており，権力の再配分は正当な要求である．
7) 定着しない事例が強調されがちであるが，サハラ以南アフリカ48カ国の中には，ボツワナなど独立時から民主主義国とされている国や，ベナンなど民主化定着が成功したと評価されている国もあれば，タンザニアなど「民族」紛争を経験していない国もある．
8)「経済的貧困化」による民衆の不満と「選挙」における民族政党結成と少数派排除をエリートが利用して引き起こされた民族対立はアフリカだけではない．例えばボスニアでも同様の構造があったことについては，月村［2006］に詳しい．
9) アフリカ諸国の特徴を表す用語の1つに「新家産制国家」がある．
10) 詳しくは，戸田［2008; 2013］を参照のこと．

# 第4章 アフリカ統一機構とアフリカ連合

## 1 アフリカ統一機構

### (1) 独立期の指導者たち

　サハラ以南アフリカで最も早く独立を果たしたのが，1957年のガーナであった．17カ国が独立した1960年を「アフリカの年」という．この当時のアフリカには，カリスマ的な指導者が存在した．英領と仏領からそれぞれ2人紹介しよう．ガーナの初代大統領であるンクルマは，米国で修士の学位を2つとり，パン・アフリカニズムの代表的指導者であり，後述するカサブランカ・グループを率い，アフリカの発展のためには「アフリカ合衆国」の建設が必要であると訴えていた．タンザニアの初代大統領であるニエレレは，アフリカ社会主義の指導者であり，ウジャマー社会主義を提唱した（ニエレレについては第5章参照）．
　セネガルの初代大統領であるサンゴールは政治家であると共に詩人であり「ネグリチュード（negritude）」を唱道した思想家であった．パリ大学を卒業し，アフリカ人では初の中・高等教育教授資格を取得し，フランスの高校で教壇に立っている．アカデミー・フランセーズの会員となった初めてのアフリカ人であり，20世紀のアフリカを代表する知識人であった．コートジボワールの初代大統領であるウフェ=ボワニは，1946年にフランス第1回制憲議会選挙で当選し，議員としてパリに向かい，フランス政界で活躍した．特に，強制労働を廃止するウフェ=ボワニ法は有名である．また，フランス第四共和制・第五共和制では閣僚を務めている．

### (2) アフリカ統一を巡る路線対立

　独立を果たしたアフリカの指導者たちの間に，どのようにしてアフリカとい

うまとまりをつくるかというプランについての対立が生まれていた.また,1960年に始まったコンゴ動乱に対しても,アフリカ諸国の足並みは乱れた.コンゴ共和国首相ルムンバを擁護するグループと,ベルギーや米国に与するグループとに分かれたのである.さらに,前者は,アフリカの独自性,アフリカ合衆国の創設を主張してカサブランカ・グループ(ガーナ,ギニア,モロッコ,マリ)を結成し,後者に属する12の旧仏領諸国(セネガル,コートジボワール,コンゴなど)は,現在の国境線の尊重,内政不干渉,欧米との協調,緩やかな国家間連合の形成を主張してブラザヴィル・グループを結成した.このブラザヴィル・グループと穏健派の旧英領の国々がモンロヴィア・グループを結成し,主導権を握ることになった.こうして,1963年にアフリカ統一機構(OAU)が発足したのである.植民地解放を第一と考える組織であったが,ガーナのンクルマが考えた「アフリカ合衆国」創設という目標は支持されなかった.[1]

### (3) OAUの目的と主要機関

OAUの基本的な目的は,OAU憲章第2条[2]に掲げられている中でも,統一及び連帯の促進,主権と領土保全と独立の擁護,植民地主義の根絶の3つに集約される.第3条では7つの原則(加盟国の主権平等,内政不干渉,主権と領土保全・独立の尊重,紛争の平和的解決,政治的暗殺や破壊活動の排除,従属地域解放に対する絶対的献身,非同盟政策)が示されている.

第7条に定められているように,OAUの主要機関は,首脳会議(Assembly of Heads of State and Government),閣僚理事会(Council of Ministers),事務総局(General Secretariat),仲介調停仲裁委員会(Commission of Mediation, Conciliation and Arbitration)の4つである.

加盟国はアフリカ諸国であるが,西サハラと呼ばれる「サハラ・アラブ民主共和国[3]」の加盟が認められたため,西サハラを実効支配しているモロッコはOAUを脱退している.現在のAUにおいても,サハラ・アラブ民主共和国が加盟しており,モロッコは加盟していない.

### (4) OAUと国内紛争

OAU憲章は,加盟国間の紛争の仲裁を行う「仲介調停仲裁委員会」(第7条,第19条)と,加盟国の防衛および安全保障政策の調整を行う「防衛委員会」(第20条)を設置していたが,両者とも域内の紛争に有効に機能することはなかっ

た [片岡 2004: 6]．特に，国内紛争については，OAU の原則である「内政不干渉」と大国の動向が OAU による介入の足枷となった．実際，1990年から始まったルワンダ内戦以前に OAU が介入した国内紛争は，1964年のタンガニーカでの軍の反乱と1979年のチャド内戦だけであった [AU 2000: 70]．

OAU 憲章第2条第1項(c)には加盟国の「主権・領土保全・独立」を守ることが規定されており，国内に分離独立の火種を抱えていた加盟国が多かったこともあり，OAU は内政不干渉原則に拘束されていた．また，冷戦当時，欧米の協力者であったアフリカの独裁者が，OAU の会議で，他国の内戦における人権侵害行為などに適切に対応することは期待できなかった．

冷戦終結後，アフリカは「紛争の大陸」と呼ばれるほど国内紛争が噴出した．リベリア内戦（1989-96年，99-2003年），ソマリア内戦（1991年-），シエラレオネ内戦（1991-2002年），ブルンジ内戦（1993-2006年），ルワンダ内戦（1990-94年），コンゴ戦争（1996-97年，98-2003年）は，それぞれ10万人から500万人以上の命が犠牲となった国内紛争である（第9章表9-3）．もはや「内政不干渉原則」は言い訳にできず，OAU として国内紛争に介入する責任が国際社会から求められた．

第30回 OAU 首脳会議（1993年6月）において，「紛争予防・管理・解決メカニズム創設に関する宣言」が採択され，OAU が域内紛争に積極的に対処することが期待された．しかし，1994年のルワンダのジェノサイドを防ぐことはできなかった．このとき OAU は何をしていたのだろうか．

OAU の委託を受けた国際有識者パネルによる「ルワンダ：避けられたジェノサイド」[AU 2000] は，OAU や他のアフリカ諸国の道義的責任を認めながらも，米国，フランス，ベルギーを厳しく批判している．特に米国は，ジェノサイドの光景を前に国連 PKO 縮小を主導し，OAU や他のアフリカ諸国の反発を招いた [AU 2000: 85-86]．OAU は，内政不干渉というルールに縛られながらも行動を起こしたが，米国，フランス，ベルギーという壁に阻まれ，必要な対策を主導することができなかったのである．

## 2　アフリカ連合

冷戦後，国内紛争が各地で噴出し，国際社会は「保護する責任」という新しい概念を生み出した．地域機構が域内の平和に積極的に関わり，「アフリカの問題はアフリカの手で解決する」ことが国際社会からも期待され，2002年に，

OAU は AU に移行した．

## (1) AU の目的と主要機関

アフリカ連合設立規約第3条は，AU の目的を以下のように定めている．

(a) アフリカ諸国とアフリカ諸人民間のより一層の統一及び連帯を達成すること．
(b) 加盟国の主権，領土保全及び独立を防衛すること．
(c) アフリカ大陸の政治的及び社会経済的な統合を加速すること．
(d) アフリカ大陸及びアフリカ諸人民に関心のある諸問題につき，アフリカの共通の立場を促進し，かつ擁護すること．
(e) 国連憲章及び世界人権宣言に妥当な考慮を払いつつ，国際協力を促進すること．
(f) アフリカ大陸の平和，安全及び安定を促進すること．
(g) 民主的な諸原則及び諸機関，人民参加及び善良な統治（筆者注：「good governance＝良い統治」のこと）を促進すること．
(h) 人及び人民の権利に関するアフリカ憲章及び関連する他の人権諸条約に従って，人及び人民の権利を促進し，かつ保護すること．
(i) 特に政治，経済及び社会文化の分野での意思決定に女性の実効的な参加を確保すること．
(j) 世界経済及び国際的な交渉において，アフリカ大陸が正当な役割を果たすために，必要な諸条件を確立すること．
(k) 経済的，社会的及び文化的段階での持続可能な開発，並びにアフリカ経済の統合を促進すること．
(l) アフリカ人民の生活水準を向上させるために，人的活動のあらゆる分野で協力を促進すること．
(m) この連合の目的を漸進的に達成するため，現行の及び将来の地域的経済共同体間の政策を協調かつ調和させること．
(n) あらゆる分野，特に科学技術における研究を促進することにより，アフリカ大陸の発展を前進させること．
(o) アフリカ大陸における予防可能な病気の撲滅及び保健の促進につき，関連する国際的なパートナーとともに協働すること．

(p) アフリカ大陸の防衛を確保し，かつその交渉の立場を強化するために，貿易，防衛及び外交関係に関する共通政策を発展させ，かつ促進すること．

(q) 我々の大陸の重要な一部として，アフリカ連合の設立にあたって，離散したアフリカ人の完全なる参加を招請し，かつ奨励すること．

アフリカ連合設立規約第5条第1項が定めるAUの機関は以下の通りである．[10]

(a) 連合会議
(b) 執行理事会
(c) 全アフリカ議会
(d) 司法及び人権裁判所
(e) 委員会（第20条第2項：委員長，副委員長，委員から構成）
(f) 平和・安全保障理事会
(g) 常駐代表委員会
(h) 専門技術委員会
　　（第14条第1項：農村経済及び農業事項に関する委員会　通貨及び金融問題に関する委員会　貿易，関税及び移民事項に関する委員会　産業，科学技術，エネルギー，天然資源及び環境に関する委員会　輸送，通信及び観光に関する委員会　保健，労働及び社会事項に関する委員会　教育，文化及び人的資源に関する委員会）
(i) 経済，社会及び文化評議会
(j) 金融機関（第19条：アフリカ中央銀行，アフリカ通貨基金，アフリカ投資銀行）

## (2) AUと国内紛争

　内政不干渉原則に縛られて国内紛争に有効に対処できなかったOAUと比べて，AUはどの程度踏み込んで対応できるのだろうか．AU制定法は，第3条(b)において加盟国の主権を守ることをAUの目的とし，第4条(b)において「独立達成時の国境線の尊重」を，(g)において「加盟国間の内政不干渉」を規定している．その一方で，次の(h)において「重大な事態，すなわち，戦争犯罪，ジェノサイド，人道に対する罪については，首脳会議の決定に従って，AUが加盟国に介入する権利」が，(j)において「平和と安全を回復するためにAUに介入を要請する加盟国の権利」が規定されている．

AUのホームページ（以下HP）には，平和なアフリカ（Peaceful Africa）という言葉が出てくる．平和と安全の維持はAUにとって最重要課題の1つである．アフリカ大陸の紛争に介入する権限を持つAU平和・安全保障理事会や賢人会議など，AUの平和・安全保障分野についてはベサダ［Besada ed. 2010］や片岡［2004］が詳細に論じているので，本節では，近年のソマリアへの介入を事例として（2012年8月20日の暫定統治終了まで），AUが紛争解決に対してオーナーシップを発揮しているかどうかを見ていきたい．ソマリアは，1991年にバーレ政権が倒されて以来，全土を支配する政府が存在せず，周辺国への難民の流出，海賊，テロ組織などグローバル・イシューを生んでいる．

2007年1月，AU首脳会議はAU平和維持部隊である「アフリカ連合ソマリア・ミッション（African Union Mission in Somalia: AMISOM）」の派遣を決定し，2月20日には，国連の安全保障理事会がAUによる平和維持活動を承認する決議案を全会一致で採択し（決議1744）[11]，3月からAMISONの活動が始まった．安全保障理事会決議は，その後，決議2010（2011年），2073（2012年），2125（2013年），2182（2014年）と続いている．AMISONの制服組は閲覧日現在2万2126名で，軍事部門は5432名（ウガンダが6223名，ブルンジが5432名，エチオピアが4395名，ケニアが3664名，ジブチが1000名，シエラレオネが850名）である（AMISOM HP）[12]．

AU加盟国がAMISOMへの派兵をためらうのは，兵員の安全確保の問題が大きい．2009年1月のエチオピア軍撤退後はAMISOMがその任についたが，AMISOMを標的としたテロが相次いだ［Amnesty International 2010］．「はじめに」にも登場したアル・シャバブ（第8章参照）の攻撃はソマリア国内に留まらない．2010年7月11日，ウガンダの首都カンパラで連続爆発テロが起き，アル・シャバブがAMISOMに派兵しているウガンダへの報復であると犯行声明を出した．派兵すればテロの標的になるという脅しである．

ソマリア国軍とAMISOMの攻撃により，2011年8月6日，アル・シャバブはモガディシュから撤退したが，自爆テロは続き[13]，10月16日からアル・シャバブ掃討のためにソマリア南部に進攻しているケニア軍の攻撃に対しては，ケニア国内で報復テロが続いている．

地図4-1は2014年1月14日現在，地図4-2は10月14日現在で，ソマリア南部におけるアル・シャバブ支配地域を斜線で示したものである．

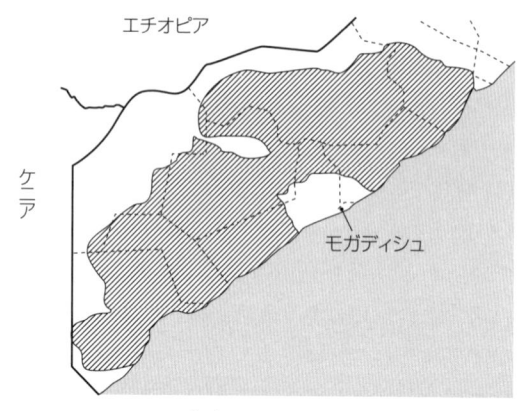

地図 4-1　2014年1月14日現在のアル・シャバブの支配地域

（出所）AMISOM HP（http://amisom-au.org/2014/10/joint-security-update-on-operation-indian-ocean-by-somali-government-and-amisom/，2015年2月25日閲覧）より筆者作成．

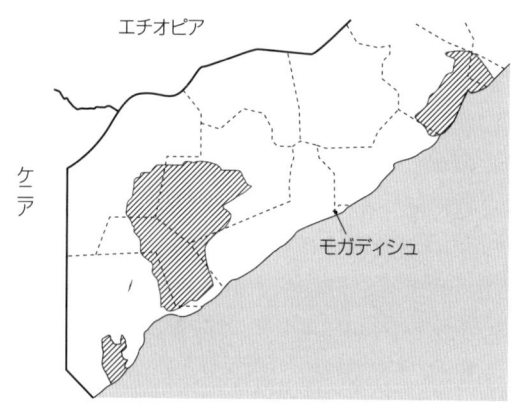

地図 4-2　2014年10月14日現在のアル・シャバブの支配地域

（出所）AMISOM HP（http://amisom-au.org/2014/10/joint-security-update-on-operation-indian-ocean-by-somali-government-and-amisom/，2015年2月25日閲覧）より筆者作成．

(3) 紛争解決と AU のオーナーシップ

　AMISOM にとって最大の課題は財源不足である．AU 加盟国には AMISOM を支えるだけの資金力はない．EU や米国など援助側の発言力が当然強くなる[14]．ただし，テロ対策及びソマリア沖の海賊対策のためには，ソマリアに統治力のある政府が成立することが必要であり，そこから利益を得る大国自身が AMISOM に拠出するのは当然のことである．大国は，ソマリアに「テロとの

戦い」と「海賊との戦い」に貢献できる政府を樹立するために TFG を支援し，自国兵士の血を流さないために AMISOM を支援しているといっても過言ではない[15]．

恐怖政治を行うアル・シャバブに若者が参加する最大の原因は自己の境遇に対する不満である[16]．失業中の若者が金のためにアル・シャバブに参加しており，そのために組織が脆弱であることが指摘されている [Samatar 2010]．テロ対策には貧困対策が必要不可欠であるはずだが，現実に AU が行っていることはアル・シャバブへの攻撃だけであり，これでは根本的な解決にならない．

AMISOM を前面に出すことは「アフリカの問題はアフリカ人の手で」という美しいフレーズにかなっている．しかし，中立の立場で平和構築にあたるのではなく，アル・シャバブを壊滅させる目的で紛争に介入する AMISOM は，調停者ではなく，紛争の当事者でしかない．AMISOM がアル・シャバブに勝利したとしても，グローバル・ガバナンスというお墨付きで欧米という異教徒が主導して作った「新しい取り決め」を，欧米の制度や価値観に強い抵抗を示し，ソマリ人の文化や価値観そしてイスラームの教えを守ることを第一と考えているソマリアの人びとが受け入れるだろうか．単なる上からの押し付けになってしまっては，ソマリア国民は新政府の正統性を認めず，アフガニスタンやイラクのように，平和の「定着」が望めないかもしれない．

ソマリアの崩壊国家状況は解決されなければならないが，海賊やテロリストを取り締まる政府を作ることよりも，人びとに平和な日常を保障する政治制度を作ることが優先されるべきである．サマタールがソマリアに中央政府を作ることの必要性に疑問を呈しているように [Samatar 2010]，欧米流の政治学では当然の制度が必ずアフリカにも適しているとは限らない．

欧米が理解できない分野にこそ AU の活躍の場がある．クランを重視するソマリ社会を取りまとめて統治することは決して容易ではない．ソマリ人のクランへの忠誠心は非常に強い．さらには，組織対立の根元には，クラン間の土地・水・経済的利益を求めた対立もある．ヘッセは，アル・シャバブと ASWJ の対立の根底には，イスラームの教えを巡る宗教的な対立だけではなく，ソマリア中部の肥沃地帯であるシャベル渓谷の支配権をめぐるクラン同士の対立があることを指摘している [Hesse 2010: 252][17]．このようなクラン間対立への対処策，また，長老や宗教指導者の政治への関与のさせ方など，アフリカの知恵と経験を発揮できる問題は数多くある．何より，ソマリ人にはソマリ流の紛争解

決手法がある。人びとの生活を立て直すために「新しい取り決め」を作る姿勢をとることが，アフリカのオーナーシップであり，平和の定着の基盤作りとなる。

●注
1) アフリカに統一政府を作るという構想は，2009年にAU議長に就任したリビアの最高指導者（当時）カダフィ大佐が強く主張した。
2) OAU憲章は，AUのHP（http://www.au.int/en/sites/default/files/OAU_Charter_1963_0.pdf, 2014年12月26日閲覧）で閲覧できる。
3) 西サハラの問題については，西サハラ問題研究室HP（http://www.geocities.jp/viva_saharawi_tt/, 2014年12月27日閲覧）を参照のこと。
4) 国家間紛争に対しては，何もしなかったわけではなく，例えば，オガデン地方の領有を巡るソマリアとエチオピアの対立に際しては，仲裁委員会を設立している。
5) 2000年7月7日に発表されたこの調査報告は，ルワンダ愛国戦線（RPF）とルワンダ政府との間で内戦が始まった1990年時点において「紛争予防・管理・解決メカニズム」がまだ存在していないにもかかわらず，OAUは当初から調停役を務め，アルーシャ和平会議（1993年）に当事者を参加させるために努力したことを認め［AU 2000: 72-74］，OAUが内政不干渉の原則から一歩踏み込んだことを評価している［AU 2000: 49］。他方，国連安保理，米国，フランス，ベルギーの責任者にはジェノサイドの防止を怠ったとして賠償を求めた。アナン事務総長（当時）は，この報告書がルワンダの悲劇に光をあてる努力に対して重要な貢献をするものであるとして，歓迎の意を表明した（http://www.unic.or.jp/news_press/world_and_un/?y=2000, 2015年1月23日閲覧）。
6) OAUは，1994年6月に開催された首脳会議で，ジェノサイド計画の張本人であるルワンダ政府の代表団を出席させ加盟国として処遇した［AU 2000: 139］。
7) 大国と国連の責任については，戸田［2008; 2013: 71; 72］を参照のこと。
8) OAU事務局長はガリ事務総長（当時）に書簡を送ったが無駄であった。1994年4月から7月まで，OAUはジェノサイドをとめるために大規模な国連の介入を要求し，米国，ベルギー，フランス，その他の西欧諸国と会合を持った。OAU事務局長は，ガリ事務総長やゴア米副大統領（当時）とも会談したが，RPFが首都を制圧しジェノサイドが終わるまで，有効な措置がとられることはなかった。国際有識者パネルは，ルワンダ政府がジェノサイドを続けている時期も，国連安保理の非常任理事国というポストをルワンダが失わなかったことも非難している［AU 2000: 139］。
9) 条文は，2003年に改正されたものを使用（http://au.int/en/sites/default/files/PROTOCOL_AMENDMENTS_CONSTITUTIVE_ACT_OF_THE_AFRICAN_UNION.pdf, 2015年1月12日閲覧）。日本語訳は，田中則夫・薬師寺公夫・坂元茂樹編集代表『ベーシック条約集（2014年版）』（東信堂，2014年）に従った。2014年12月現在未発効である。旧条文を参照のこと（http://au.int/en/sites/default/files/ConstitutiveAct_EN.pdf, 2015年1月12日閲覧）。

10) 外務省HP (http://www.mofa.go.jp/mofaj/area/oau/soshikizu.html, 2014年12月23日閲覧) には，AU組織図が掲載されている．
11) AMISOMに先だって，IGADは2006年に，IGADソマリア平和支援ミッション（IGAD Peace Support Mission in Somalia: IGASOM）の派遣を決定し，同年12月6日に国連の安全保障理事会もそれを全会一致で承認していた（決議1725）．
12) ウガンダとブルンジが派遣に応じた理由，派遣の約束をしながら実行していない国の事情については，Kasaija［2010: 268］を参照のこと．
13) *Africa Confidencial*, 52(20), p. 10.
14) 日本，インドなど各国はAUに拠出し，欧米は2010年には1億米ドルをAMISOMに支援したという（*Africa Confidencial*, 51(25), p. 3）．EUはウガンダと共にソマリア兵に軍事訓練も行い（*Africa Confidencial*, 51(3), p. 12），米国もTFGに軍事援助を行っている（*Africa Confidencial*,, 51(6), p. 8）．ケニアの難民キャンプから約2000人のOgadenクランが選ばれ軍事訓練を受けたという（*Africa Confidencial*, 51(22), p. 9）．
15) 2010年7月，米国はAUの求めた国連PKOのソマリア派遣を支持せず，代わりに米英はAMISOMの増兵の支援を表明した（*Africa Confidencial*, 51(16), p. 10）．
16) アル・シャバブによる人権侵害は，Human Rights Watch［2010］及び第8章を参照．
17) アル・シャバブは，スンニ派の中でも厳格な復古主義を唱えるイスラーム改革運動であるサラフィー主義を奉じ，ASWJは，自我の意識を消滅し神との神秘的合一を目指すスーフィズムを奉じている［Hesse 2010: 252］．サラフィー主義とは，後代の逸脱を排して，イスラーム初期世代における原則や精神への回帰をめざす思想潮流であり，スーフィズムとは，イスラームにおいて内面を重視する思想・運動である［大塚・小杉・小松ほか編 2002］．
18) 第8章でも述べているが，ソマリ人の紛争解決方法はクランの長老同士の話し合いが基本となる．ジェンは，ソマリアにおける平和構築には，新自由主義的アプローチやウェストファリア・モデルよりも，伝統的な社会制度を利用したアプローチや人間を中心とした安全保障のモデルの方が役立つことを示している［Jeng 2012: 234-276］．

# 第Ⅱ部　貧困と比較政治学

「ケニア共和国ガリッサ郡のママ・ハニ孤児院の子どもたち，
ママ・ハニ，筆者」
(2010年8月撮影)

**ママ・ハニから日本の皆さんへのメッセージ**

子どもたちを支援して下さる皆さんに，愛と感謝を届けます．
どうぞ，これからも支援を続けてください．
ガリッサに来られることがあれば，どうぞ私たちを訪ねてきてください．
寄付がなくても，子どもたちと遊んでください．
私たちのことをどうぞ忘れないでください．

## 第5章　アフリカはいつから貧しいのか

　アフリカは太古の昔から貧しいのだろうか．サハラ砂漠が緑に覆われていた時代は議論から外すが，序章で述べたように，その後のヨーロッパの文明に影響を与えたエジプトの古代王国，そのエジプトに攻め入り第25王朝を開いたヌビア人のクシュ王国，4世紀にキリスト教を国教としたアクスム王国，西アフリカには，ガーナ帝国，マリ帝国（最盛期の14世紀には現在のマリ，ガンビア，モーリタニア，セネガルを含む広大な地域を支配），ソンガイ帝国，南部アフリカにはモノモタパ王国，中部アフリカにはコンゴ王国など，アフリカの歴史には数多くの王国や帝国があり（地図7を参照），また東アフリカの港湾都市はダウ船によるアラビア半島との交易で栄えた．ジンバブウェの遺跡からは，中国の陶磁器の破片が発掘されている［宮本・松田編 1997: 106］．

　マリ帝国の王であるマンサ＝ムーサ（Mansaは「王の中の王」の意味．在位は諸説あるが1307/12-37年頃）は大量の金とともにメッカに巡礼し，黄金の帝国マリの名をヨーロッパにまで知らしめた．1375年のカタルーニャ地図（英語ではCatalan atlas[1]）には金塊を手にするマンサ＝ムーサの姿が描かれている．1324年のメッカへの巡礼に際し，湯水のごとく金を喜捨したため，カイロでは金の価格が暴落したと記録されている［宮本・松田編 1997: 192］．

　翻って，現在のアフリカの人びとの暮らしはどうだろうか．経済成長率の恩恵は大部分の国民には届かず，UNDPの人間開発指数のランキングの最も低いグループをアフリカの国々が占めている．いつの間にこのような状況になったのだろうか．本章では，独立までの虐殺と，植民地時代の収奪国家の制度を継承した独立後の国家建設のあり方に，その原因を探りたい．

## 1 奴隷貿易

　2007年，イギリスは，奴隷貿易廃止法の制定から200周年を迎え，各地で様々な催しがあった．3月27日，エリザベス女王とトニー・ブレア首相ら閣僚が参列してロンドンのウェストミンスター寺院で行われた式典では，女王と首相に対して奴隷貿易への謝罪を求める黒人男性の抗議行動があったことが報道されている．奴隷貿易を廃止した白人の功績に焦点を当てた行事の中で注目すべきものの１つが，リヴァプールで８月23日にオープンした国際奴隷制博物館(International Slavery Museum) である．リヴァプールは自らの繁栄の起源が奴隷貿易であることを認め，すでに1999年には，リヴァプール市参事会が，大西洋奴隷貿易のなかでリヴァプールが果たした役割を正式謝罪する決議を満場一致で採択している．この決議では，これまでリヴァプールが町の豊かさを追求するあまり，置き去りにしてきた奴隷貿易の過去が，この町に暮らす黒人たちを今なお苦しめていることを率直に認めている［井野瀬 2007: 173］．
　アフリカからアメリカスに渡った黒人奴隷の数，その利潤率（奴隷貿易利潤論争），奴隷貿易の産業革命への寄与度（ウィリアムズ・テーゼ），奴隷貿易が廃止された理由（宗教的・人道主義的な理由か，経済的な理由か）など，奴隷貿易に関する議論にはまだ終止符が打たれておらず，また，ヨーロッパ商人に奴隷を売り渡して富を得たアフリカ側（西アフリカのダホメーやベニンなどの王国）の責任を無視しているわけではないが，15世紀から（16世紀に本格化）約400年にわたりアフリカ社会から若い労働力（3分の2が男性）を奪い取った奴隷貿易が，アフリカ社会の発展を歪めたことに異論を唱えることはできないだろう．

## 2 植民地化

　ヨーロッパ列強がアフリカに植民地を求めた理由として，資源と海外市場獲得，さらには過剰人口の捌け口確保と国内の失業問題解決などが挙げられるが［加藤 2009: 192-193］，アフリカの人びとは無抵抗でヨーロッパ人による支配を受け入れたわけではない．戦闘の結果，火力に勝るヨーロッパ側が勝利したのである．
　南部アフリカでは，1652年にファン・リーベック一行が南アフリカ南端のケー

プに到着以来拡大したオランダ社会によって，「コイ」や「サン」と呼ばれる先住民が虐殺された．セシル・ローズは部下に命じ，1888年，現在のジンバブウェ（主要民族は，ショナ人とンデベレ人）の南西部にあったンデベレ王国のローベングラ王（在位：1870-94年）に偽の内容を告げてセシル・ローズに鉱業採掘権を与える文書に「署名」させ，その後，セシル・ローズが設立したイギリス南アフリカ会社はンデベレ王国を1893年に武力で破壊し植民地に編入した．1896年に，ショナ人とンデベレ人は第一チムレンガと呼ばれる武装蜂起を企てたが，多くの犠牲者を出した後，1897年に鎮圧された．

　ドイツ領南西アフリカ（現在のナミビア）におけるヘレロ人とナマ人の反乱（1904-05年）に対する弾圧も残酷なものであった．ヘレロ人とナマ人のほぼ「絶滅」状態は，20世紀最初のジェノサイドといえる．同じくドイツ領東アフリカ（現在のタンザニアの大陸部分であるタンガニーカ）の「マジマジ（Maji Maji）の反乱」（1905-07年）においても，アフリカ人犠牲者は10万から25万人と言われている．こういったアフリカ人の初期抵抗に加えて，序章で述べたように，植民地化に抵抗したアフリカの帝国や王国は，イギリスやフランスとの激しい戦闘の末，征服され，もしくは滅ぼされた．

　コンゴ王国もポルトガルによる奴隷貿易の犠牲となって弱体化し，滅ぼされた．この王国のさらに内陸部，序章の**地図4**で「ベルギー領コンゴ」となっている地域は，それ以前には「コンゴ自由国（原語であるフランス語に倣えばコンゴ独立国）」（État indépendant du Congo, 英語ではCongo Free State: 1885-1908年）と呼ばれていた．探検家スタンリーがベルギー国王レオポルド2世の依頼を受け入れ，「コンゴ自由国」の「建国」と「開発」に尽力した話は序章で紹介した．『新書アフリカ史』［宮本・松田編 1997: 331-337］に加え，序章の注13で紹介したマーク・トゥエイン『レオポルド王の独白』及びこの訳書に入れられたシュテファン・ハイムの「はしがき」と野間寛二郎の「コンゴ侵略略史」，そして藤永茂『『闇の奥』の奥』を読めば，「コンゴ自由国」という国王の私有植民地がどのような過程で作り上げられ，レオポルド2世がどのような統治をして利益を得ていたか，そして，ジョン・モルガンやジョン・ロックフェラーなど，数名の米国人がレオポルド2世から今後の権益事業への投資が許可されたことなどが理解できる．第6章で取り上げる独立後のコンゴの初代首相ルムンバ虐殺の理解も容易になる．

　レオポルド2世を唯一の主権者としてベルリン会議で承認された「コンゴ自

由国」では、現地の人びとが奴隷化され、象牙と野生のゴムの収奪のために、数百万人から一千万人以上の命が失われたという。もっと重要なことは、ユダヤ人虐殺（ホロコースト）に匹敵するこのジェノサイドが、日本の世界史の教科書で大きく取り上げられていないということだろう。

## 3　独立後の人びとの生活

　国連事務総長特使を務めたカナダ人スティーヴン・ルイスは、2005年の講演で、「45年前、アフリカの人びとは貧しいながらも食べていくことができたのに、今は慢性的飢餓がアフリカを覆っている」と指摘した［Lewis 2006: 55］。この言葉は、植民地時代がよかったという意味では決してない。植民地国家は、宗主国の利益に結びつかない限り住民の生活向上など歯牙にもかけない収奪国家である。1960年の「アフリカの年」以降、冷戦時代の米ソ対立に支えられた独裁者の汚職と累積債務、先進国の搾取、二度の石油危機（産油国は好景気に沸いたが非産油国への打撃は大きかった）、構造調整政策の失敗といった、アフリカの草の根の人びとの責任ではない理由によって、この50年の間に、アフリカの人びとの生活は苦しくなっていったことをルイスは指摘しているのである。

　1980年代にアフリカ各地を襲った旱魃と飢餓の時代も、先進国は補助金を使って食料を廃棄しており、また、飢餓民が出ているアフリカ諸国の側でも、首都のマーケットには食料があふれていた。届けられる食料は世界に、そして国内にあったのに、人びとは飢えて死んでいったのである。港には援助物資が届いているが、国内の道路網が整備されておらず届けることができなかった、反政府勢力の支配地域へ食料を送ることに政府が消極的であったなど、1980年代の飢餓が人災であったことを示す記事もこの時期多くみられたが、アフリカが貧困の大陸であるというイメージが日本人の脳裏に焼き付いたのもこの時期だろう。

　先進国とアフリカを比べれば、アフリカの人びとの暮らしの方が厳しいことは、統計による比較が可能である。国連開発計画（UNDP）が毎年発表している人間開発指数（HDI）のランキングの最下位グループはアフリカ諸国が独占しているが、UNDPの『人間開発報告書』の数値を使って、先進国と途上国を比較してみよう。

　表5-1から表5-4までは、人間開発指数（Human Development Index: HDI. 第

6章参照)の上位10カ国と下位10カ国で,5歳未満児死亡率(Under-five mortality rate: U5MR)(表5-1),妊産婦死亡率(表5-2),就学率(表5-3.中等教育の就学率),出生時平均余命(表5-4)を比較したものである.5歳未満児死亡率や妊産婦死亡率は,アフリカの女性と子どもたちが直面する厳しい現実を示し,中等教育就学率は,国内の貧富の格差の原因の1つを示している.

表5-1 人間開発指数の上位10カ国と下位10カ国と5歳未満児死亡率(U5MR)(2013年)

| HDI順位 | 国名 | U5MR | HDI順位 | 国名 | U5MR |
|---|---|---|---|---|---|
| 1 | ノルウェー | 3 | 178 | モザンビーク | 90 |
| 2 | オーストラリア | 5 | 179 | ギニア | 101 |
| 3 | スイス | 4 | 180 | ブルンジ | 104 |
| 4 | オランダ | 4 | 181 | ブルキナファソ | 102 |
| 5 | 米国 | 7 | 182 | エリトリア | 52 |
| 6 | ドイツ | 4 | 183 | シエラレオネ | 182 |
| 7 | ニュージーランド | 6 | 184 | チャド | 150 |
| 8 | カナダ | 5 | 185 | 中央アフリカ共和国 | 129 |
| 9 | シンガポール | 3 | 186 | コンゴ民主共和国 | 146 |
| 10 | デンマーク | 4 | 187 | ニジェール | 114 |

(注)日本はHDI 17位,U5MRは3.
(出所)UNDP [2014].

世界全体で平均すると,1990年から2013年の間に,U5MRは49%削減された.サハラ以南アフリカの削減率は48%であり,他地域の削減率(北アフリカ67%,南アジア56%,東南アジア59%など)と比べると,さらなる取り組みの必要性がよくわかる.地域別でみても,サハラ以南アフリカは世界で最も死亡率が高い(1000人中92人.先進国の15倍以上).サハラ以南アフリカの5歳未満の子どもたちの死亡原因の40%が肺炎と下痢とマラリアであり,この3つの治療可能な病気により約130万人の子どもが命を失っている.U5MRの約半分を占めているのが,インド,ナイジェリア,パキスタン,コンゴ民主共和国,中国の5カ国であり,ナイジェリアは全体の13%を占めている.世界で最もU5MRが高いのはアンゴラで,167人である.ナイジェリアは石油と天然ガスを産出し,アフリカの大国であり,アンゴラも石油とダイヤモンドを輸出する国であることを強調しておきたい.

表5-4で,アフリカ諸国の平均余命が短いのは,多くの人が50代で亡くなるということではなく,乳幼児死亡率が高いために,平均余命が短くなっているのである.アフリカの人口の圧倒的多数は農村部に住んでおり,安全な水に

表5-2　人間開発指数の上位10カ国と下位10カ国の妊産婦死亡率（2010年）

| HDI順位 | 国名 | 妊産婦死亡率 | HDI順位 | 国名 | 妊産婦死亡率 |
|---|---|---|---|---|---|
| 1 | ノルウェー | 7 | 178 | モザンビーク | 490 |
| 2 | オーストラリア | 7 | 179 | ギニア | 610 |
| 3 | スイス | 8 | 180 | ブルンジ | 800 |
| 4 | オランダ | 6 | 181 | ブルキナファソ | 300 |
| 5 | 米国 | 21 | 182 | エリトリア | 240 |
| 6 | ドイツ | 7 | 183 | シエラレオネ | 890 |
| 7 | ニュージーランド | 15 | 184 | チャド | 1,100 |
| 8 | カナダ | 12 | 185 | 中央アフリカ共和国 | 890 |
| 9 | シンガポール | 3 | 186 | コンゴ民主共和国 | 540 |
| 10 | デンマーク | 12 | 187 | ニジェール | 590 |

（注）日本の妊産婦死亡率は5。
（出所）UNDP [2014]．

表5-3　人間開発指数の上位10カ国と下位10カ国の中等教育就学率(gross)（2003-2012年）

| HDI順位 | 国名 | 就学率 | HDI順位 | 国名 | 就学率 |
|---|---|---|---|---|---|
| 1 | ノルウェー | 113 | 178 | モザンビーク | 26 |
| 2 | オーストラリア | 133 | 179 | ギニア | 39 |
| 3 | スイス | 96 | 180 | ブルンジ | 28 |
| 4 | オランダ | 128 | 181 | ブルキナファソ | 26 |
| 5 | 米国 | 94 | 182 | エリトリア | 30 |
| 6 | ドイツ | 102 | 183 | シエラレオネ | — |
| 7 | ニュージーランド | 120 | 184 | チャド | 23 |
| 8 | カナダ | 102 | 185 | 中央アフリカ共和国 | 18 |
| 9 | シンガポール | — | 186 | コンゴ民主共和国 | 43 |
| 10 | デンマーク | 120 | 187 | ニジェール | 16 |

（注）日本の中等学校就学率は102。
（出所）UNDP [2014]．

表5-4　人間開発指数の上位10カ国と下位10カ国と出生時平均余命（2013年）

| HDI順位 | 国名 | 平均余命 | HDI順位 | 国名 | 平均余命 |
|---|---|---|---|---|---|
| 1 | ノルウェー | 81.5 | 178 | モザンビーク | 50.3 |
| 2 | オーストラリア | 82.5 | 179 | ギニア | 56.1 |
| 3 | スイス | 82.6 | 180 | ブルンジ | 54.1 |
| 4 | オランダ | 81.0 | 181 | ブルキナファソ | 56.3 |
| 5 | 米国 | 78.9 | 182 | エリトリア | 62.9 |
| 6 | ドイツ | 80.7 | 183 | シエラレオネ | 45.6 |
| 7 | ニュージーランド | 81.1 | 184 | チャド | 51.2 |
| 8 | カナダ | 81.5 | 185 | 中央アフリカ共和国 | 50.2 |
| 9 | シンガポール | 82.3 | 186 | コンゴ民主共和国 | 50.0 |
| 10 | デンマーク | 79.4 | 187 | ニジェール | 58.4 |

（注）日本の出席時平均余命は83.6。
（出所）UNDP [2014]．

アクセス出来る人，電気を使用できる人[19)]などは，まだまだ少数派である．また，首都に暮らしていても，スラムでの生活は基本的人権が否定されている．

　このように先進国とアフリカの数字を比較すれば，アフリカの人びとの方が貧しい生活を送っているといえるが，注意しておかなければならないのが，富裕層の存在である．国の腐敗度によるが，アフリカには王侯貴族のような生活を送る富裕層が存在する．また，序章で述べたように，近年，アフリカの成長率は目覚ましく，高等教育を受けた中産階級が経済成長の恩恵を受けて存在感を増している．中産階級の人びとは，王侯貴族とはいかないまでも，プール付きの大きな家に住み，メイドを雇い，優雅な生活を送っている．ただし，社会全体の経済規模の拡大によって得られた富の滴が，高所得層から中所得層に，さらには低所得層に流れていくというトリクル・ダウン（trickle down）理論の有効性は今や疑問視されている．自国の経済成長にもかかわらず，大部分の人びとは貧しさに苦しんでいるからである．

## 4　奪われた教育機会
――タンザニアの事例――

　構造調整計画（Structural Adjustment Programmes: SAPs）については，次章で詳しく述べるが，ここでは，国際金融機関が考え出した政策のために，貧しい子どもたちが教育の機会を奪われたことを紹介したい．

　世界銀行とIMFは，石油危機後の「深刻な経常収支の赤字，累積債務等の途上国の経済危機」の原因を，1970年代までに途上国政府が主導してきた開発政策の「非効率性」だと断定した．そして，「政府が民間部門・市場経済に対して行っている補助金供与，禁止制限，複雑・過重な課税などの規制介入，あるいは国営企業の経営をできるだけやめさせ，また政府・公共部門の合理化を進め，市場原理による経済的資源配分の効率化を図った」のである［高橋1999: 163］．しかし，SAPsに期待された成果は出なかった．

　経済学者の寺西は，「世銀・IMFの構造調整政策がたんなる市場自由化・民営化だけでなくサプライ・サイドの整備をも考慮していることは，その限りで適切である」が，「分配面と部門面・階層間バランスの問題を十分とり込んでいないという意味において，構造調整政策の枠組みは基本的な欠陥を有している」と問題点を指摘している［寺西1995: 8］．

世界銀行副総裁，ルワンダ中央銀行総裁を経験した服部（第6章参照）は，「他の地域よりはるかに寛大な条件による多額の長期にわたる援助と，濃密な政策アドヴァイスにもかかわらず，経済発展どころか，貧困が深刻化しているアフリカの現状を見る限り，先進工業国とその事実上支配する国際機関の勧奨した『構造改革／構造調整』を含めた開発政策と援助は，失敗したと言わざるをえない」とマイナスの評価を与える．そして，失敗の理由は，「先進工業国や国際機関が，それぞれの途上国の実情に対する研究を怠り，その国に適合した開発政策を考案せず，口では民間活力動員を唱えながら途上国国民不在のまま，先進国側の方法と時間的実施の順序に関する考慮を怠った」ためであり，「政策の失敗の理由を途上国側の無能のせいにし，自分が勧めた政策の欠陥を反省しない援助供与側の思い上がりにより，誤りが繰り返されている感を禁じ得ない」と国際金融機関の態度を手厳しく批判している［服部 2001: 41］．

援助供与側に筆者が最も反省してほしいことは，国際金融機関の優秀なエコノミストたちが，子どもたちから未来を奪ったということである．親の世代も非識字者が多い貧困層の子どもたちにとっては，学校に行かないと「読み・書き・計算」を学ぶことができない．最低限の識字は，子どもたちが「貧困の連鎖」から抜け出すための必須条件である．コスト・シェアリングと称して，授業料を有償化し，貧しくても向上心がある子どもたちを学校から追い出したことに対する責任は大きい．

公務員の非効率性などが問題とされる国であるが，独立当初のニエレレ時代に汚職・腐敗が小さかった国として，タンザニアを事例として取り上げる．タンザニア（1961年に本土部分のタンガニーカが独立を達成し，翌1962年に共和制に移行．1964年にタンガニーカとザンジバルが連合して，タンザニア連合共和国が成立）は緑豊かな農業国であるが，イギリスの委任統治領，信託統治地域を経て独立したタンガニーカは英領植民地の中で最も貧しいとされ，ザンジバルと連合してタンザニアとなっても，急に豊かになるような状況にはなかった．

タンザニアの初代大統領ニエレレは，タンザニアの発展の3つの敵として，貧困と無知と疾病を挙げ，この三悪の追放を開発政策の要とした．HIV/AIDS（エイズ）の流行が悪影響を与えたが，それでも，独立時には25％しかなかった初等教育総就学率（gross）は1980年には93％となり，成人非識字率も独立時の80％が1985年には5％となった．その他，保健医療分野においても，大きな実績を挙げている［World Bank 2002: 87］．

ニエレレは私腹を肥やす独裁者ではなかったが、経済状況が悪化し、1985年に経済政策の失敗を認めて引退した。ニエレレの退任後、ムウィニ政権は、1986年から構造調整政策を受け入れた。ニエレレの提唱したウジャマー社会主義を含む「アフリカ社会主義」は、「構造調整の実施によって完全に息の根を止められることになった、と言っても言い過ぎではない」[高橋 1999: 165] 状況に陥った。タンザニアは経済自由化を推進し、経済は成長している一方、貧富の差が拡大し、また汚職の撲滅も大きな課題になっている。

ニエレレは、1974年に初等教育（7-13歳の就学が義務づけられた[20]）を無償化し、その結果、独立時には25％しかなかった初等教育就学率（gross）は、1974年の43％が81年に98％に達した。その後少し低下したものの、就学率が急激に落ち込んだのは、初等教育が有償化された1985年である（76％）[21]。

図5-1は、タンザニアの1980年から2010年までの初等教育就学率（gross）の変化を表したものである。初等教育の有償化が始まった1985年に落ち込み、その後低迷を続け、再び無償化された2001年から上昇している。

構造調整政策により、タンザニアの貧しい家庭の子どもたちは、15年間教育を受ける機会を奪われた。男尊女卑の慣習の強い地域では、学校に行くにも男の子が優先され、女の子が教育の機会を奪われがちである。これは個人の問題ではない。特に、女の子の教育は次世代に影響する。「小学校を出た母親の子どもは、そうでない母親の子どもより、5歳の誕生日を迎えられる可能性が2

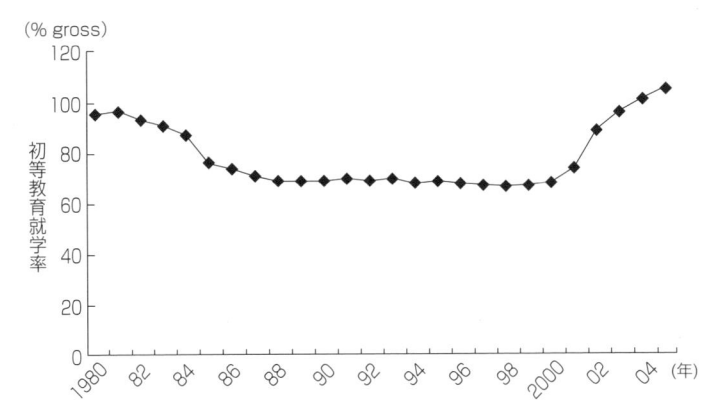

図5-1 タンザニアの初等教育就学率（gross）の変化（1980-2010年）

(出所) 世界銀行のデータより筆者作成 (http://data.worldbank.org/indicator/SE.PRM.ENRR/countries, 2014年12月29日閲覧).

倍高いことが証明されて」いる[22]．母親の教育状況が子どもたちの生死に関わっているのである．いずれにせよ，貧しい子どもたちが15年間も教育の機会を奪われたことは，タンザニア経済にとっても大きな打撃となったはずである．

●注
1）1375年アラゴン連合王国が支配するマリョルカ島で作成．当時のヨーロッパで最高の地理学者・地図製作者であるアブラハム・クレスケスの作とされている．
2）8月23日は，ユネスコが定めた「奴隷貿易とその廃止を記念する国際デー」である．
3）この時期に大西洋を生きて渡ったアフリカ人奴隷の数には諸説あるが，本書では，1200万人から2000万人程度という数字を紹介したい．この見積もりは生きて渡った奴隷の数であり，航海の途中で亡くなった人びとを加えれば，さらに膨大な数となる．
4）「ウィリアムズ・テーゼ」とは，トリニダード・トバゴの初代首相であり歴史家でもあったエリック・ウィリアムズが Williams［1944］で主張した「英領西インド諸島の奴隷制経済はイギリス産業革命が起こるうえで不可欠の役割を果たした」という解釈であり，その後，1970年代に「奴隷貿易利潤論争」を引き起こしている．詳しくは池本・布留川・下山［1995: 271-277］を参照のこと．
5）奴隷貿易廃止運動及び各国の状況については，池本・布留川・下山［1995: 311-321］を参照のこと．
6）当然のことながら，文書は英語で書かれており，ローベングラ王はその内容を自ら確認することはできなかった．また，署名といっても，ローベングラ王は文字をもたない民族の王であるから，文中にある文書では，王の名前の横に×印が書いてあった．
7）イギリス王室から特許状を得て，特許会社となった．
8）1904年にヘレロ人が蜂起し，100人ほどのドイツ人を殺したことに対し，ドイツはヘレロ人の7割を虐殺したと言われている．生き残ったのは2万人弱だが，収容所に入れられ，人体実験の材料にされた者もいた．1905年に，ナマ人がヘレロ人の蜂起に加わったときも，同じような末路をたどった．
9）宗主国ドイツが導入した綿花の強制栽培と年28日間の綿花畑での強制労働に対する反乱．マジ（maji）とは，スワヒリ語で「水」を意味し，霊水（マジ）を飲めば，銃弾にあたっても死ぬことはないという霊媒師の指導の下，反乱はタンガニーカの3分の1を覆ったという．詳しくは，吉田［2000: 78-82］，宮本・松田編［1997: 406］などを参照のこと．
10）宮本・松田編［1997: 74-76］を参照のこと．
11）自動車用タイヤの製造産業を中心に，ゴム原料に対する需要が増大し，レオポルド2世はわずか十数年の間に巨万の富を懐に収めた［藤永 2006: 26-27; 73-74］．
12）BBCの記事は犠牲者数を1000万人としている．ゴム収集のノルマを達成できなかった罰，もしくは兵士のアリバイ作りとして，手首を切り落とされた子どもの写真も載せられている．BBC, "King Leopold's legacy of DR Congo violence," 2004 (http://news.bbc.co.uk/2/hi/africa/3516965.stm, 2014年12月31日閲覧)．詳しくは，Twain［1905］，藤永［2006］を参照のこと．

13) ルイスの講演録では，「私たちは債務の支払いのために子どもたちを飢えさせなければならないのですか（"Must we starve our children to pay our debts?"）」というタンザニアの初代大統領ニエレレの言葉が1989年の『世界子供白書』で議論されたことが紹介されている［Lewis 2006: 24］．
14) 分離独立を求めて闘っていた北部の反政府勢力支配地に食料配布を拒んだエチオピア政府についての当時のニュース（http://www.nytimes.com/1988/04/29/world/mass-starvation-feared-as-ethiopia-curtails-aid.html, 2015年1月25日閲覧）を参照．

　LIVE AID（1985年開催）のDVD（ワーナーミュージック・ジャパン，2004年）の冒頭に挿入されている1984年10月23日のBBCニュースでは，飢餓民の治療に当たっている国境なき医師団のスタッフが，薬はあっても食べ物がない異常さ（飢えた人間には薬が効かない）を訴えていた．
15) 1000人の子どものうち，5歳の誕生日を迎えることなく何人が死亡したかを表す数字．
16) 出生10万件当たりの妊娠・出産に関連した原因による女性の死亡数．
17) 就学率には，純就学率（net）と総就学率（gross）がある．どちらも分母は，在籍すべき正規年齢の人数になるが，分子は，純就学率では，在籍している正規年齢の生徒数になり，総就学率では，年齢に関わりなく在籍している生徒数になる．
18) The UN Inter-agency Group for Child Mortality Estimation (2014) *Levels & Trends in Child Mortality 2014*, p.1,9, 12, 16. http://www.unicef.org/media/files/Levels_and_Trends_in_Child_Mortality_2014.pdf（2014年12月27日閲覧）．
19) 2009年の数値であるが，電気を利用できるのはケニアで16.1％，産油国ナイジェリアで50.6％である［UNDP 2013］．
20) 小学校入学年齢に達しても，すぐに入学出来る生徒ばかりではない．
21) UNESCO統計（Beyond 20/20），「初等教育就学率」（http://stats.uis.unesco.org/unesco/TableViewer/tableView.aspx?ReportId=3674, 2013年2月24日閲覧），「タンザニアの初等教育修了率」（http://stats.uis.unesco.org/unesco/TableViewer/tableView.aspx, 2013年2月24日閲覧）．
22) 子どもの死亡率の低下など「世代を超える効果」に加えて，「社会，国，世界に与えるプラスの影響」として，女性の家庭内での地位や社会的地位が向上し，積極的に社会に参加出来るようになると，男女格差や貧困問題，また食料危機や温暖化など気候変動による様々な弊害を解決する大きな力となることが指摘されている（日本ユニセフ協会HP「女子教育の波及力 2009年」http://www.unicef.or.jp/special/09sum/power.html, 2015年1月25日閲覧）．

# 第6章　富める人びと，貧しき人びと

## 1　アフリカの貧困の見方

　アフリカの人びとが普通の生活を送るためには何が必要だろうか．筆者の考える普通の生活というのは，毎日十分な食事ができ，女性が安心して出産ができ，子どもがすくすく育ち，学校に通えるような生活である．満足のいく食事をとるためには収入を得られる仕事が必要だが，アフリカの失業率は高い．1日1回の食事に事欠く人びともいる．

　母親の栄養状態が悪ければ丸々と太った赤ん坊は生まれない．多くの母親は栄養状態が悪く，妊婦検診もない上に，何かあっても治療を受けるのが至難の業である．すぐに診てもらえる医者が近くにいるのは都会の話であり，農村部では小さなクリニックに行くのも数時間，数日かかるところも珍しくはないからである．さらには，農村部で慣習として続く早婚が難産や死産に拍車をかける．

　アフリカの乳幼児死亡率の数値は高い．だが問題はそれだけではない．アフリカについて問題とすべきことは，独立以来，数値が大幅に下がっていないということである．表6-1は，アジア諸国とアフリカ諸国の5歳未満児死亡率（U5MR）の変化を比較したものである．

　UNICEF, WHO, The World Bank and UN Population Division [2007] の資料によれば，2006年の時点でU5MRが3ケタの数値になっていたのは，サハラ以南アフリカ諸国（カーボベルデ，コモロ，ガボン，モーリシャス，ナミビア，サントメ・プリンシペ，セーシェル，南アを除く）と，アフガニスタン（257）とミャンマー（104），イエメン（100）だけであった．表6-1の地域比較をみれば，南アジアに比べて，またアジアの各国と比べても，アフリカの死亡率の削減が遅々とし

表6-1 アジア諸国とアフリカ諸国の5歳未満児死亡率の変化の比較

|  | 1960 | 1970 | 1980 | 1990 | 2000 | 2006 | 人口(百万人, 2013) |
| --- | --- | --- | --- | --- | --- | --- | --- |
| サハラ以南アフリカ | 277 | 243 | 200 | 187 | 170 | 160 | 888.2 |
| 南アジア | 238 | 199 | 163 | 123 | 96 | 83 | 1,749.0 |
| 中国 | ― | 118 | 60 | 45 | 37 | 24 | 1,385.6 |
| インド | 236 | 192 | 156 | 115 | 89 | 76 | 1,252.1 |
| インドネシア | 216 | 172 | 125 | 91 | 48 | 34 | 249.9 |
| バングラデシュ | 248 | 239 | 205 | 149 | 92 | 69 | 156.6 |
| ブータン | 300 | 267 | 227 | 166 | 100 | 70 | 0.8 |
| ラオス | 235 | 218 | 200 | 163 | 101 | 75 | 6.8 |
| ネパール | 292 | 238 | 193 | 142 | 86 | 59 | 27.8 |
| パキスタン | 227 | 181 | 153 | 130 | 108 | 97 | 182.1 |
| ナイジェリア | 290 | 265 | 228 | 230 | 207 | 191 | 173.6 |
| ガーナ | 212 | 183 | 150 | 120 | 113 | 120 | 25.9 |
| ケニア | 205 | 156 | 115 | 97 | 117 | 121 | 44.4 |
| タンザニア | 241 | 218 | 175 | 161 | 141 | 118 | 49.3 |
| ルワンダ | 206 | 209 | 213 | 176 | 183 | 160 | 11.8 |
| コンゴ民主共和国 | 302 | 245 | 210 | 205 | 205 | 205 | 67.5 |
| 中央アフリカ共和国 | 349 | 232 | 189 | 173 | 186 | 175 | 4.6 |
| セネガル | 311 | 276 | 213 | 149 | 133 | 116 | 14.1 |

(出所) UNICEF, WHO, The World Bank and UN Population Division [2007], UNDP [2013; 2014].

て進んでこなかったことが分かる．ナイジェリアの大臣はしばしばナイジェリアの人口が大きいことを言い訳にするが，ナイジェリアを上回る人口規模のインドやインドネシアと比較すれば，その言い訳は通用しない．要は「良い統治」の問題である．

前章で登場したスティーヴン・ルイスは，独裁者が作った借金を貧しい人びとが返済しているという構図を強調している．ボツワナのカーマ大統領やモザンビークのマシェル大統領など，国の富で私腹を肥やすことなくインフラ整備に努めた指導者たちも無論存在する．しかし，その一方で，ザイール（現在のコンゴ民主共和国）のモブツ大統領（後述）を筆頭として，中央アフリカのボカサ大統領[1]，ナイジェリアのアバチャ大統領（第7章参照）など，歴史に名を残す蓄財・散財に邁進した指導者がおり，また，そこまではいかなくても，汚職に手を染めた指導者は多い．そして，独裁者と彼らを支援した大国が，その責任を問われたことはほとんどない．

表6-2では，世界銀行が定めた絶対的貧困層（2005年の購買力平価換算で1日1.25ドル未満で暮らす人びと）[2]の割合を示しているが，国内の格差を数字のみで理解し，

各国比較をするのは難しい．貧困ライン以下の人びとの割合が43.4％であるケニアと63.2％であるルワンダを比べて，ケニアの人びとの方が幸せだと言い切ることはできない．その一例として，安全に対する認識を比較した表6-3を見てほしい．ギャラップ世界世論調査（Gallup World Poll）による「都市部や居住地を夜に1人で歩いているとき安全だと感じますか」という質問に対して「はい」と答えた人の割合を示している．回答を得られた人間開発低位国グループ

表6-2　1日1.25ドル未満で暮らす人びとの割合（2007-2011年）

| 国名 | 絶対的貧困層(%) | 国名 | (%) | 国名 | (%) |
| --- | --- | --- | --- | --- | --- |
| ブルキナファソ | 44.6 | マダガスカル | 81.3 | シエラレオネ | 53.4 |
| コンゴ | 54.1 | マラウィ | 73.9 | 南アフリカ共和国 | 13.8 |
| コンゴ民主共和国 | 87.7 | モーリタニア | 23.4 | スワジランド | 40.6 |
| エチオピア | 39.0 | モザンビーク | 59.6 | タンザニア | 67.9 |
| ガーナ | 28.8 | ナミビア | 31.9 | ウガンダ | 51.5 |
| ケニア | 43.4 | ナイジェリア | 68.0 | ザンビア | 68.5 |
| レソト | 43.4 | ルワンダ | 63.2 | | |
| リベリア | 83.8 | セネガル | 33.5 | | |

（出所）UNDP [2013]．2007-2011年調査に限り，報告書に記載がないものは除いた．

表6-3　安全に対する認識の比較（2007-2012年）

（単位：％）

| HDI順位 | 国名 | 安全認識 | HDI順位 | 国名 | 安全認識 |
| --- | --- | --- | --- | --- | --- |
| 118 | 南アフリカ共和国 | 27 | 165 | ベナン | 71 |
| 127 | ナミビア | 33 | 166 | トーゴ | 52 |
| 138 | ガーナ | 73 | 170 | ジブチ | 72 |
| 140 | コンゴ | 51 | 171 | コートジボワール | 47 |
| 141 | ザンビア | 46 | 174 | マラウィ | 49 |
| 147 | ケニア | 50 | 175 | リベリア | 43 |
| 149 | アンゴラ | 45 | 176 | シエラレオネ | 67 |
| 151 | ルワンダ | 86 | 178 | モザンビーク | 42 |
| 152 | カメルーン | 60 | 179 | ギニア | 50 |
| 152 | ナイジェリア | 61 | 180 | ブルンジ | 65 |
| 155 | マダガスカル | 40 | 181 | ブルキナファソ | 70 |
| 156 | ジンバブウェ | 52 | 182 | エリトリア | — |
| 159 | コモロ | 72 | 183 | シエラレオネ | 50 |
| 159 | タンザニア | 58 | 184 | チャド | 33 |
| 161 | モーリタニア | 69.0 | 185 | 中央アフリカ共和国 | 60 |
| 163 | セネガル | 57 | 186 | コンゴ民主共和国 | 48 |
| 164 | ウガンダ | 41 | 187 | ニジェール | 86 |

（出所）UNDP [2014]．

に属するアフリカ諸国の中で，安全だと答えた回答者の割合が86％と最も高かったのがルワンダであり，ケニアは50％であった．人口や国土面積が違うなどの反論があるかもしれないが，2014年の時点で，ケニアの首都ナイロビと比べて，ルワンダの首都キガリの方がはるかに安全であるという評価に異論の入る余地はない．何がこの両者で異なるのか．1つの大きな違いは，「良い統治」を行う意思が大統領にあるのかどうかである[4]．ちなみに，この質問に対して安全だと答えた日本人は77％であった．

人間開発指数（HDI）は，保健，教育，所得という人間開発の3つの側面に関して，各国の達成度を測るための簡便な指標である．『人間開発報告書』(*Human Development Report*)は，パキスタン人の経済学者であり，パキスタンの大蔵大臣を務め，当時UNDP総裁特別顧問であったマブーブル・ハックが，アマルティア・セン等，人間開発の専門家の協力を得て考案し，1990年に創刊された．所得水準や経済成長率など，国の開発の度合いを測るためにそれまで用いられていた指標にとって代わるものとして，HDIは導入された[5]．

ハックは次のように述べている．

> 開発の基本的な目標は人々の選択肢を拡大することである．これらの選択肢は原則として，無限に存在し，また移ろいゆくものである．人は時に，所得や成長率のように即時的・同時的に表れることのない成果，つまり，知識へのアクセスの拡大，栄養状態や医療サービスの向上，生計の安定，犯罪や身体的な暴力からの安全の確保，十分な余暇，政治的・文化的自由や地域社会の活動への参加意識などに価値を見出す．開発の目的とは，人々が，長寿で，健康かつ創造的な人生を享受するための環境を創造することなのである．

1990年の人間開発報告書創刊号の冒頭に記された「人々はまさに国家の宝である」という言葉は，途上国だけではなく，貧富の格差が拡大する一方の日本社会にとっても，重要なメッセージではないだろうか．「価値ある人生を全うすることを人々に可能とする，選択肢の拡大こそが開発」であり，「経済成長は，開発にとって重要ではあるものの，人々の選択肢を拡大するための一つの手段にしかすぎない」．

「選択肢の拡大の基礎となるのが，人々が人生においてできること，なれるものの幅を広げること，すなわち人的能力（human capabilities）の育成」であり，

「人間開発のための最も基本的な能力は，長寿で健康な人生を送ること，知識を獲得すること，適正な生活水準を保つために必要な資源を入手すること，そして地域社会における活動に参加すること」である．なぜなら，「これらの能力を獲得できなければ，そのほかの選択肢にも手が届かず，人生における多くの機会を逸してしまう」からである．

アジアで初めてノーベル経済学賞を受賞したセンは，特に教育を重視している．『貧困の克服——アジア発展の鍵は何か——』所収の「危機を越えて——アジアのための発展戦略——」(1999年 シンガポール「アジア・太平洋レクチャー」講演）では，明治時代の日本の教育政策を高く評価し，「発展のために何よりも最初になされるべきは……むしろ貧しい人々のためになるような，人間的発展と学校教育の普及の実現」であると述べている［セン 2002: 26］．

子どもたちに教育を与えることが国全体の発展に寄与することが明らかであるのに，どうして就学率の向上，教育内容の充実を目指すといった政策がとられないのだろうか．次節では，ケニアで最も貧しいとされる北東部をみてみよう．

## 2 作られた貧困
——ケニアのソマリ人の状況——

ケニアの北東部（植民地時代は北部辺境地域，Northern Frontier District: NFD. 第7章と第8章を参照）は，国内でも，初等教育就学率も識字率も特に低い地域であるが，北東部の人びとが公教育に熱心でなかったというわけではない．北東部の主要民族であるソマリ人は，植民地時代から教育を求めてきた．最初はナイロビ拠点の貿易商が声をあげ，1930年には，ハルティ・クランとイサック・クランの構成員からジョージ5世への請願が行われた．1934年には，イサックとダロッド・イスマイリア委員会（Darod Ismailia Committee）が，英語による教育とソマリ人学校の開設を要請している．また，ソマリ人の遊牧民からの公教育に対する最初の公式な要望は，1931年にアブドゥワク・クランがガリッサに学校を求めたものであった．この時期のソマリ人からの要請を宗主国イギリスは全て無視している［Ibrahim M. Hussein, Bashir S. Ali, Abdi Ali Hirsi et al. 2012: xiii-xiv］．

この結果，NFDと他地域の教育格差はかなり大きくなった．小学校は，植

民地時代，他地域では1900年からスタートしたのに対し，NFDに小学校ができたのは，1946年（イシオロ），1947年（ガリッサ），1948年（ワジア）であった[8]．植民地時代から続く停滞は，遠距離通学や授業料の負担のため，改善されなかった．1963年のケニア独立時において，旧NFDには8つの小学校があっただけであるが，ケニア全体では6058校の小学校があった．ソマリ人の人口を1％と考えても，8校というのは少なすぎる数である．中等学校について言えば，ケニアの名門校Alliance High Schoolは1926年に開設されたが，北東部州（当時）初の中等学校であるWajir High Schoolの開設は，1965年であった．

独立後6年たった1969年の時点で，北東部州は，初等教育の就学率は8位と，全国で最低レベルであり，その数値は4％に過ぎず，裕福なセントラル州の26分の1しかなかった（表6-4参照）．そして，表6-5や第8章の表を見れば，現時点での就学率の低さや教師1人当たりの生徒数の多さについて，現政権の政策も過去のものと大きく変わっていないことがわかる（旧憲法下での州の地図は第7章地図7-3を参照）[9]．

植民地時代から蓄積された教育格差の代償は大きかった．表6-5に明らかなように，2003年に初等教育が無償化されてから数年経った時点でも，北東部の初等教育就学率は他地域に大きく引き離されている．この地域の貧困を作り出す1つの大きな理由となっているのである．

貧困を作り出す制度を支える多くの要因の中で，アフリカ側に問題があると言えるのは，エリートの腐敗と汚職の問題や国内の富の分配，クライエンテリズムやレント・シーキングの問題である[10]．

クライエンテリズムとは，利益の供与と享受によって作られる「パトロン」と「クライアント」の関係を指す．政治家はパトロンとして，支持者であるクライアントに対して，生活全般の保障や保護・恩恵といった利益を供与し，その代わりに，クライアントである支持者は，選挙のときに指示や協力をする．主従関係ではなく，クライアントはパトロンを選択し，関係を解消することができるため，パトロンはクライアントへの利益供与を

表6-4　5-14歳の初等教育就学率

（州別，1969年）

| 州名 | 就学率（％） |
| --- | --- |
| ナイロビ | 61 |
| セントラル | 64 |
| コースト | 32 |
| 東部 | 47 |
| 北東部 | 4 |
| ニャンザ | 31 |
| リフト・バレー | 29 |
| 西部 | 40 |
| ケニア全体 | 38.5 |

（出所）Alwy and Schech［2004: 277］より筆者作成．

表6-5 公立・私立を合わせた初等教育就学率 (Net, %, 2007年)

| 州名 | 男子 | 女子 | 総合 |
|---|---|---|---|
| ナイロビ | 50.07 | 42.11 | 46.19 |
| セントラル | 84.42 | 80.69 | 82.54 |
| コースト | 84.64 | 76.97 | 80.80 |
| 東部 | 98.70 | 97.80 | 98.25 |
| 北東部 | 33.11 | 20.83 | 27.50 |
| ニャンザ | 98.40 | 98.20 | 98.30 |
| リフト・バレー | 98.30 | 93.97 | 97.80 |
| 西部 | 99.10 | 98.90 | 99.00 |
| ケニア全体 | 94.15 | 89.03 | 91.58 |

（出所）Ministry of State for Planning, National Development and Vision 2030 [2010b: 68] より筆者作成.

怠ることが出来ない．では，パトロンである政治家はどこから供与する利益を捻出しているのだろうか．このクライエンテリズムの伝統が，アフリカの不正の温床の1つと言われている理由がここにある．不正を働かないと，クライアントが満足するだけの利益供与ができないからである．

後述するザイール（現在のコンゴ民主共和国）のモブツ大統領に代表されるアフリカの独裁者たちは，冷戦時代，西側諸国からの援助の一部を懐に入れることによって，自らのクライアントにも十分な利益供与を行ってきた．それが冷戦終結後，両陣営からの独裁者への援助が減ったため，クライアントへの利益供与も先細りし，クライアントからの支持を失って，アフリカの独裁政権は次々と倒れていった．

折角独裁政権が倒れても，政権の継承がうまくいかず，ソマリアでは内戦が勃発し未だに全土を支配する政府が存在していない．モブツ政権崩壊後のコンゴ民主共和国も同様で，コンゴ東部では反政府勢力が鉱物資源を売却した利益で武器を購入し，住民への残虐行為を続けている．

アフリカの貧困を支える国内要因は多々あるが，その大部分は国際社会と相互作用がある．その中でも，国際社会に重大な責任があるのが，南北問題と独裁者支援の問題である．

## 3　国際社会の責任1
――南北問題の構図と新植民地主義――

　グローバリゼーションという言葉の陰に「南北問題[11]」という言葉がかすむようになってから久しい．先進国にも貧困問題があり，途上国にも富裕層がいるとはいえ，北半球に集中する先進国が南半球に集中する途上国を搾取しているという構造がなくなったわけではない．不公平な貿易ルールによって，利益が先進国の側に吸い寄せられている構図は，南北問題が国連の場で議論された1960-1970年代からどれほど変わっただろうか．表6-1から表6-4までの先進国とアフリカ諸国の差は，先進国の人びとの勤労のみによって出来上がったものではないのである．

　北の世界は，アフリカからどのようにして富を吸い上げているのだろうか．アフリカ諸国は独立して，政治的には主権国家となったが，経済的には植民地時代のままであるということが，しばしば指摘されてきた．植民地時代とかわらず，旧宗主国（もしくは大国）が経済支配を続け搾取を続ける姿勢を「新植民地主義」と呼ぶ．新植民地主義がアフリカから搾取するための道具の1つが，「モノカルチャー経済」である．両者が合体した「不公平な貿易ルール」が，アフリカから富を奪っていく．例えば，チョコレートの原料であるカカオ（豆）生産の7割を西アフリカ諸国（コートジボワールやガーナなど）が担っているが，加工品に対する高い関税[12]によって，付加価値を付けた加工品を作ることが長く妨げられてきた．また，先進国が農業補助金を国内の農家に支給するために[13]，アフリカの農家が国際競争力で負けてしまうことも大きな問題である．

### (1)　援助と累積債務の歴史

　植民地の構造をそのまま受け継いだアフリカの国々にとって，援助が必要不可欠であることを服部は次のように説明している．まず，服部は，途上国援助の原点を「旧宗主国の植民地経営の財政負担を国際化する」ことであるとしている．「宗主国の植民地経営の財政負担」が莫大なものであったということは，「植民地が財政的に自立できない情況にあったことを」意味している．つまり，「宗主国側でも植民地が，独立後も植民地経済体制を変えない限り自立力はなく，外国からの財政支援を必要とすることは知っていたと思われる」〔服部

2001: 225] というのである．

　それでは，(2)で説明するモノカルチャー経済を含め，植民地から受け継いだ国内の経済体制を変えれば，アフリカの国々は援助を不要とするようになるのだろうか．残念ながらそうはならない．富が途上国から先進国の側に吸い寄せられる構造を変えなくては，根本的な解決にはならないのである．

　そもそも国際金融機関（世界銀行，IMF）の側に，アフリカの人びとの生活向上に寄与しようという意識があるのだろうか．まず，1960年代，「独立後の多くの国が輸入代替工業化を開始し，そのファイナンスのため農業からの大規模な資源移転が行われた」［寺西 1995: 68］が，寺西は，失敗に終わったこの時期の開発戦略を次のように説明している．「当時の開発思想は，政府のコーディネーション能力に関する過信だけでなく，世界的な技術移転に関する過剰な期待ないし楽観主義と，一種予定調和的なトリックル・ダウン・メカニズムという分配問題に関する楽観主義に立脚していた」［寺西 1995: 7］．

　第1章でも取り上げた近代化論については悪意があるものではなかったが，次の服部の経験は，世界銀行のエリートのジョークとして受け流せるような話ではない．1965年から71年までルワンダ中央銀行総裁を務め，1972年に世界銀行入りし，後に副総裁に就任した服部正也は，1970年代当時の世界銀行の実情を次のように批判している．

　　当時の世界銀行では，マクナマラ総裁の強力な指導力で，途上国発展の過程は，政府の賢明な政策によって促進でき，そのため世界銀行は積極的に途上国政府に経済発展計画の作成を勧奨し，政府の要請を待つことなく，開発案件を独自に発掘して政府に提案し，融資をすべきであるとの考え方で，……，特に，アフリカへの融資拡大に力を入れていた．……私が特に違和感を持ったのは，国際開発協会（第二世界銀行，IDA）の融資に関する世界銀行職員の態度であった．返済期間50年，10年据え置き，無利子，手数料0.75％という第二世界銀行融資の条件はきわめて寛大で，世界銀行職員は，この資金の債務者の借入コストはほとんどゼロだから，借りなければ損ですよ，と途上国に勧めていた．しかし，返済しなければならないことには変わりはない．そして，毎年借入を続けて行けば，当初の返済額は少なくても，措置期間が経過すれば，返済負担は雪だるま式に増加するから，途上国の発展が急速で大きくないかぎり，返済負担に苦しむことに

なる．そこで，途上国側ではこれを認識しているのだろうかと，コートディヴォワール担当の課長に聞いたら，『服部さん，返済負担が国力を超えるようになるときは，貴方も私も世界銀行にはいませんからご心配はいりません』との答えが返ってきたのである．

[服部 2001: 30-31]．

　先進国と開発途上国との間の経済格差が拡大し，また，アフリカの独立により途上国の国々の国連総会における発言権が強まる中，南北問題への対応を求める声が1960年代に高まった．1955年のバンドン会議，1961年の第1回非同盟諸国首脳会議を経て，1962年6月にエジプトのカイロで開かれた非同盟諸国経済会議は，一次産品貿易を含む先進国と途上国間の経済問題に対処する国際会議の早期招集を国連内で求める「カイロ宣言」を採択し，1964年，「援助ではなく，貿易を (Trade, not Aid)」というスローガンの下に，第1回「国連貿易開発会議 (United Nations Conference on Trade and Development: UNCTAD)」が開催された．

　出発点では貿易を重視した途上国側であったが，先進国が主に輸出する工業製品の価格の上昇と途上国の一次産品価格の下落により，鋏状価格差が生じたことと，輸出量と価格の設定に一次産品を生産する側の途上国は影響力がなく，南北間格差の是正が一向に進まなかったことを受けて，1960年代の後半から，もはや貿易のみでは格差の是正は不可能であるという認識のもとに，「貿易も援助も」という多面的な要求を掲げるようになった．さらには，先進国に有利な世界経済の仕組みを変えるべく打ち出された「新国際経済秩序 (New International Economic Order: NIEO)」が，1974年5月の第6回国連特別総会で採択された．

　南の世界の動きに対し，北の世界はどのように反応したのだろうか．南北問題を是正し，北の世界から南の世界に富が移転されるように，1969年，「国際開発委員会」（委員長はレスター・ピアソン元カナダ首相）が世界銀行に提出した報告書『開発におけるパートナーシップ (Partners in Development)』（ピアソン報告）は，先進国に対して，ODAが対GNP比0.7％になるまで増額する目標を提案した．1970年10月の国連第25回総会は，71年から始まる10年間を「第2次国連開発の10年」とし，「第2次国連開発10年のための国際開発戦略」も，先進国に対して，ODAの対GNP比0.7％目標をたてた．この目標が達成できたのかどうかは，

ミレニアム開発目標（MDGs）において，「DAC ドナー諸国の ODA 純量の対 GNI 比（世界 ODA の 0.7％目標，後発開発途上国向け 0.15％目標）」という文章がいまだにあることでわかるだろう．[18] 北の世界は約束を果たしていないのである．

　1973年の第一次石油危機の際，アフリカに対する援助は増大し，「資金がだぶついた先進工業国の民間銀行の活発な貸出し競争もあって，資金は潤沢になった．アフリカ諸国はこの潤沢な資金を開発投資に利用したが，そのうちには，開発効果の疑わしい案件も少なくなかった」．1979年の第二次石油危機では，先進国が「総需要の抑制の政策を採ったため，景気は停滞し，不良債権に悩む民間銀行は途上国貸出しの回収を図り，加えて……，一次産品に対する需要は循環的ばかりでなく，構造的にも減少したのである．これに対して，アフリカ諸国は輸出所得の減少を一次産品生産輸出の拡大で補う政策を採ったため，その価格はますます下落した．しかも，各国の一次産品の価格安定基金は過去の潤沢な資金を不動産投資などに」使ったため，資金不足となり，「生産者価格の維持のために政府補助が必要となり，輸出税の激減に加え，財政を圧迫した．こうして途上国は輸出所得の激減と，民間資金の流出とで，好況時代に借り入れた債務の元利金の支払いに苦しむようになった」のである［服部 2001: 123-125］．この時期から南の世界は分裂し（南南問題），団結して南北問題に対処しようという動きは弱まった．

　国連アフリカ経済委員会（United Nations Economic Commission for Africa: ECA）がまとめ，1980年に OAU（第1章参照）の特別首脳会議で採択された「アフリカの経済開発のためのラゴス行動計画 1980-2000年」は，アフリカの低開発の原因を過去の植民地支配と独立以来現在まで続く新植民地主義に求めたが，1981年の世界銀行の特別報告書『サブサハラ・アフリカの開発促進』（バーグ報告）は，アフリカの低開発の「根本原因は独立後に各国政府がとった政策」であることを強調し，1980年から始まったアフリカにおける構造調整融資（Structural Adjustment Loan: SAL）の正当性を理論的に裏付けた[19]［平野 2009: 58-69］．

　しかし，構造調整の融資条件（コンディショナリティ）受け入れによって，貧困層の生活悪化が明らかになり，同じ国連ファミリーである UNICEF が1987年に『人間の顔をした調整（*Adjustment with a Human Face*）』を出して批判するまでの事態となり，1999年から世界銀行は「開発途上国のオーナーシップのもとで相手国政府のみならず NGO や関係機関と協議して作成する貧困削減戦略文書（Poverty Reduction Strategy Paper: PRSP）に変えた」［平野 2009: 79］．当初，

NGO は歓迎したが，スティーブン・ルイスは，PRSP の根本は構造調整と変わらないとして，手厳しく批判している [Lewis 2006: 98]．

2001年10月23日にナイジェリアの首都アブジャで行われたアフリカ元首による実行委員会発足会合において表明された「アフリカ開発のための新パートナーシップ（New Partnership for Africa's Development: NEPAD）」は，構造調整の限界に触れた上で，アフリカの指導者の使命を表明している．「アフリカの開発は，借款若しくは援助という二者択一であったが，アフリカは援助従属を望まず，ドナー諸国との関係の変革を求める．現在，アフリカは開発の好機を得ているが，その実現には人材育成と貧困撲滅に向けた真のリーダーシップと，共同責任と相互利益に基づく新しいグローバル・パートナーシップが必要である．アフリカは，アフリカ人の運命はアフリカ人自身が決めることを宣言し，国際社会にはその努力を補完して欲しい．近年アフリカでは望ましい兆候が見られる．人権保護，人間中心の開発政策，市場重視の経済を志向する民主的体制が増加し，レベルの低い指導層は拒絶されている．NEPAD は，これらの望ましい兆候を加速させるとともに，先進国と新しい関係を構築することにより，数世紀にわたり進行した開発矛盾の克服を目指す」．「アフリカにおける貧困の主要因は，植民地主義，冷戦の負の遺産，独立後の政策的失敗．指導者の見識の低さや腐敗の進行が状況を悪化させ，構造調整にも限界があった．NEPAD はこうした過去の経験を活かし，開発における自助努力を促す．アフリカは『善意の後見人達の保護』に甘んずるのではなく，『自らの運命の開拓者』たらねばならない」(外務省 HP)[20]．

2005 年，IMF と世界銀行は，「後発開発途上国」のために「貿易のための援助 (Aid for Trade)」という概念を導入した．IMF の HP によれば，「貿易のための援助」には「分析，政策助言，金融支援が含まれており，IMF は貿易の自由化に伴う関税収入の減少を補うため，通関管理の近代化や関税改革，税徴収の改善などの課題について助言」を行っているという[21]．

アフリカの貧困問題については，様々な処方箋が提示されているものの，結局は，北の世界に有利な経済ルールが温存され，途上国の人びとの暮らしを向上させるために有効な援助形態も見出されないまま，今日に至っているといっても過言ではないだろう．今日の糧に困っている人への緊急援助は必要であるが，援助は不公平な貿易ルールを変革するものではない．ポール・コリアーやダンビサ・モヨが述べている通り，ただお金を渡すだけの援助では，アフリカ

の人びとの生活向上は期待できない[22]．しかも，先進国は右手で1ドルの援助をしながら，左手で途上国から2ドルを奪っていると言われている．先進国が途上国をどのように搾取しているのか，これからモノカルチャー経済，そしてコーヒーを例にとって考えてみよう．

(2) モノカルチャー経済

1970年代から80年代にかけてアフリカは旱魃と飢餓を経験した．日本でも「アフリカへ毛布を送る会」[23]が結成された80年代には100万人を超える人びとが飢えて亡くなったが，その当時も，この飢餓は旱魃という天災の結果起こったのではなく，世界中に，アフリカ中に，また飢餓民を出している国の中にも余剰食料があったという意味で，飢餓は「人災」であるという指摘があったが，服部は，さらに，食料用作物を軽視した植民地時代以来続く農業政策の影響を指摘している[24]．「アフリカは住民の大部分が自活農民であったが，植民地時代の鉱山・農園労働者の輸入食料依存のため，また，国内・域内の道路網が整備されていなかったため，国産食料の商業化が遅れていたので，食料生産は拡大しなかったのであるが，さらに外貨獲得のための一次産品生産に肥沃な農地を使用したことにより，食料自給度は著しく低下していたのである．そのため，70年代からの数回の激しい旱魃に際しては，家畜の喪失に加え一部の人民は飢餓に苦しむようになった」[服部 2001: 125]．

次に取り上げるコーヒーのように，1つの一次産品に依存する経済をモノカルチャー経済と呼ぶ．当然のことながら，農民にとって最も大切なことは，自給用作物の栽培である．しかし，植民地政府は，換金用作物の栽培を強制し，独立後も，外貨獲得のために，モノカルチャー経済は堅持された（モノカルチャー経済の是正など植民地国家の遺産を処理しようとした政治家はンクルマやルムンバのように政権の座から追われた）．

モノカルチャー経済は脆弱であり，さらには付加価値をつけずに輸出するため，先進国が大きな利益を得られる構図ができている．ブラジルなど，モノカルチャー経済から脱却して経済成長を遂げた見本があるのだから[25]，アフリカでも実行可能なはずであったが，加工品への関税を高くする政策をヨーロッパが長く続けたこともあり，なかなか改善されていない．

### (3) コーヒー農家の苦悩

　植民地時代，いくつかの国は，コーヒー栽培を経済の主軸にされ，このモノカルチャー経済を独立後も維持せざるをえなかった．モノカルチャー経済の最大の問題点は，1つの第一次産品に依存しているため，コーヒーの国際市場価格が下落すると人びとの生活が立ち行かなくなることである．コーヒーの国際市場価格は，1980年代以降，二度大暴落し，価格低迷期に入った．この時期，コーヒー農家は収入が激減し，子どもを学校に行かせることが出来なくなっただけでなく，食料を買うことも出来なくなった．

　後述するオックスファム・インターナショナルが2000年の終わりにインタビューした，タンザニアのコーヒー栽培農家の女性（小学校に通う15歳と13歳の子どもがいる寡婦）は次のように語った．「今のコーヒーの値段では生活はメチャクチャです．村全部がそうです．子どもに食べものもやれないし，服も着せてやれない．学校にだって，どうやって通わせられるって言うんです．教育は大事です．いい生活が送れるようになるから．でも，学費や本を買うお金だってないんです．学費が払えなくて学校から追い出されることだってある．コーヒーの稼ぎがこんなに少ないんでは，金もうけで農業をやっている大農家で草刈りとか草むしりの仕事をさせてもらわなくてはね」．彼女の畑には，当時，コーヒーの木が30本あり，1998年には1ポンド（454グラム）当たり1ドルの収入があったのに，インタビューの時点では，1ポンド当たり0.3ドルに落ち込んでいた[Oxfam International 2002: 邦訳 209-210]．

　この二度の「コーヒー危機」の原因は，国際コーヒー協定（International Coffee Agreement: ICA）の経済条項の停止[26]と，コーヒーの供給が大幅に増えたことであった．1989年にICAの輸出割当制度が停止したことにより，輸出量の上限規制がなくなり，生産各国は一斉に在庫を市場に放出し，コーヒーの国際価格が暴落した．1987年から1992年までの価格下落率は，アラビカ種3種が[27]43.6-46.9％であったのに対して，ロブスタ種では58.2％と半値以下であった[28]．その後価格が持ち直したものの，1990年代末から2000年にかけてコーヒーの市場価格は未曾有の水準まで大暴落した．新興国ベトナムの台頭とブラジルの増産によって，コーヒーの供給が大幅に増えたためである[妹尾 2009: 203-228]．

　コーヒー農家が飢えに直面するほどの価格暴落ということであるが，私たちが喫茶店で飲んでいるコーヒーの値段はこの時期下がっただろうか．高級店なら一杯1000円もするコーヒーの生産者がどうして飢えるのだろうか．

世界のコーヒーの価格は，インターコンチネンタル取引所グループ（Intercontinental Exchange: ICE）のICE Futures U. S.の先物価格が指標となり，生産者がそこに関与することはできない．コーヒー豆を生産する側に価格支配力がないことが根本原因であるが（鋏状価格差），それよりも大きな問題は，コーヒー農家の取り分が少なすぎるということである．石油に次ぐ取引規模を誇るコーヒーのマーケットは，多国籍企業が支配している．

「おいしいコーヒーの真実」という映画がある．この映画の公式HPに，トールサイズのコーヒー1杯330円の内訳が載っている．カフェと小売業者と輸入業者が90％の296円を得ているのに対し，コーヒー農家は1‐3％の3‐9円しか得ていない．

日本ではどうだろうか．「(19)98年度の場合，日本の消費者が小売店で800円/200gの焙煎豆『キリマンジャロ』を購入しても，38.5円しか生産者の取り分にならない．さらには喫茶店で，例えば1杯450円の『キリマンジャロ』を飲んでも，2.0円が生産者の取り分になっているに過ぎない」という．さらには，コーヒー豆の価格が大幅に低下した2002-2003年では，コーヒー（ブレンド）価格が値上がったことにより，生産者価格の約845倍の値段になっているという［辻村 2012: 105-106］．

「① 途上国の農民 → ② 途上国の仲買人・集荷業者 → ③ 途上国の輸出業者 → ④ 先進国の輸入業者 → ⑤ 先進国の焙煎業者 → ⑥ 先進国の卸売・小売業者 → ⑦ 先進国の消費者」というコーヒーの流通経路の中で，最も利益を得ているのが，⑤ 先進国の焙煎業者である．「世界最大の焙煎企業ネスレの利益率は30％弱から30％超と見積もられている」という［妹尾 2009: 213］．「コーヒーの香味は一般的に，7割が生豆の生産（加工などを含む）と流通（精選や保管などを含む），2割が焙煎，1割が抽出の技術に依存するといわれている．またタンザニアのように，生産者が水洗・乾燥作業まで行う場合，生豆の香味の半分を，生産者が付加しているという．3.5割の生産者の貢献が，小売価格の227分の1（0.44％）の取り分にしかつながらない」［辻村 2012: 105］という状況が，公正な取引だと言えるだろうか．

また，コーヒー生産国の取り分が減ったことの理由として，世界銀行の構造調整政策により，マーケティング・ボードが解体・縮小されたことが指摘されている．世界銀行の考えとしては，中間搾取の機構であるマーケティング・ボードのために農民の農産物販売価格が不当に低く抑えられているのであるから，

マーケティング・ボードを解体すれば農民の販売価格は上昇するということであったが [妹尾 2009: 214], 農民の収入が増加することはなかった. 例えばタンザニアは1994年にコーヒー産業への構造調整を受け入れたが, 多国籍企業による買いたたきが始まり, 生産者価格の低下を招いている. 新古典派経済学者が主張するように市場に任せることは, 弱者をさらに痛めつけることにしかならない.

2001-2003年の間, コーヒーの価格は30年間で最安値となり, コーヒー農家は貧困に苦しんだ. 2005年以降コーヒーの国際市場価格は上昇しているというが, 原油価格上昇と同時に肥料や農薬の価格も上昇しているため, コーヒー農家の生活が安定したということにはならない[妹尾 2009: 222]. 貧困に苦しむコーヒー農家を救うには, 援助よりも, コーヒー豆を適正価格で購入することを考えるべきではないだろうか.

植民地経営は宗主国の国益のためにあった. 新植民地主義も旧宗主国の既得権益を守るものであり, アフリカの人びとに未来への希望を与えるものではない. では, 人びとの生活向上のためには, どんな政策が必要だろうか.

### (4) 援助も貿易も

公正な貿易ルールを構築するために, 私たちに何が出来るだろうか.「フェア・トレード」商品を買うという選択肢がある.「フェア・トレード」商品の値段は高めに設定されているが, 生産者が十分な食事をとり, 子どもを学校に行かせることができる程度の支払いをしてはどうだろうか. 生産者のためだけではなく, 消費者としての私たちも, 安全な食品を口にすることができるというメリットがある. しかし, 現時点では, フェア・トレードは最終的な解決策とはなっていない. フェア・トレードの規模が小さく, その影響力が「きわめて限定的な範囲に限られている」からである [妹尾 2009: 215].

では, 他にどのような方策があるだろうか. イギリスを本拠地とする国際NGO「オックスファム・インターナショナル (Oxfam International)」が2002年に出版したレポートの邦訳書『貧富・公正貿易・NGO』[Oxfam International 2002] をみてみよう. その序文で, 本章第1節で登場したアマルティア・センは, 次のように述べている.「今必要とされているのは, 貿易がもたらす膨大な果実をより完全に, より公正に分配できる条件を創り出すことである. それは, グローバルな市場経済を損わずに実現できることであろうか. 答えは確固とし

た『イエス』である．市場経済を活用することは，さまざまな資源の分配や，経済活動のルール（例えば特許法，反トラスト法など），市場経済参加を可能にする条件（例えば初等教育や基礎保健医療）などと相反するわけではない．それらの諸要件次第で，市場経済は異なった価格や貿易条件，所得分配，その他多様な諸結果を生み出すのだ．仕組みと政策を改革することによって，グローバル経済を損なうことなく，現在蔓延している不平等や貧困を大幅に解消することができるのである」［Oxfam International 2002: 1（邦訳 3）］．

　この本の出版当時の統計であるが，オックスファムによれば，世界の輸出額に占める途上国のシェアが5％増えると，援助総額の7倍にあたる3500億ドルを得ることができ，アフリカについては，世界の輸出額に占めるシェアが1％増えれば，援助と債務削減によって得られる金額の約5倍にあたる700億ドルが得られるという［Oxfam International 2002: 6（邦訳 10）］．

　ただし，公正な貿易ルールができたとしても，国内の富の分配が不公正であれば，貧しい人びとに貿易の恩恵がいかないことに注意しなければならない．また，援助についても，貧しい人びとに恩恵が届いているかどうかの監視が必要である．例えば，2014年現在，ブラジル政府と共同で日本政府がモザンビークで進めているODAプロジェクトの「プロサバンナ」計画について，日本の研究者やNGO関係者，モザンビークの農民代表は反対の意思表示をしている[31]．日本の商社やブラジルのアグリビジネスが大きな利益をあげるだろうが，土地を奪われ飢えに直面するかもしれないモザンビークの小規模農家にとっては死活問題である．中国や日本向けの大豆をここで作る計画だということであるが，モザンビークでつつましやかに生活をしてきた人びとを犠牲にしてまで，日本人は安い豆腐や納豆を食べたいと思うだろうか．

　最後に，BOPビジネスについて触れて，本節を終わりにしたい．JICAのHPでは，BOPビジネスを次のように説明している．「世界には年間3000ドル未満で暮らしている貧困層（BOP: Base of the Pyramid）が約40億人いるといわれており，近年，こういった人々をビジネスの対象と捉え，事業を展開する民間企業の動きが高まりつつあります．JICAでは，開発途上国の貧困層および社会や開発プロセスから除外されている状態にある人々が抱えるさまざまな課題に改善をもたらしうるビジネスを『BOPビジネス』と捉えています」[32]．

　日本の経済産業省は，2010年に，「BOPビジネスを総合的に支援する仕組み」

として,「BOP ビジネス支援センター (Japan Inclusive Business Support Center)」を設立している. センターの会員は, 企業・NGO/NPO・国際機関・支援機関等で, 日本企業等によるBOPビジネスの促進を目指すという. このように官民一体となってBOPビジネスを進める理由を「BOPビジネス支援センター」のHPは, 次のように説明している.「先進国市場が相対的に縮小する中, ハイエンド製品を強みとしてきた我が国企業にとって, 途上国中間所得層(ボリュームゾーン), さらには低所得階層(BOP層)も合わせて新たに『世界経済における新たな市場』として検討する必要性が高まっている. BOP層は, 約40億人を占め, 5兆ドル規模に達する極めて大きなポテンシャルを有する将来市場と捉えられる一方, 低い所得水準に起因する貧困, 不十分な生活基盤・社会基盤等に起因する衛生面の問題等の社会的課題に直面しており, その解決に資する経済協力への要請は強い」[33].

これまで, 日本の企業は, 様々な分野でBOPビジネスに関わってきているが, アフリカの貧しい人びとにとっての意味は, 今後の判断に委ねられている〔正木 2014: 223-224〕.

## 4　国際社会の責任2
―― 独裁者支援と介入 ――

新植民地主義という言葉通り, 旧宗主国は, 植民地時代の既得権益を手放す気はなく, 必要であれば政治介入も行った. 大国の利益に逆らった指導者たちは, 殺害されたり, 追放されたりした. 例えば, マリ共和国初代大統領のモディボ・ケイタは, 独立後,「アフリカ社会主義」とパン・アフリカニズムに基づく政策を実行し, 旧宗主国フランスの通貨と連動したCFAフラン圏から脱退し独自の通貨の発行を試みるなどしたが, 失敗に終わった. 1968年11月, 国軍のムーサ・トラオレ大尉によるクーデターにより, 政権は崩壊し, モディボ・ケイタはサハラ砂漠の中にあるキダルの刑務所へと送られ, 1977年5月16日に獄中にて不審死を遂げている.

大国の協力者となれば長期政権を築くことができる. 特に冷戦時代はアフリカの独裁者たちを自陣営に留めておくために, 多額の援助がアフリカに送られた. 協力者の道を選んだモブツと, 国民のために生きようとしたルムンバをこれから紹介する.

## (1) 大国の協力者モブツ

　アフリカで蓄財をした独裁者の頂点に立つのは，ザイール（現在のコンゴ民主共和国）のモブツ大統領だろう．シャッツバーグは，ザイールの富が国民の100万分の2に集中しているという議員（当時）の主張を紹介している［Schatzberg 1988: 122; 147］．当時の人口を3500万人として，70人が富を独占していたというのである．この70人がモブツ一派であることは言うまでもない．さらには，ザイールの1980年代初頭までの対外債務は約50億ドルであったが，これはモブツの1984年当時の個人資産と同額であると言われていた［Young and Turner 1985: 440 (n. 29)］．ザイールは，モブツとその一派にとって，個人的な富の蓄積の源泉となってきたのである．一度国家権力を手離してしまっては，全てを失うことになる．モブツ政権による反対派への弾圧は強まり，政情は不安定になり，国民は窮乏生活を強いられる．独裁によるこの政情不安が権力者モブツを一族と出身地域にますます依存させるという悪循環を引き起こしたのである．

　このモブツを大統領の座に据えたのは誰だろうか．鉱物資源の宝庫であるコンゴ（当時）の指導者として，CIAに選ばれたモブツは，瞬く間に世界有数の大富豪になった．どんなに人権侵害を行っても，反共を掲げるモブツに対する西側諸国からの援助の手は揺るがなかった．反政府活動は徹底して弾圧され，例えば，1969年6月4日に起きたロヴァニュム大学の学生のデモに対しては，軍を派遣し，学生たち100人以上を殺害した．このような人権侵害の事例は枚挙にいとまがないが，冷戦終結前の1989年6月，当時のブッシュ大統領は，「ザイールは米国の古い友人の1つであり，その大統領であるモブツ大統領は，アフリカ大陸全体の中で，我々にとって最も大切な友人の1人である」と述べている．

　モブツは大国の協力者として，権力の座が用意された．では，協力者となることをアフリカ人政治家が拒んだ場合は，どのような結果になるのだろうか．モブツもその殺害に加担した，コンゴの初代首相パトリス・ルムンバを紹介しよう．

## (2) ルムンバを裏切った国連

　ベルギー領コンゴ（独立後はコンゴ共和国，コンゴ民主共和国，ザイールと改称．現在のコンゴ民主共和国）の独立は拙速であった．ベルギーは植民地の初等教育に

は力を注いだが，高等教育には熱心ではなく，独立後の国家運営に必要な人材が十分育っていなかった．それにもかかわらず，ベルギーは独立後の国家建設に決して協力的ではなかった．また，地方分権派のカサヴブ（初代大統領）と中央集権派のルムンバの主張の違いが解消されないままの独立であった．

1960年6月30日にコンゴはベルギーから独立したが，1週間も経たない7月6日，コンゴ人兵士がベルギー人将校に対して暴動を起こし，7月10日，白人保護を名目にベルギーが軍事介入を行い，7月14日にはカタンガ州がカタンガ共和国として分離独立を宣言，8月6日には南カサイ鉱山国が分離独立を宣言というように，事態はどんどん悪化していった（コンゴ動乱：1960-65年）．

「コンゴ人のためのコンゴ」を作ろうとしたルムンバは，米国，ベルギー，国連を敵にまわし，1961年1月17日に秘密裏に処刑された．鉱物資源の宝庫であるカタンガ州での利権を守ろうとするベルギー，コンゴが（冷戦期の）ソ連の手中に入ることを恐れる米国，西側諸国の利益を守る「協力者」として取り込まれたコンゴ人政治家のカサヴブ，チョンベ（カタンガ州独立宣言をした知事．1964年に首相．1965年にモブツのクーデターで亡命），そして後の独裁者モブツらの策略であった．

ルムンバの処刑は，当時の国連の中立性に疑問を投げかけるものであった．フランツ・ファノンはその著書『アフリカ革命に向けて』の中で，ルムンバの失敗は国連を信頼したことにあると述べている [Fanon 1964: 邦訳 179-185]．「先ずルムンバが犯した誤り．それは国連の介入を要請したことだ．国連に訴えるべきではなかったのである．国連は，植民地主義が人間の良心になげかけた問題を何ひとつとして適切に解決したことがなかった．そして，国連が介入するのはきまって，抑圧国の植民地主義勢力を具体的に助けるためであった」[Fanon 1964: 邦訳 182]．「ルムンバの過失は，最初，国連の友好的な中立性を信じたことであった．現状では，国連は大国の組織する予備会議にすぎず，2つの武力紛争の間をぬって行われる世界分割のための《平和的闘争》の遂行機関であることを，彼は奇妙にも忘却していた．（中略）なぜ，あのように誠実に，あのように留保なしに国連を頼ったのだろうか」[Fanon 1964: 邦訳 183]．

それでは，当時の国連は誰の利益を擁護しようとしていたのか．まずは鉱物資源の宝庫であるカタンガ州で操業するユニオン・ミニエール（鉱山会社）の権益を守ろうとするベルギーである．中央集権制を唱えるルムンバがこのベルギーの鉱山会社をいつ国有化するかわからず，ベルギーは脅威を感じていた．

さらには，この当時，白人が支配していたローデシア（現在のジンバブウェ），アンゴラ，南アフリカにとって，アフリカ解放を唱えるルムンバは危険人物であった．そのため，ローデシアとニアサランド（現在のマラウィ）連邦当局はベルギーを支援したとファノンは指摘する．そして，カタンガ州の分離独立はコンゴ独立以前から準備されており，ローデシアのソールズベリからカタンガのエリザベトヴィル間の空路が「カタンガに武器を供給していたことは，今日，人の知るところであり，誰よりもハマーショルド氏のよく知っていることである」と，当時の国連事務総長ハマーショルドが黙認していたことを指摘している [Fanon 1964: 邦訳 179-180]．当時の国連は新植民地主義に加担していたのである．

### (3) コンゴ東部紛争と私たち：構造的暴力

日本人が一般にもつアフリカのイメージは，3K（かわいい，こわい，かわいそう）だといわれる．アフリカの野生動物がかわいい，アフリカの子どもは目がきらきらしてかわいい，アフリカは紛争や暴動が多いからこわい，アフリカの子どもは飢えていてかわいそうといったイメージである．アフリカのイメージを3Kで語る私たち日本人の心の奥底には，アフリカは遠い，アフリカは日本の植民地ではなかった，今アフリカの人びとが直面している諸問題に日本は関与していない，責任があるのはヨーロッパだろうというような気持ちはないだろうか．

平和学の父と呼ばれるヨハン・ガルトゥングは，構造的暴力（structural violence）という用語を用いて，私たち先進国の住民と途上国の人びととの関係を説明している．人を殴るなど，日本人が途上国の人に直接的暴力をふるうことはまずない．しかし，日本に暮らす私たちは，先進国の利益を守るために作られた不平等な貿易ルールによって，もしくは日本政府が独裁者を支援してきたことによって，殴りつけることと変わらない間接的な暴力をふるってきた．差別，不平等，飢餓，抑圧，環境破壊のような構造的暴力によって，たとえ相手を傷つける意思がなくても，途上国の人びとの生命や健康などが侵されている事実を忘れてはいけない．

欧米企業に吸い上げられた利益の残りが，アフリカ側に留まる．この大きなケーキ（national cake）を国内でどのように分解するかが貧困問題解決の鍵となる．マルクス主義の公式では，富裕な者が国家を支配することになっているが，アフリカの公式では，国家を支配する者が富裕になる．アフリカ諸国は支配と

搾取のための制度を植民地国家から受け継いだ．さらに独立後も，アフリカの経済は旧宗主国の作り上げた従属的構造から脱却出来ないでいる．それゆえ，アフリカ人が富を蓄積し，より良い地位を獲得するためには，国家構造に食い込むしか道がない．国家自身が大きなケーキであり，権力を握れば，このケーキを自分に有利に配分することが出来る．モブツだけではなく，富を求める全ての人が，国家というケーキに群がっていったのである．

　ケーキの切り方を決めるのは，大統領や首相と言った政治エリートであり，その取り巻きの政治家やビジネスマンたちである．貧しい人びとに富を配分しないような制度が出来上がっている．そして，アフリカの資源を必要とした大国がこの制度を支えた．大国の協力者となった独裁者を援助することによって，私たちも暴力に加担してきたのである．

　2013年7月18日，コンゴ民主共和国北キブ州において，政府軍と反政府軍（M23）との戦闘により，90万人が家を追われているという報道があった．このニュースに気付いた日本人は少ないだろう．コンゴ民主共和国の場所も定かでない人の方が多いかもしれない．コンゴ東部の住民が戦闘に巻き込まれるのはこれが初めてではない．International Rescue Committeeは2007年の報告書において，1998年の第二次コンゴ戦争開始以来，コンゴ民主共和国における死者数は540万人であり，そのうち460万人が東部の5つの州（オリエンタル州，北キブ州，南キブ州，マニエマ州，カタンガ州）の死者数であると推定している[36]．第二次世界大戦以来最悪と言われる状況なのである[37]．

　コンゴ東部のこの状況と私たち日本人と何か関係があるのだろうか．武装勢力は，コンゴ東部で産出される錫，タンタル，タングステン，金の交易により，莫大な利益をあげ，大量の兵器を購入し，住民に対して残忍な組織的暴力をふるい続けている．これらの鉱物資源の最終消費地は先進国であり，私たちが日常当たり前のように使っているパソコン，携帯，ゲーム機などを製造するためにこれらの鉱物資源が用いられている．極端に言えば，私たちがパソコンや携帯の代金として支払ったお金が反政府勢力の手に渡り，そのお金で購入された武器で，人びとが殺害されているということもありえるのである．コンゴ東部で子どもを連れて逃げ惑う母親と私たちは決して無関係ではない．

●注
　1）クーデターによって政権を奪取したボカサは1966年大統領となり，その後，国名を中

央アフリカ帝国（1976-79年）として自ら皇帝を名乗った．ナポレオン一世を真似たボカサの戴冠式には，約2000万ドル以上（当時，中央アフリカの国家予算の4分の1以上．フランスからの援助で賄った）がかかり，高級ブランド車，輸入もののワインやシャンパンが並び，宝石を散りばめた特注の王冠と王座が含まれた．無論世界中から非難され嘲笑された行為ではあるが，最も基本的な保健・社会サービスを受けることさえできない人びとのために使われるべきお金が浪費されたことを忘れてはならない．

2）貧困を表す指標は様々である．世界銀行が定めた貧困ラインは1日1.25ドルであり，このラインに達していない人びとが絶対的貧困者となる（絶対的貧困：Absolute Poverty）．これに対して，ある社会において，大多数よりも貧しい状態を相対的貧困（Relative Poverty）という．日本を例にして覚えてみよう．経済協力開発機構（OECD）は，「国民の年間所得を順に並べ，その中央値の50％に満たない所得水準の人びとの人口比率」を「相対的貧困率」と定義している．厚生労働省が発表している「平成25年国民生活基礎調査の概況」によれば，2012（平成24）年の「貧困線（等価可処分所得の中央値の半分）は122万円」であり，「相対的貧困率（貧困線に満たない世帯数の割合）は16.1％」であった．子どもの貧困率（17世以下）は16.3％，「ひとり親家庭」の貧困率は54.6％であり，OECD加盟国の中でも，「子ども」と「母子家庭」を取り巻く日本の状況は極めて問題がある（http://www.mhlw.go.jp/toukei/saikin/hw/k-tyosa/k-tyosa13/dl/16.pdf, 2014年12月28日閲覧）．

3）2013年8月に筆者がルワンダを訪れた時，ケニアで最も貧しいと言われている北東部の人びとのように厳しい生活を送っている地域を，ルワンダで見つけることはできなかった．道路や街灯が整備され，一定距離に水汲み場が設置されていた．ルワンダ人自身も，周辺国に比べてインフラが整備されていることを自慢していた．人びとの暮らしは質素であったが，ケニアの北東部に住む人びとのように生命の危機に直面しているルワンダ人には会わなかった．これは単にケニアの北東部の方が気候が厳しいという問題ではない．国民の生活の向上を目指す政府と自らの懐を肥やすことを目指す政府との違いである．

4）ルワンダのカガメ政権が，5歳未満児死亡率を急激に減少させたことを，「良い統治」の例として挙げたい．第10章も参照のこと．

5）http://www.jp.undp.org/content/dam/tokyo/docs/Publications/HDR/UNDP_Tok_hdr_whats_hd200702.pdf （2014年12月29日閲覧），http://www.undp.org/content/tokyo/ja/home/library/human_development/human_development1/hdr_2011/QA_HDR1.html （2014年12月29日閲覧）．

6）http://www.jp.undp.org/content/tokyo/ja/home/library/human_development/human_development4/ （2014年12月29日閲覧）．

7）ソマリ人のクランについては，第8章を参照のこと．

8）19世紀半ばの東アフリカに近代的教育を最初に導入したのは，植民地政府ではなく，キリスト教各会派のミッションであった．1916年にはケニア全体でミッションによる教会学校（アフリカ人学校）が318校になり，1929年には2276校となった［三藤 2006: 61-63］．キリスト教の教会学校が主体であった植民期の学校教育において，住民の大部

第6章　富める人びと，貧しき人びと　　*113*

分がイスラーム教徒であったNFDが恩恵を受けなかったことは明らかである．
9) 2003年以降，政府からの教育予算は，生徒数に応じて各学校に分配されるようになった．小学校では生徒1人当たり年間1020シリング，セカンダリー・スクール（デイ・スクール）では生徒1人当たり年間1万265シリングが，政府から学校に直接支払われる．
10) レントとは，自由競争市場が完全に機能していた場合に得られるであろう通常の利潤を上回るような超過利潤のことである．具体的には，輸入割当や許可といった政府規制によって生じる独占的利益で，このレントを獲得維持するための行動をレント・シーキングという．詳しくは，大林［1999］を参照のこと．
11) 「南北問題（North-South Problem）」という用語は，1959年末にイギリスのロイド銀行会長オリバー・フランクスが初めて用いた．
12) ウルグアイ・ラウンド（Uruguay Round, 1986-95年）以前のEUの関税では，カカオの関税が3％であったのに対し，ココア・リキュールには15％，ココア・バターには12％，ココア・パウダーには16％の関税がかけられていた．
13) 例えば，米国は国内の綿農家に対して農業補助金を支給しているが，この結果，米国の綿農家は安価な綿を輸出することができる．2006年の世界銀行グループ総裁スピーチ「包括的な世界経済におけるアフリカの役割」によれば，米国の綿農家への補助金のために，西アフリカ経済圏は年間推定1億5000万ドルの損失を被っており，逆に，大国が自国の綿農家に補助金を支給していなければ，平均国民所得が年間350ドルのブルキナファソの綿農家でも，国際競争力がつくかもしれないというのである．ポール・ウォルフォウィッツ世界銀行グループ総裁（2006）「包括的な世界経済におけるアフリカの役割」(http://siteresources.worldbank.org/INTJAPANINJAPANESE/Resources/515610-1134144986445/PWFCCJAfricaSpeech2006_J_.pdf, 2014年12月29日閲覧)．
14) ルイスは，HIV/AIDS対策のための世界銀行のローンのほんの一部を治療費に当てたいと切望する世界銀行の現地責任者と，「死に行く命を救う金はない」とそれを拒否する世界銀行幹部を対比している［Lewis 2006: 157］．
15) 「タンザニアでは当初は工業化に重点をおいた開発戦略がとられたが，1967年の社会主義経済化宣言以降は」農業開発に重点がおかれた［寺西1995: 68］．
16) 鋏状価格差とは，例えば，工業製品価格と農業製品価格との格差が次第に増大し，物価指数のグラフ上で鋏を開いた形状となることで，国内であれば，農村部から都市部への所得や資源の移転が起こる．
17) 2626 (XXV). International Development Strategy for the Second United Nations Development Decade. 第43項に記載（http://www.un.org/ga/search/view_doc.asp?symbol=A/RES/2626（XXV）&Lang=E&Area=RESOLUTION，2015年1月28日閲覧）．
18) ミレニアム開発目標については，序章を参照のこと．
19) SALとは世界銀行の融資であり，世界銀行とIMFが1980年代初頭から進めた途上国に対する経済政策である構造調整計画（SAPs）に従って提供される．SAPsが求めた政策改革の条件（コンディショナリティ）の履行が融資の条件であり，債務の繰り延べ（リスケジュール）を繰り返し，累積債務の苦しむ多くのアフリカ諸国にとって，SAPsを拒否することはできなかった．SAPsは，グローバリゼーションを牽引する新自由主義

イデオロギーに基づくものであり，弱者を苦しめるものとして多くの批判を浴びた（第5章のタンザニアの事例などを参照のこと）（WHO HP, Structural Adjustment Programmes (SAPs) (http://www.who.int/trade/glossary/story084/en/，2014年12月29日閲覧）．

20）外務省HP「アフリカ開発のための新パートナーシップ（抄訳）」(http://www.mofa.go.jp/mofaj/area/ticad/new_afi.html，2014年12月29日閲覧）．NEPADについては，大林編［2003］に詳しい．AUの戦略計画（2009-12年）については，下記を参照（http://www.mofa.go.jp/mofaj/gaiko/oda/shiryo/hyouka/kunibetu/gai/aft/pdfs/jk11_03_01.pdf，2014年12月29日閲覧）．

21）http://www.imf.org/External/japanese/pubs/ft/whatj.pdf（2014年12月15日閲覧）．

22）コリアーの著書には，Collier［2007；2009；2010］がある．ダンビサ・モヨの著書には，Moyo［2009］などがある．

23）「1984年にアフリカの広い範囲で発生した大干ばつは甚大な被害をもたらし，エチオピアだけでも100万人以上の人びとがいのちを落としたといわれています．この危機的状況に，ジェームス・グラントUNICEF事務局長（当時）は全世界に対して毛布200万枚の緊急支援を呼びかけ，これを受けた日本政府は100万枚の毛布援助を表明．官民合同の支援活動として，俳優の森繁久彌氏を会長とした『アフリカへ毛布を送る会』が発足し，日本全国から171万枚以上の毛布が寄せられ，エチオピアをはじめとするアフリカの国々へ届けられました．この『アフリカへ毛布を送る会』は，当初目標としていた100万枚を大幅に上回る毛布支援を達成したことをもって，1985年7月に解散しました」．アフリカへ毛布をおくる運動HP「あゆみ」(http://www.mofu.org/what/histry/，2015年1月7日閲覧）．

24）エチオピアについて言えば，当時独立を求めて闘っていた反政府勢力の支配地域への食料輸送は，政府が阻止していた（第5章注14参照）．アマルティア・センは，「世界における飢饉の過酷な歴史の中で，検閲を受けない報道が許された民主的な独立国家において飢饉が起こった事例がほとんどない」ことを指摘している［Sen 1981：邦訳270］．

25）かつてのブラジルは輸出額の7割以上をコーヒーが占めるモノカルチャー経済であったが，この比率は低下し，1988年には自動車が輸出額首位となった［妹尾 2009：220］．

26）妹尾は，その主な理由として，非加盟国であった（冷戦期の）共産圏の国々が加盟国よりも低価格でコーヒー豆を輸入していた「二重価格体系」問題と，特に米国において消費者の好みが変わったことに輸出割当制度が柔軟に対応できなかったことを挙げている［2009：217-220］．

27）コーヒーの約3分の2がアラビカ種であり，高地で栽培され気象条件や病虫害の影響をうけやすい．JICAの冊子『アフリカ産コーヒーとの新たな出会い』によれば，アフリカファインコーヒー協会（AFCA）に加盟している11カ国のうち，ブルンジ，コンゴ民主共和国，エチオピア，ケニア，マラウィ，南アフリカ共和国，タンザニア，ウガンダ，ザンビア，ジンバブウェがアラビカ種を栽培している．他に，ブラジル，中米，コロンビアが主な生産地である．詳しくは全日本コーヒー協会「コーヒー図書館」のサイトhttp://coffee.ajca.or.jp/webmagazine/library/more，2015年1月7日閲覧）．JETRO『アフリカ産コーヒーとの新たな出会い』(http://www.jetro.go.jp/jetro/activities/contribution/oda/

export_promotion/pdf/coffee.pdf, 2015年1月7日閲覧），参考文献の図書を参考のこと．
28) ロブスタ種は，低地でも栽培され病害虫の影響を受けづらい品種である（全日本コーヒー協会HP）．JETROの冊子によれば，コンゴ民主共和国，タンザニア，ウガンダで栽培されている．ベトナムでも栽培されている．
29) http://www.ndl.go.jp/jp/data/publication/refer/200910_705/070507.pdf（2015年1月25日閲覧）.
30) http://www.uplink.co.jp/oishiicoffee/（2015年1月25日閲覧）.
31) 現在進行形の問題であるため，詳細はJICAのHPやNGO各団体のHPを参考にされたい．下記の新聞記事は，モザンビークで農民や市民団体が反対運動を行っていることを報じている．「安倍首相：モザンビークの農業開発，支援表明『土地奪われる』反対も」（『毎日新聞』2014年01月18日東京朝刊）(http://mainichi.jp/shimen/news/20140118ddm005010032000c.html, 2015年1月7日閲覧).
32) http://www.jica.go.jp/activities/schemes/priv_partner/BOP/（2014年12月29日閲覧）.
33) http://www.bop.go.jp/bop （2014年12月29日閲覧）.
34) モブツの個人資産については Young and Turner [1985: 178-183] を参照．
35) George Bush, XLI President of the United States: 1989-1993, Remarks Following Discussions With President Mobutu Sese Seko of Zaire, June 29, 1989（http://www.presidency.ucsb.edu/ws/?pid=17223, 2014年12月29日閲覧）.
36) "Briefing: North Kive sees fresh clashes as peace talks stall in Kampala," http://www.irinnews.org/report/98438/briefing-north-kivu-sees-fresh-clashes-as-peace-talks-stall-in-kampala（2015年1月25日確認）．M23はMarch 23 Moventという反政府勢力の略称．

　2005年に採択された憲法によれば，2009年までに26の州に分割されることになっているが，いまだに実施されていないため，旧来の11州表記に従った（CIA, The World Factbook, https://www.cia.gov/library/publications/the-world-factbook/geos/cg.html, 2015年1月25日閲覧）．
37) International Rescue Committee, *Mortality in the Democratic Republic of Congo: An ongoing crisis*, 2007（http://www.rescue.org/sites/default/files/resource-file/2006-7_congoMortalitySurvey.pdf, 2015年1月20日閲覧）．

## COLUMN 1　　　　　　　　　　　　　　　　　　　児童労働

　児童労働については，国際労働機関（International Labour Organization：ILO）駐日事務所のサイトをまず見てほしい[1]．ILOは，(1) 法定最低就業年齢（原則15歳）未満の労働，(2) 心身の健全な発達を脅かすような危険で有害な労働（18歳未満）（以上，ILO138号条約），(3) 債務奴隷，強制労働，売春，麻薬取引といった無条件で最悪な形態の労働（18歳未満）（ILO182号条約）[2]を児童労働と定義している[3]．ILO138号条約は，仕事の内容ごとに就業最低年齢を決め，さらに途上国はそれより低く設定できるようにしている（例えば，軽易な労働の最低年齢は13歳であるが，途上国では12歳にすることができる）．

　世界の児童労働者数（5-17歳）は1億6800万人（うち8500万人が危険有害労働）を数える．サハラ以南アフリカでは5900万人もの児童労働者がおり，地域の子どもの21.4%を占めている（数値は2012年）（ILO駐日事務所HP，2014年12月31日閲覧）．

　何歳から働き始めてよいかを定めた「ILO138号条約」（1973年に採択），「最悪の形態の児童労働を定めたILO182号条約」（1999年に採択），そして「子どもの権利条約」（1989年に国連総会で採択）という3つの国際条約によって，子どもたちは守られているはずだが，現実は，過酷な労働により心身の正常な発達が妨げられ，教育の機会を奪われている子どもたちが，世界で1億6800万人もいるのである．

　児童労働の一番大きな理由は貧困であるが，女の子については，昔の日本と同様，「いずれ嫁に行く娘に教育を受けさせる必要はない」という価値観から，学校に行かせてもらえずに児童労働の犠牲となっている場合もある．いずれにしろすぐに解決することが難しい問題であるが，私たち日本の消費者にできることがある．それは，児童労働で作られた製品を拒否することである．

　チョコレートについては，日本のあるメーカーが取り組みを始めているとのプレス・リリースがある[4]．化粧品についても，戸田 [2008] では，日本でも販売されているフランスのある化粧品会社のことを紹介したが，日本の化粧品会社も「児童労働・強制労働の禁止」という文言や[5]，「就業の最低年齢に満たない児童に対する身体的，精神的，道徳的その他の社会的発展を損なう不当で搾取的な児童労働を行いません．また，意に反した労働を強制しません」というような一文を文書に載せるように変わってきている[6]（全ての化粧品会社を調査したわけではない．念のため）．

　児童労働撲滅に携わる日本のNGOを支援することに加えて，消費者として，児童労働の問題に敏感な企業の製品を選ぶ，児童労働で生産された部品を使う会社の製品は購入しないなど，消費者として出来る行動を是非取ってほしい．

●注
1) http://www.ilo.org/tokyo/areas-of-work/child-labour/lang--ja/index.htm （2014年12月31日閲覧）．

2）ILO182号条約により，「人身取引，債務奴隷，強制的な子ども兵士，その他の強制労働，買春・ポルノ，麻薬の製造・密売などの不正な活動，子どもの健康・安全・道徳を害し，心身の健全な成長を妨げる危険で有害な労働」を指す．
3）子どもたちの健全な成長を妨げる労働をさし，家や田畑での手伝い，小遣い稼ぎのアルバイトなどは含まれない．
4）http://acejapan.org/info/2014/01/11633/ （2014年12月31日閲覧）．
5）https://www.shiseidogroup.jp/csr/pdf/pdf2011/partner2011.pdf （2014年12月31日閲覧）．
6）http://www.kao.com/jp/ja/corp_imgs/corp_info/compliance_all.pdf （2014年12月31日閲覧）．

## COLUMN 2　　HIV/AIDS（エイズ）の感染拡大について

是非読んで欲しい本がある．第5章にも登場したが，2001年からアフリカHIV/AIDS担当国連事務総長特使を務めたカナダ人スティーヴン・ルイス[1]が書いた *Race Against Time: Searching for Hope in AIDS-Ravaged Africa* （2nd edition, Toronto: House of Anansi Press, 2006）という本である．日本語に訳すと『時間との競争』というタイトルで，アフリカにおけるHIV/AIDSとの闘いの緊急性を表している．残念ながら日本語翻訳本が出版されていないが，講演録ということで文章も平易であり，辞書を片手に読む価値は十分にある．

子どもたちを慈しみ育てているはずの親世代がHIV/AIDSで命を落としている．孤児は大家族制で守るのが，アフリカの伝統であるが，実際には，孤児の面倒を見てくれるはずの叔母（伯母）たちもHIV/AIDSの犠牲となり，息子や娘をすべて失った70歳代や80歳代の祖父母が何十人もの孫たちを育てているという現状がある．年老いてからの子育てはどれほど体に厳しいことだろうか．いずれは祖父母たちも亡くなってしまう．今度は，たとえ8歳であろうと最年長の子どもが世帯主となり，弟妹や従弟妹たちを養っているという．この子はどんなに心細いことだろうか．

エイズ孤児と呼ばれるこの子どもたちに対して，何かをしてあげたい．そう思う人も多いだろう[2]．保護者を失い，また自身が感染しているかもしれない子どもたちのことを考えるのと同時に，日本の現状も考えてほしい．ルイスの話は対岸の火事ではない．日本はHIV感染者，AIDS患者ともに増加の一途をたどっている．

厚生労働省のエイズ動向委員会の報告は，「エイズ予防情報ネット」のHPで見ることができる[3]．2013年エイズ発生動向についての委員長コメントを読むと，「新規HIV感染者報告数は1106件で過去2位」，「新規AIDS患者報告数は484件で過去最多」，「HIV感染者とAIDS患者を合わせた新規報告数は1590件で過去最多」とある．「感染経路・年齢等の動向」については，新規HIV感染者の約89％が性的接触，「年齢別では，特に20-30代が多い」ということである．

実際の感染者・患者数は数倍多いのではないかという話もある．アフリカで国連が行っ

ている HIV/AIDS 対策と比べれば，日本政府の対策はお粗末なものとも聞いている．日本のことも，是非みなさんに考えて欲しい．

ルイスの本については，アフリカ日本協議会のニューズレター「アフリカ NOW」76号に書評を書いた[4]．

● 注

1 ）詳しくはスティーヴン・ルイス財団の HP を参照のこと（http://www.stephenlewisfoundation.org/，2015年1月5日閲覧）．
2 ）日本ユニセフ協会の関連サイトは以下の通り（http://www.unicef.or.jp/about_unicef/about_act03.html，2015年1月5日閲覧）．
3 ）http://api-net.jfap.or.jp/status/index.html（2015年1月5日閲覧）．
4 ）http://www.ajf.gr.jp/lang_ja/africa-now/2007.html（2015年1月5日閲覧）．

# 第Ⅲ部　紛争と比較政治学

「子どもたちの血の跡の残る教会の壁（1994年ルワンダのジェノサイド）」
（筆者撮影）

第Ⅲ部では，紛争を扱う．膨大な犠牲者を出してきたアフリカの紛争は，民族紛争や宗教紛争という名前で呼ばれている．世界の他の地域の紛争と比べて，アフリカの紛争にはどんな特徴があるのだろうか．本書では，アフリカの紛争の犠牲者が他地域の紛争の犠牲者よりも多い理由として，8つのポイントを提示する．①国家の私物化と国家の崩壊，②同朋意識の欠如，③国民を守らない国家，④大国の介入，⑤貧困・失業と若者の不満，⑥武器の流入，⑦豊富な天然資源，⑧虐殺の記憶である．それぞれ一朝一夕に出来上がったものではない．奴隷貿易の時代まで遡って理解しなければならないポイントもあるが，多くは，植民地化の遺産と呼べるものである．

# 第7章　紛争を引き起こす政策
―― 植民地化の遺産 ――

　冷戦終結後，アフリカは「紛争の大陸」と呼ばれた．国内の混乱だけではなく，戦闘の過程で，幼い子供を誘拐して子ども兵士とし，村を襲って村人の身体の一部を切断するような「蛮行」も注目された．「国民形成が未成熟」なまま独立させたことが間違いであったという独立尚早論や，再植民地化の必要性を問う声まで出てきた．[1]

　「蛮行」はアフリカの伝統であり，欧米諸国は「高貴」だといえるだろうか．第5章を思い出してほしい．奴隷貿易は蛮行ではなかったのか．植民地化は蛮行ではなかったのか．反政府ゲリラによる四肢切断は非難しても，ベルギーのレオポルド2世が統治していたコンゴ自由国（現在のコンゴ民主共和国）において，ゴム採取のノルマを果たせなかったコンゴ人がいかに残虐な制裁を受けていたかを知る人は少ない．子ども兵の問題で注目されたモザンビーク内戦は，隣国ローデシアの白人政権（当時）が作り，アパルトヘイト体制を維持しようとする南アフリカ共和国や西側陣営の雄であった米国が支援した反政府勢力（RENAMO[レナモ]）と，ソ連が支援した政府（ポルトガルとの独立闘争に勝利したFRELIMO[フレリモ]）との戦いであり，東西冷戦の代理戦争であった．レナモの残虐行為が米国議会で問題にされても，反共の同志として米国政府はレナモを支援し続けた．子どもが誘拐され兵士とされていたことを当時の米国政府が知らなかったわけではない．

　「国民形成が未成熟」であることがアフリカの責任だろうか．ヨーロッパ列強が引いた国境線を維持したままアフリカ諸国が独立したことの背景には，既得権益を守ろうとする欧米の意図もあった．国境線を変更し，同じ民族がまとまって1つの国となって独立したいという少数派の人びとの声に，大国はほとんど耳をかさなかった．例えば，第二次世界大戦後，ケニアの北部辺境地域（NFD）の人びとは，イギリス領ソマリア，旧イタリア領ソマリア（当時は国連

の信託統治地域）と共に，ソマリ人の国として独立することを要求したが，認められなかった（第8章参照）．国民形成が大事だというなら，どうしてこの時期に彼らの願いを叶えてやらなかったのだろうか．

　アフリカの紛争や平和構築の問題を考える際は，奴隷貿易以前からのアフリカの歴史を知る必要がある．特に，植民地化の遺産は，現在のアフリカが抱える諸問題に大きな影響を与えている．例えば，ナイジェリアにおいて，なぜ多くの紛争が起こり，民間人の生命が危険に晒されてきたかを考えるとき，ヨルバ人政治家アオロオが「西部と東部はアイルランドとドイツほど違うし，北部とは中国ほども違う」[Gunther 1953: 747（邦訳Ⅱ 257）] と表現した北部と南東部と南西部を1つの国とした上に，1つの地域（北部）がナイジェリア全体を支配出来るような制度を独立前にイギリスが作ったことが，独立後のナイジェリアが直面した多くの問題，紛争の最大の原因であるといっても過言ではないだろう．

　それだけではない．独立後，人びとが政府に異議申し立てをしたとき，政府は治安維持を優先し，多くの町や村に軍隊を送り，女性や子どもを含む民間人を多数殺害してきた．本章で扱うナイジェリアでも，ケニアの旧NFDでも，同じことが起こっている．治安維持は住民の生命よりも重要なことであり，その際には「法の支配」を気遣う必要がないことも，アフリカの独裁者たちは，植民地時代に学んだようである．

　アフリカの過去を美化するわけではない．ただ，アフリカに，ヨーロッパ人が感嘆するほど整備された王国や帝国があったことは事実であり，そこには「法と秩序」があった．エケーが主張するように，ナイジェリアを含め，アフリカの現代の政治を形作ったのは400年にわたる奴隷貿易とその後の植民地化であり，これにより専制国家が生まれ，汚職や暴力や不信といったマイナスの政治文化が形成されたのである [Ekeh 1989: 2-4]．

　アフリカの多くの国で軍や警察の人命軽視が問題となっているが，この人命軽視は植民地統治の遺産だと筆者は考えている．本章では，ナイジェリアとケニアを事例として，植民地期の「分割統治」の影響と，独立後に「軍の中立性」や「法の支配（もしくは法と秩序の維持）」が守られてこなかったことと，治安維持を最優先課題として住民を治安部隊が弾圧してきたことが，植民地化の負の遺産であることを示したい．

## 1 分割統治が育てた相互不信

### (1) ナイジェリアの南北対立

　ナイジェリアは旧イギリス領で，1960年に独立した（表7-1参照）．この国には，大小あわせて300を超える民族が住んでいる．そのうち，ハウサ人，フラニ人，カヌリ人，ヌペ人，ティヴ人（以上，北部），ヨルバ人，エド人（以上，南西部），イボ人，イビビオ＝エフィク人，イジョ人（以上，南東部）の10大民族が全人口（1億7700万人，2014年7月推定，CIA）の約9割を占めている．そして，それぞれの地域を支配しているハウサ人，ヨルバ人，イボ人の3大民族で，人口の7割近くを占めている（地図7-1, 序章表2参照）．宗教面では，北部はイスラームが優勢であり，南部はキリスト教が優勢である．第二共和制時代の調査であるが，地図7-2に各州におけるイスラーム教徒の割合を示している．ナイジェリア全体では，イスラーム教徒50％，キリスト教徒40％，伝統信仰10％といわれている．

　イギリスは，北部と南部（＝南東部＋南西部）を1つの国としたものの，実際には別個の国のように統治を行い，西洋化の南北格差を生み出した．イギリスは，北部では，イスラームの伝統を重んじ，キリスト教の布教を認めなかった．北部のエリートはアラビア語に堪能であり教養も高かったが，庶民はコーラン学校に行くだけで，西洋的な教育は普及しなかった[3]．これに対し，南部では，キリスト教伝道団が学校を建設し，西洋的な教育が普及し，卒業生は植民地政府の下級官吏などの職についていた．第二次クーデターの原因の1つも，高い教育レベルの南部出身者と互角に競争できない北部出身者が常に抱いていた，南部支配への恐怖であった[4]．詳しくみてみよう．

　ナイジェリアの北部では，1804年，フルベ人のイスラーム導師ウスマン・ダン・フォディオが聖戦（ジハード）を開始し，イスラーム王朝たるソコト帝国（Sokoto Caliphate）が建国された（地図7-2参照）．そして，ウスマンより白旗を授けられた地方の聖戦指揮の将軍たちは，エミール（emir）として，首長国（emirate）の創始者となった．イギリスが植民地経営の相手として選んだのがこのエミールたちであった．

　後に総督となるルガードは，ソコト帝国の制圧に際して，協力的であったエミール（ソコト帝国を構成する各首長国のトップ）に対して，その地位を保障し，す

## 表7-1 ナイジェリア略年譜

|  |  |
|---|---|
| 1804年 | フルベ人イスラーム導師ウスマン・ダン・フォディオが聖戦（ジハード）開始．ナイジェリア北部にソコト帝国成立（1804-1903） |
| 1900年 | 北部ナイジェリア保護領，南部ナイジェリア保護領，ラゴス植民地成立 |
| 1903年 | イギリス，ナイジェリア北部のイスラーム勢力の武力制圧を完了 |
| 1906年 | ラゴス植民地と南部ナイジェリア保護領が統一 |
| 1914年 | 南北ナイジェリア保護領統一 |
| 1939年 | 南部州が西部州と東部州に分割 |
| 1957年 | 西部州・東部州自治獲得 |
| 1959年 | 北部州自治獲得，連邦選挙 |
| 1960年 | 独立（3州制） |
| 1963年 | 第一共和制（中西部州新設，4州制） |
| 1964年 | 総選挙危機 |
| 1965年 | 西部州，選挙後危機 |
| 1966年 | 1月，第一次クーデター，アギー＝イロンシ軍事政権成立．5月，連邦制を解消，中央集権化．7月，第二次クーデター，ゴウォン軍事政権成立（8月）．連邦制復活 |
| 1967年 | 5月，ゴウォン政権12州制導入．イボ人虐殺が続く．東部州が連邦離脱，「ビアフラ共和国」として独立宣言．7月，ビアフラ戦争勃発 |
| 1970年 | 1月，ビアフラ軍降伏，内戦終結 |
| 1975年 | クーデター，ムハマッド軍事政権成立 |
| 1976年 | ムハマッド元首暗殺，オバサンジョ将軍政権継承（19州制） |
| 1979年 | 民政復帰，シャガリ政権成立（第二共和制） |
| 1983年 | クーデター，ブハリ軍事政権成立 |
| 1985年 | クーデター，ババンギダ軍事政権成立 |
| 1987年 | 構造調整計画案実施 |
| 1993年 | 6月，大統領選挙無効（アビオラ候補勝利）．11月，暫定政権を倒し，アバチャ軍事政権成立 |
| 1995年 | クーデター未遂として，約80人の将校が処刑 |
| 1996年 | 36州制導入 |
| 1998年 | アバチャ（6月），アビオラ（7月）死去．アブバカル軍事政権成立 |
| 1999年 | 民政復帰，オバサンジョ政権成立（第四共和制） |
| 2000年 | シャリーア紛争 |
| 2001年 | ジョス暴動（プラトー州） |
| 2002年 | アミナ・ラワル事件（-2003年），ミス・ワールド暴動 |
| 2003年 | オバサンジョ大統領再任 |
| 2007年 | ヤラドゥア大統領就任 |
| 2010年 | ヤラドゥア大統領死去，ジョナサン大統領就任 |
| 2011年 | ジョナサン大統領再任 |

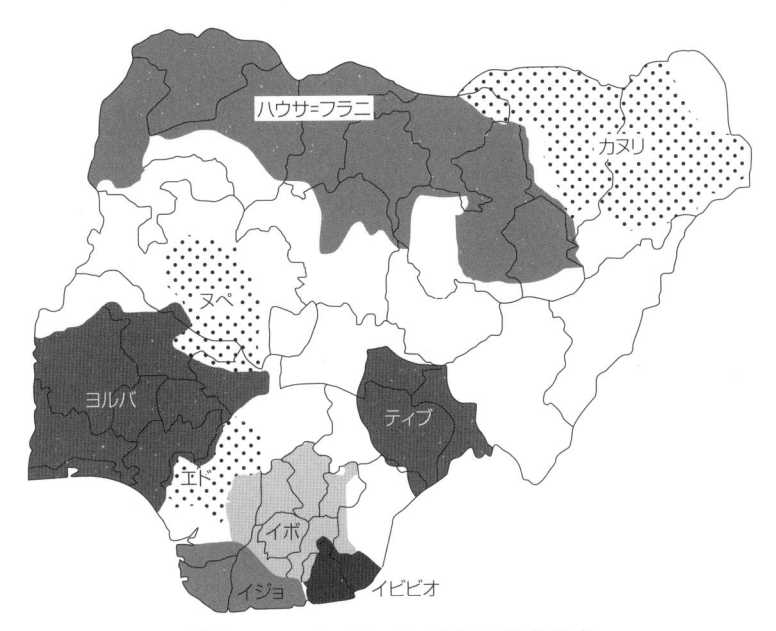

**地図7-1 ナイジェリア国内の民族分布**

(出所) Nelson, Laughlin and Marvin [1972: 104] より筆者作成.

でに確立されていた司法制度や行政制度もそのまま残した．帝国の支配者であったソコトのスルタン[5]に対しては宗教上の権限だけを認め，スルタンがエミールに対してもっていた監督権はイギリス側に譲渡され，エミールは駐在官によって監督された．エミールは自身の王宮をもち，税を徴収した．イギリス人行政官の役割は，監督・忠告・警告であった．こうして，ルガードは，ナイジェリア北部において，イギリスの植民地統治のモデルとしての「間接統治」システムを確立した．また，この地の支配的宗教であるイスラームに対しても不干渉を約束したため，北部の「伝統」はさらに強化されたのである（注21参照）．

これに対して，南部では，キリスト教ミッションの活動もさかんで，はやくからヨーロッパ文化，キリスト教との接触があった．ミッションは学校を設立し，西洋的な教育を施していった．西洋化の傾向は，典型的な無頭制社会であり国家の経験をもたないイボ人に顕著であった[6]．イボ人は（西洋的意味での）教育レベルも高くなっていく．植民地政府の官史の口などを求めて北部にまで入り込んだイボ人と「西洋的教育」を受けていない北部人との間で職業上の競合が起こった．さらに，南部のこういった急激な西洋化の結果，南部の方が北部

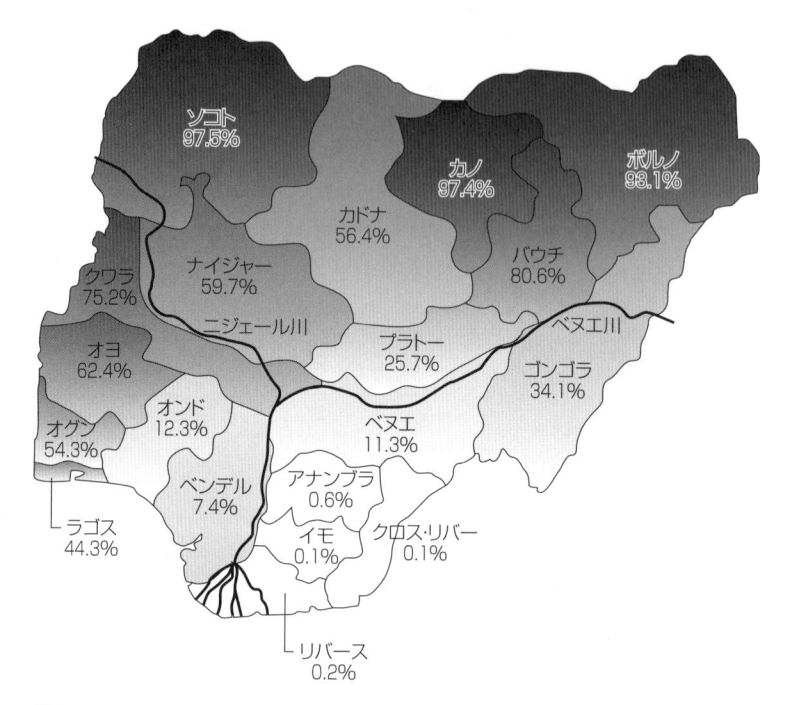

地図7-2　ナイジェリア各州におけるイスラーム教徒の割合 (19州制当時)
(出所) Bienen [1985: 171] より筆者作成.

よりも経済力も強くなっていった.

　北部ナイジェリア保護領と南部ナイジェリア保護領を1914年に合併したのは，経済的に豊かな南部と合併することによって，貧しい北部を救済するという目的があったからである．ただし，1914年の南北統一後も，北部と南部は全く違う国のように別個に統治されたため，同朋意識は生まれなかった．

　ナイジェリア北部のエリートは，シャリーア（イスラーム法）に通じ，アラビア語も堪能であった．シャリーアに基づいて裁判を行う間接統治方式の下では，このような人材も必要であったが，近代化の是非はともかくとして，保守的な北部と「西洋化」された南部との格差は開く一方であった．独立が目前となった時期から顕著となった北部と南部の相互不信の一因がこの「西洋化」の格差であり，特に北部のエリートは「西洋化」された南部による「支配」を極度に恐れていたのである．

　1914年の南北統一後も，北部と南部が別個に統治されたことは，西洋化のレ

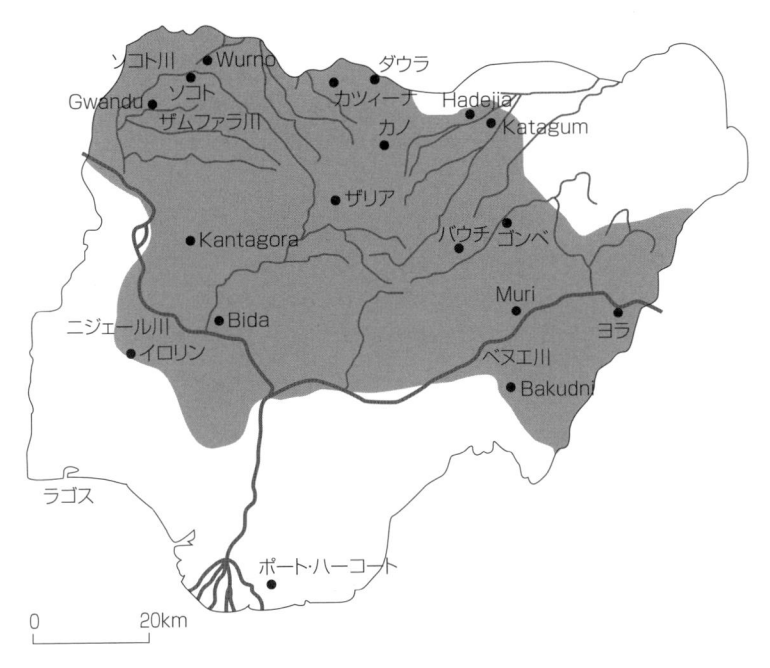

地図7-3　ナイジェリア領域内におけるソコト帝国の位置

(出所) Paden [1986: 38] より筆者作成.

ベル以外にも，北部と南部の間に壁を作ることになった．独立までに政党活動を活発に行っていたのは南部であるが，序章で述べたように，次第に，イボ人（南東部）とヨルバ人（南西部）の対立が生まれる．1951年にできた北部の政党（北部人民会議，Northern People's Congress: NPC）のスローガンは，「1つの北部，1つの人民 (one north, one people)」であった．南西部の「ヨルバ人の国」（主要政党はAG），南東部の「イボ人の国」（主要政党はNCNC）に対抗するために，作られたものであり，この3地域の主要政党は，とても全国政党とはいえなかった（第3章図3-1参照）．そして，植民地末期から第一共和制時代の選挙では，「北部の脅威」，「南部による支配」，「反イボ人」，「反ヨルバ人」といったスローガンが飛び交ったのである．第3章で紹介した第一共和制における政党政治の破綻も，イギリスの植民地政策に起因しているのである．

## 北部支配という遺産

植民地時代に作られた「支配と搾取のための制度」，民族間（特に，ハウサ＝フラニ，ヨルバ，イボの三大民族間）の相互不信，民族政党が，独立後のナイジェリアに受け継がれたわけであるが，イギリス統治の遺産の中で独立後に最も大きな影響を及ぼしたものは，宗主国イギリスに従順な「北部」による支配を不動のものとした制度の導入であった．

イギリスは植民地期当初から，経済面及び近代化の面では遅れていた北部を重用していた．独立以前，1951年のマクファーソン憲法によって憲法会議が開かれたが，イギリスの意向に従う保守層に会議を支配させ，イギリスへの依存を永続的にする戦略であることが明らかであった [Ajayi 20074: 30]．マクファーソン憲法では，中央議会の議員136名は，北部68名，南西部と南東部がそれぞれ34名と，南北の議席は平等に配分されていた．これに対して，1957年のロンドン会議では，下院の320議席を人口10万人ごとに1議席の割合で配分することとなり，人口の56％を占める北部が下院を支配することが決定的となった [Lynn ed. 2001: 437]．独立を目の前にして，経済力のある南部による支配を恐れた北部のために，イギリスは独立後の北部支配を確実なものとする制度を作り上げたのである．この結果，第1節で述べたように，1959年選挙では，312議席が，北部174議席，南東部73議席，南西部62議席，ラゴス3議席となり，議会において，北部出身議員が過半数を占めた．

北部エリートにとって，ナイジェリアを北部が支配することが当然のこととなり，ナイジェリアで初めて起こったクーデターを鎮圧したアギー＝イロンシと，クーデター未遂によって暗殺されたムハマッド（北部出身）の後継となったオバサンジョを除き，ナイジェリアの指導者は，第一共和制，第二共和制，軍政期を問わず，1999年の民政移管まで北部出身者で占められてきたのである（表7-2参照）．

1999年に第四共和制が始まり，キリスト教徒で南西部出身のヨルバ人であるオバサンジョが大統領に就任した．北部アダマワ州出身のスンナ派イスラーム教徒であるアブバカルが副大統領になり，大統領（南部出身／キリスト教徒）と副大統領（北部出身／イスラーム教徒）とで，宗教と地域のバランスをとろうとした．

民政移管により安定と平和が訪れると期待されたが，1984年からの軍政時代よりも民政移管後の方が，紛争による死者数が増えてしまった．民政移管後の10年間だけで1万4000人以上が「対立住民間の暴力（communal violence）」で命

表7-2 独立後ナイジェリアの歴代軍事政権

| 時期 | 首班の氏名 | 出身民族 | 宗教 |
|---|---|---|---|
| 1966年1-7月 | アギー＝イロンシ (Johnson Thomas Aguyi-Ironsi) | イボ人（南東部） | キリスト教徒 |
| 1966年7月-1975年 | ゴウォン (Yakubu "Jack" Dan-Yumma Gowon) | ンガス人 (Ngas/ Angas)（北部・ミドルベルトの少数民族） | キリスト教徒 |
| 1975-1976年 | ムハマッド (Murtala Ramat Mohammed) | ハウサ＝フラニ人（北部） | イスラーム教徒 |
| 1976-1979年 | オバサンジョ (Oluṣegun Mathew Okikiọla Arẹmu Ọbasanjọ) | ヨルバ人（南西部） | キリスト教徒 |
| 1983-1985年 | ブハリ (Muhammadu Buhari) | ハウサ＝フラニ人（北部） | イスラーム教徒 |
| 1985-1993年 | ババンギダ (Ibrahim Badamasi Babangida) | グワリ人 (Gwari)（北部少数民族） | イスラーム教徒 |
| 1993-1998年 | アバチャ (Sani Abacha) | カヌリ人（北部） | イスラーム教徒 |
| 1998-1999年 | アブバカル (Abdulsalami Alhaji Abubakar) | グワリ人 (Gwari)（北部少数民族） | イスラーム教徒 |

（出所）筆者作成．

を失ったのである．

　オバサンジョは，大統領選挙においては，長くナイジェリア政治の実権を握ってきた北部の主流派の支持を得ていたが，次第に北部エリート層のオバサンジョに対する反応が変わってきた．オバサンジョ政権下で進められた前軍事政権関係者の犯罪追及，軍人の大量解雇，その他ビジネスの世界を含む北部の既得権益の侵害に対して，北部の主流派が巻き返しをはかったことが，民政移管後のナイジェリアで紛争が増えた大きな原因である．

　政治家や退役軍人らがデモの先頭に立つことはない．彼らは失業中の貧しい若者に武器と金を与えて暴動を引き起こす．2000年のシャリーア紛争（第9章参照）を始め，ほとんどの紛争で政治家らによる若者の扇動という構図をみることができる．

　2011年4月の大統領選挙後の暴動も，同じ構図によるものである．現職であり南部のナイジャー・デルタ出身のキリスト教徒であるジョナサンが勝利したことに対し，選挙結果を認めない北部出身のブハリ候補（イスラーム教徒，元軍政権首班）の支持者が暴動を起こしキリスト教徒を襲撃し，キリスト教徒とイスラーム教徒が報復を繰り返すことによって，800人以上が死亡している．

ブハリ自身は若者の扇動を否定しているが，ブハリは2002年から，イスラーム教徒はイスラーム教徒の候補者に投票するべきであると主張を繰り返してきた人物であり，2011年4月の暴動でも関与が疑われた．このようにナイジェリアでは，地域，民族，宗教に対するアイデンティティが政治家たちによって他者を攻撃するナショナリズムに変容し紛争が起きているが，この背景には，植民地時代から培われた南北の相互不信があるのである．

別の例を挙げよう．ナイジェリアの外貨収入の95%を稼ぎ出すまでになった石油産出地域（ナイジャー・デルタ）では，イジョ人の武装勢力と連邦政府との対立が続いてきた（第9章参照）．石油施設襲撃，技術者や労働者の誘拐が続出し，Shell（後述）やエクソン・モービル，シェブロンなどの生産は大きく落ち込んだ．治安の悪化，外資の減少，国際的評価の低下に直面したヤラドゥア大統領は，武装グループに対する恩赦を決定したのである（2009年6月25日署名）．

しかし，恩赦に先立つ5月14-17日，陸・海・空軍の統合機動部隊は，デルタ州の多くのコミュニティを攻撃し，老人や妊婦や子どもを含む多くの市民を虐殺した．武装グループの中で最大の「ナイジャー・デルタ解放運動（Movement for the Emancipation of the Niger Delta: MEND）」に対する掃討作戦に，一般市民が巻き込まれたことについて，「1億2000万人の国民の平和のためなら，2000万人のナイジャー・デルタの住民が犠牲になっても構わない」という北部（ケビ州）出身議員の発言が，同じナイジェリア人でありながら同胞意識の感じられない地域間の温度差を物語っている．

## (2) ケニアの北部辺境地域

東アフリカに位置するケニア共和国は，バンツー系（キクユ人など）やナイロート系（ルオ人など）などの40以上の民族が暮らす多民族・多言語国家である（地図7-4参照）．現在ケニアの国土となっている地域は，イギリス，イタリア，ドイツ，エチオピアのせめぎ合いの中で，イギリスが武力制圧して1つの植民地とした．ケニアは，1887年にその前身が設立され1888年にヴィクトリア女王から特許状を得たイギリス東アフリカ会社に支配され，1895年にイギリス東アフリカ会社の特許状返還によりイギリス政府の支配下に入り「東アフリカ保護領」，1920年に「植民地」（イギリス領ケニア）となった．アフリカ人住民の意向を聞くことなく，植民地化の過程で白人が線引きをして作った国である．

ここで強調したいことは，第6章でも紹介したように，イギリスが遊牧民の

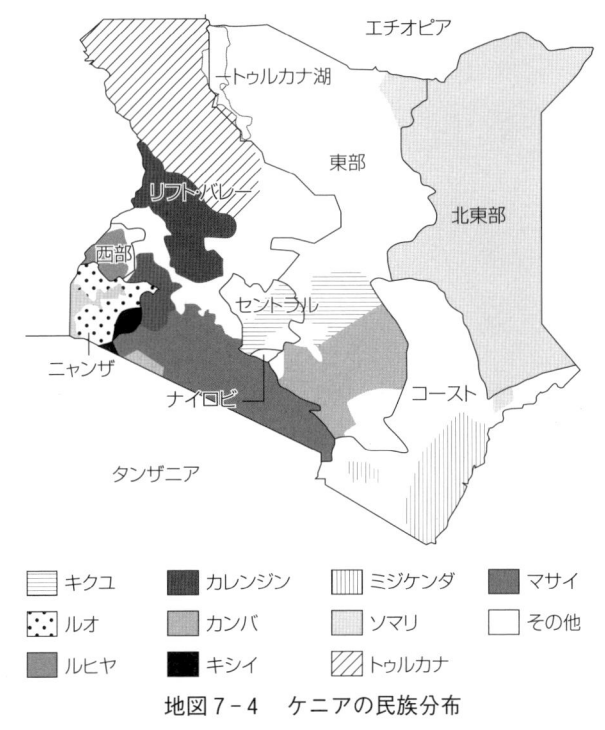

```
                エチオピア
       トゥルカナ湖
             東部
    リフトバレー
               北東部
西部
        セントラル
ニャンザ
   ナイロビ      コースト

タンザニア
```

| | キクユ | | カレンジン | | ミジケンダ | | マサイ |
|---|---|---|---|---|---|---|---|
| | ルオ | | カンバ | | ソマリ | | その他 |
| | ルヒヤ | | キシイ | | トゥルカナ | | |

**地図7-4　ケニアの民族分布**

(注) 行政区分は旧憲法下の州制度．第6章も参照．
(出所) BBC 2008b "Ethnic tensions dividing Kenya," *BBC News*, 5 Jan., 2008 (http://news.bbc.co.uk/2/hi/programmes/from_our_own_correspondent/7172038.stm, 2014年12月19日確認)より筆者作成．

暮らす北部辺境地域（NFD）を他のケニア地域と完全に分断して統治したことと，遊牧民の人びとを「まるで野生動物のように」扱ったこと，分割統治（divide and rule）政策がケニアの他地域に住む人びとのソマリ人に対する無関心と反発を生みだし，同時にNFDにおいては，ソマリ人とオロモ人の対立，ソマリ人の下位集団であるクラン（図7-1参照）間の対立を生みだしたたことの3点である．

　ケニアの北東部の住民の大多数はクシ系のソマリ人で，イスラーム教徒である．現在のケニア共和国を植民地化したイギリスは，全土を同じようには扱わなかった．遊牧民（ソマリ人やオロモ人）の暮らすNFDは，白人の住む南のホワイト・ハイランドにソマリ人たち遊牧民が侵入して来ないように，他のケニア地域と完全に分断して統治した（地図7-5，地図7-6参照）．NFDは，現在の

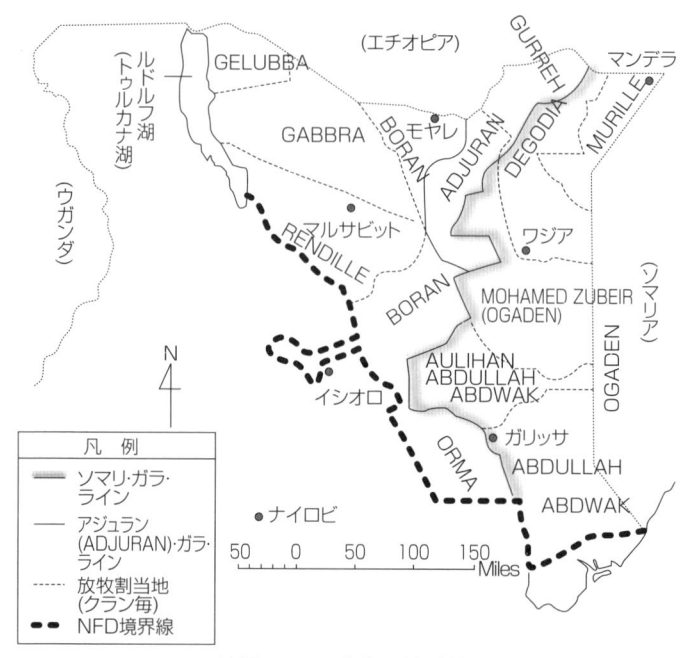

地図7-5　北部辺境地域

(出所) Northern Frontier District Commission [1962] より筆者作成.

① マンデラ (Mandera) 郡, ② ワジア (Wajir) 郡 (＋マルサビット郡のソマリ人地域), ③ ガリッサ (Garissa) 郡 (以上, ソマリ人居住地域), ④ マルサビット (Marsabit) 郡, ⑤ イシオロ (Isiolo) 郡 (以上, オロモ人居住地域), ⑥ タナ・リバー (Tana River) 郡の一部, から NFD は構成されていた. 人口の62％をソマリ人 (46％がソマリ人, 16％がソマリ系) が占め, 24％がオロモ人, 9％がレンディーレ人, その他5％という構成であった [Northern Frontier District Commission 1962: 34].

独立直前のイギリス議会資料によれば, NFD にはケニアの全人口の30分の1が住んでいたにすぎなかったが, 国土面積でいえば, NFD はケニア国土の約3分の1を占めていた. しかし, NFD では石油などの資源が見つからなかったため (2013年に石油発見との報道), イギリスにとっての NFD は, エチオピアやイタリアから「ホワイト・ハイランド (ケニアの白人入植地)」(及びウガンダからインド洋への鉄道) を守る緩衝地帯であり, 開発の対象ではなかった.

NFD の統治は, 縁辺諸県令 (Outlying Districts Ordinance of 1902) と特別諸県行政令 (Special Districts (Administration) Ordinance of 1934) という2つの条例によっ

地図7-6　現憲法下でのケニアの郡(county)の区分
（出所）筆者作成.

て行われた．縁辺諸県令により，NFDは，特別通行証がなければ出入りできない閉鎖された地域，つまり，原則，現地住民だけが入ることを許される地域となり，「鉄のカーテン」[14]で隔離された，ケニア植民地の一部ではない状態が作り出された．そして，特別諸県行政令は，家畜及び農産物窃盗令(Stock and Produce Theft Ordinance of 1933)と共に，州長官に対して，住民の逮捕，拘束，拘留の権限を認め，「敵対的な集団」の財産没収などの権限を与えた．さらに，家畜および農産物窃盗令は，州長官が「敵対的」と認めた集団において，その集団の構成員が違法行為を犯した時，集団全体を罰すること（「集団懲罰」）を合法化するというものであった［Ahmed Issack Hassan 2008: 3］．長老たちが，自分たちは「野生動物のように扱われた」と振り返るのはこのためである．

　ケニアの他の地域とNFDは別々の国のように統治され，NFDが「鎖国」状態となったことは，独立後まで続く様々な後遺症を生んだ．自由な人の移動が禁じられたため，ケニアの他の民族との間に「同朋意識」は生まれず，さらには，イギリスが長年「鉄のカーテン」の手前の開発には熱心で，向こう側のNFDの開発には無関心であったことへの不満から[15]，NFDのソマリ人たちの目

は，ケニアではなく，同じソマリ人が暮らすソマリアの方に向けられるようになった．1952年から56年にかけて続いた「マウマウ闘争（ケニア土地自由軍による植民地解放闘争）」において，NFDの人びとが警官として植民地政府側に立ち，キクユ人を中心とした武装解放闘争を鎮圧するための最前線に送られたことも，同朋意識形成の阻害要因となった．

NFDのソマリ人は，ケニアの主要民族がキリスト教徒であるため，改宗を迫られる不安も抱えていた．独立前に分離を主張し，独立後は武力を使って分離しようとしたことで，今日なおソマリ人とケニアの他民族との間の相互不信の溝は埋まっていない．詳細は第8章で説明する．

## 2　民衆を弾圧する軍の伝統

### (1)　ナイジェリア：民衆を弾圧する軍隊

植民地時代に作られて以来，ナイジェリアの軍隊は，時の権力者の道具であり，独立前も独立後も，住民（国民）を守るための軍隊ではなかった．ナイジェリア軍は，元々，現地の王国や首長国，帝国を武力制圧するために，イギリスが作り上げた軍隊であり，イギリス支配に反対する独立運動に与することもなかった．

初期の植民地経営において，ほとんどのヨーロッパ列強は，国家の負担を最小限にするために，「特許会社」に統治を任せていた．「特許会社」とは，16世紀からある植民地化推進のための国策会社である．ヨーロッパ本国の貴族やブルジョワジーから資本を集め，統治を委託され，徴税権や軍隊をもっていた．

ナイジェリアも同様である．第1節で述べたように，北部にはソコト帝国が広がり，南西部にはヨルバ人の都市国家が戦国時代のように割拠し，南東部には自立的な村々が広がっていた地域に，ナイジェリアという箱をかぶせたのは，王立ナイジャー会社（Royal Niger Company: RNC）という特許会社であった．ゴールディが率いたRNCが，イギリス側の利害を代表する形で，フランス政府とドイツ政府との間で締結した五次にわたる「分割協定」（1885年4月-98年6月）によって，現在のナイジェリアの国境線はほぼ確定された［室井 1992: 89-96］．

ナイジェリアのニジェール川中流域では，RNCが，ナイジャー・デルタとニジェール川とベヌエ川の河岸の土地を支配していた．RNCは，1888年に，「王立ナイジャー保安隊（Royal Niger Constabulary）」を創設し，主に北部地域に配

備した[17]．会社の利益を守るための軍隊であり，武力によって首長国（emirate）を制圧し[18]，現地住民を圧政によって苦しめた[19]．

RNCと現地住民との対立は続き，さらには，北部及び北西部でフランス正規軍とも対峙するなど[20]，商業目的の一会社が対応できない状況にRNCは陥ったため，1897年，イギリス植民地省は，ルガード（第1節参照）に[21]，RNCから独立した軍（後の「西アフリカ・フロンティア軍（West African Frontier Force: WAFF）」）の組織を命じた．

特許状返還により，1900年にRNCの北部領域は「北部ナイジェリア保護領（Northern Nigeria Protectorate）」となり，ルガードが初代高等弁務官に就任した．王立ナイジャー保安隊は，北部ナイジェリア警察隊と「北部ナイジェリア連隊（Northern Nigeria Regiment）」に分かれた（Nigeria Police Force HP）．その後, ルガードは，「北部ナイジェリア連隊」を用いて，3年で，武力により，ナイジェリア北部を支配していたソコト帝国を制圧した[22]．すでに述べたように，ヒジュラ（hijra）を選び，東遷していたカリフAttahiruは捕まり，彼に従っていた900名もの貴族や農民とともに処刑されたという [Ishichei 1987: 143][23]．

南部では，1863年に初めてハウサ人が兵士として訓練され，1865年に「ラゴス・ハウサ保安隊（Lagos Hausa Constabulary）」が創設され[24]，1873-74年，現在のガーナにあったアシャンティ帝国とイギリスとの戦争に派遣されている [Downes 1919: 3; 6-7]．1891年に「オイル・リヴァース保護領（Oil Rivers Protectorate）」が成立し，その後背地と共に「ナイジャー・コースト保護領（Niger Coast Protectorate）」が1893年に成立すると, 既存の部隊を再編した「ナイジャー・コースト保安隊（Niger Coast Constabulary）」が1894年に創設され, 1895年のアカッサの虐殺（注19参照）を実行し，1897年には12世紀から続くベニン王国を滅ぼしている [Oyewole and Lucas 2000: 361][25]．

RNCの特許状返還により，南部でも，1900年に，南部ナイジェリア保護領（Southern Nigeria Protectorate）が成立し，ナイジャー・コースト保安隊の一部は，ラゴス警察隊と共に，「南部ナイジェリア警察隊」になり，残りは，王立ナイジャー保安隊の一部と共に,「南部ナイジェリア連隊（Southern Nigeria Regiment）」のカラバール大隊（Calabar Battalion）となった [Oyewole and Lucas 2000: 489; Downes 1919: 7]．南部ナイジェリア連隊は，1900年にアシャンティ帝国をイギリスが制圧する戦いに派遣された他，南西部のヨルバ人の下位集団であるイジェブ（Ijebu）や後背地などに向けて（懲罰的）遠征を行っている [Downes

1919: 7].

　このように，WAFFを構成してきたナイジェリアの部隊（北部ナイジェリア連隊，南部ナイジェリア連隊など）は，1898年から1918年までの間，「懲罰的遠征」に用いられ，また，植民地政府，エミール，委任状首長（warrant chief）たちが民衆を抑圧するための「道具」となり，特に，北部の伝統的支配者が労働者や税を徴収するときの後ろ盾となった［Toyin 1987: 146］．

　1928年，WAFFは，王立西アフリカ・フロンティア軍（RWAFF）となった．RWAFFの将校候補者は，正規コースでは，イギリスのサンドハースト陸軍士官学校で教育を受け，短期コースでも，イギリス各地で訓練を受けた．1953年までに，ナイジェリア人将校は4名誕生し，内1人が，1966年第一次クーデターを収拾したアギー＝イロンシであった．独立後もナイジェリア軍はイギリス式の軍隊であり，それは現在でも受け継がれている［Dibie 2003: 99-100］．

　植民地支配を維持するために作られた軍隊は，ナイジェリアの人びとにとって，決して文明や人道主義の担い手ではなく，現地の王国や首長国の政治的独立を脅かす侵略者の「道具」であった．実際，ナイジェリアでは軍隊が反植民地運動に参加することはなかった．

　軍隊は1963年の独立後も，外の敵ではなく自国民に銃を向けてきた．ミドルベルト（北部の非イスラーム地域）におけるハウサ＝フラニ人支配に反発したティヴ人の反乱に軍を送り（1962-66年まで駐屯），3000人の犠牲者が出たといわれる．ハウサ＝フラニ人主導のバレワ政権は，既得権益を守るために，ティヴ人の反乱を徹底的に弾圧したが，ミドルベルト出身者が4割を占める軍と政権の関係が揺らぎだした．また，1965年の西部州危機のときも，バレワ（第一共和制連邦政府首相，NPC副総裁．フラニ人）政権は，野党（AGのアオロオ派）を弾圧する「道具」として軍を用いた（政党については，図3-1を参照）．

　植民地時代にナイジェリア人がヨーロッパから学んだことは，ジャジャ王やナナ王の末路（第3節参照）に明らかなように，正当であると国家が考えるもの（例えば帝国主義）があれば，法の支配は無視してもよい（例えば，条約を無視し，不当に逮捕し，不公正な裁判を行うこと）ということではなかっただろうか．植民地時代の学習が，独立後の軍政に大きく影響していると考えられる．

　植民地化の過程で，ルガードが創設したWAFFは，ナイジェリア国軍に受け継がれた．ナイジェリア人を制圧するための軍隊が，ナイジェリア国民を守るための軍隊に変容することはなく，支配者の道具となり続けたという評価が

一般的である．植民地支配（搾取）を維持するために作られた軍隊は，反植民地運動に参加することもなく，独立後は，ティヴ人の反乱鎮圧のように，国軍が一般市民に銃を向けた．独立後のナイジェリアを支配してきた人びとは，帝国主義を守るために暴力装置を使ったイギリスと同じように，国を支配するために暴力と短期的戦略に頼ってきたのである．軍による人権侵害，弾圧，村落の破壊は，1990年代でも，ナイジェリアでは珍しい事件ではないし，21世紀に入っても続いている．[29]

次に紹介するケニアでも同様のことが起こっており，治安維持を目的とした殺戮はナイジェリアの専売特許ではない．鎮圧目的の殺戮は許されるのだろうか．法治国家においては決して望ましいことではない．軍や警察の人権意識を高め，不必要な発砲を控えるような訓練が必要であり，このことは第3節で扱う「法の支配」の問題に直結する．

### (2) ケニア：集団懲罰という遺産

すでに述べたように，ケニアの北東部の住民の大多数はソマリ人で，イスラーム教徒であり，遊牧を生業としている．イギリスの当時の資料には，陸軍省からのレポートとして，1898年と1901年のソマリ人討伐の経緯が記録されている [Partridge and Gillard eds. 1995: 226-245]．陸軍省レポートによれば，当時イギリスの東アフリカ保護領であったジュバランド州（1925年にイタリアに移譲）は，ソマリ人の下位集団（クラン）であるオガデンとハルティの居住地区であり（ソマリのクランについては図7-1を参照），オガデンはハルティよりはるかに強大であった．帝国東アフリカ会社の統治下でハルティは徐々に従順になっていったが，オガデンは反抗的であった．

1898年の討伐は，オガデン・クランが1896年にオロモ人を襲撃したことと，1897年に隊商道路（caravan road）と派出所の設置に対して一連の暴動を起こしたことに対して行われた．1901年の討伐は，前年にジュバランド州副長官と護衛の警官40名が移動中に襲撃され殺害されたことに対する懲罰である．4000人から6000人ほどのオガデンが武装蜂起したが，イギリスはインドからも軍隊を呼び寄せ，十分に準備をして，1901年1月にオガデン討伐を開始，3月までに制圧した．4月にオガデンのスルタンが，イギリスへの賠償として，ラクダ5000頭を支払うことで和解した（副長官殺害の犯人は戦闘中に既に死亡）．

隣接するタナランド州では，1901年2月，ソマリ人が略奪を働いたことへの

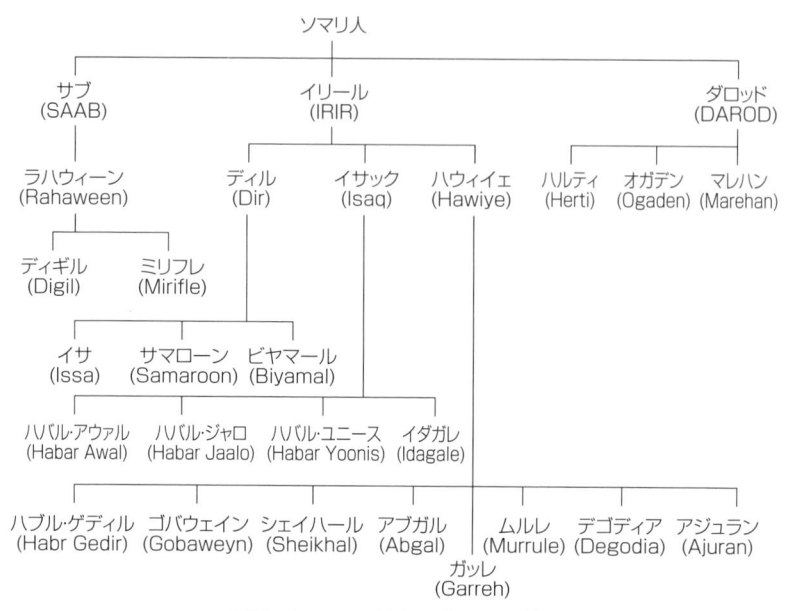

```
                                    ソマリ人
        ┌───────────────────┼───────────────────────┐
       サブ                 イリール                    ダロッド
      (SAAB)                (IRIR)                  (DAROD)
        │        ┌────────┬────┴────┬────────┐    ┌────┬────┬────┐
    ラハウィーン    ディル   イサック   ハウィイェ   ハルティ オガデン マレハン
    (Rahaween)   (Dir)   (Isaq)  (Hawiye)  (Herti)(Ogaden)(Marehan)
     ┌───┴───┐
   ディギル  ミリフレ
   (Digil) (Mirifle)
```

図7-1　ソマリ人のクラン一覧

(注) HawireとOgadenは旧NFDの主要クラン．
(出所) 2011年8月の聞き取り調査により筆者作成．

報復として，州副長官がソマリ人の村を襲い，12人を殺し，ラクダ800頭と羊4000頭を没収した．討伐は5月まで続いた．陸軍省レポートは，ソマリ人への最大の懲罰は，家畜を奪うことであると述べている．このように，イギリスにとって，ソマリ人は決して友好的でも平和的でもなかった．

### 独立後の集団懲罰

政府による，ソマリ人に対する人権侵害，集団懲罰は，植民地時代だけではなく，独立後も続いた．ケニアが独立するときに，ソマリアへの併合を望み，分離独立戦争（「シフタ」戦争）を起こして，政府に反抗したためである．ケニア政府が，ソマリ人住民に対して行ってきた「集団懲罰」と，かつて植民地政府がソマリ人に対して行った「集団懲罰」との間には類似性がある．個人の犯罪に対して集団懲罰が課され，住民の虐待，虐殺が起こるというプロセス，および早朝に作戦を開始し，家を焼き払うなどの手法が，まったく同じであった．

ソマリ人に対する人権侵害の最たるものが，1980年代の住民虐殺である．

1980年のガリッサ大虐殺では，3日間で，3000人以上の住民が軍や警察によって殺害された．1981年のマルカ・マリの虐殺では，住民200人以上が捕えられて，拷問され，殺害された．

1984年のワガラ大虐殺では，集団懲罰として，デゴディア・クランに属する12歳以上の男性5000人がワガラ飛行場に逮捕・連行され，着衣はすべて脱がされ，炎天下で砂の上に裸で寝かされ，飲み水さえ与えられなかった．暴行，拷問を受け，4日間で，約3000人が殺害された．水や牧草地を巡る争いに加えて1983年選挙での対立も加わり，この地域において，デゴディア・クランとアジュラン・クラン双方の村の襲撃や殺害，家畜の略奪が繰り返されていた．政府は治安対策として，双方の非武装化を図り，アジュランに比べてデゴディア・クランの方が火器の提出に非協力的だと判断した政府は，デゴディア・クランの非武装化と襲撃犯の名前を自白させることを目的として，この作戦を実行したという．

遊牧民が銃を手放すことは，野生動物から身を守ることすらできなくなることであり，すべての武器を政府が回収する計画をたてること自体が遊牧民の生命を軽視していることになる．

ワガラ大虐殺への政府の謝罪は2000年まで待たなくてはならなかった．議会で大臣が謝罪したが，それでも死者数は380人であり治安部隊の犯罪捜査の過程で生じた事件だとした．[30] 2011年2月，ケニア政府はワガラ大虐殺の調査を「真実正義和解委員会（Truth, Justice and Reconciliation Commission: TJRC）」に命じた．旧北東部州各地で公聴会が開かれ，ソマリ人の分離独立戦争の時代の強制収容所での虐待や，1980年代の虐殺などについて，数々の証言が集まった．生存者は，ワガラ大虐殺の舞台となったワガラ飛行場での虐待を再現した．

TJRCの報告書は2013年5月に公表され，補償という言葉は提言の中にあるが，2014年12月現在，いまだ実行されていない．補償どころか，報告書が公開されて以降も，旧NFDでは軍・警察による人権侵害が続いている．

TJRCの報告書は，ワガラ大虐殺の項を次のような文章で結んでいる．「委員会にとって，ショックであり，心をかき乱し，信じられなかったことは，モイ大統領が，少なくとも57人の人命が失われた事件を『幸福な結末（a happy ending）となった』物語だと述べていたことである」．[31]

### 民主化後の集団懲罰

2003年の民主化後も，ケニア政府は集団懲罰を続けている．2008年の集団懲罰は，クラン間の抗争が原因であるが，長老の話し合いで抗争が終結したあとに懲罰部隊が到着し，ひどい暴行，拷問が行われた．ソマリ人のある長老は，「自分達には集団懲罰は必要ない，チーフ同士の話し合いで，クラン間の抗争は解決することができる」と言っている．

2012年11月にはガリッサで武装した男に3名の兵士が殺害されたことに対して，軍は無関係のガリッサの住民に暴行したうえで，犯人が逃げ込んだとして市場に放火，全焼させた．11月の事件に対しては，ケニア政府は軍の行動を非難し調査を始めると報道されたが[32]，その記事の中でも，事件が起こるたびに，軍が住民とその財産を標的にしていることが述べられている．また，2013年4月には，ガリッサのホテルのレストランで10名死亡，3名重傷という襲撃事件があったことに対し，取り締まりの治安部隊による住民への人権侵害がNGOによって告発されている[33]．

## 3　ナイジェリア軍の「中立性」の欠如と「法が支配しない世界」

リンスとステパンは，民主主義の定着の5つの領域（arena）として，市民社会，政治社会，法の支配，（民主主義にとって使用可能な，機能する）国家官僚制，経済社会を挙げている．こうした領域が欠けていると民主主義への移行は可能だが，民主主義の定着は難しいという［Linz and Stepan 1996］．

本節では，この5つの領域の中で，「法の支配」に注目し，独立後のナイジェリアにおいて「法の支配（もしくは法と秩序の維持）」が守られてこなかったことが，植民地化の負の遺産であることを示したい．独立から1999年の民政移管までのナイジェリア歴代政権は，「法の支配」を守ってこなかったが，植民地時代においても，「法の支配」はごまかされ，住民の「人権」も否定されてきた．

さらには，中立を守るべき軍が，植民地時代と同じく支配者側（＝歴代政権）の「道具」として用いられてきたことも，「法の支配」を妨げた一因であるが，これも，植民地時代の遺産である．独立以来，オバサンジョ文民政権時代（1999-2007年）までのナイジェリア歴代政権は，「軍の中立性」を守ってこなかったが，ナイジェリア軍の前身である「保安隊」ができて以来，植民地化の過程

において「イギリスの利益」を守るために，軍は「道具」として用いられ，「軍の中立性」は存在しなかった．

　本節では，ナイジェリアを事例として，植民地時代から支配者の道具として用いられ，「軍の中立性」という理念を習得する機会のなかった軍が，独立後，今度は，政権の道具として，政権に敵対する野党や少数民族の弾圧に用いられた歴史を見ていきたい．

### (1) 権力者の道具としての軍隊

　ナイジェリアで初めて軍政が生まれたのは，1966年1月のクーデター（第一次クーデター）によって第一共和制が倒されたからである．第一共和制末期は，政治家の対立により政治が混乱し，「法と秩序」も維持されず，国民の生命も危険に晒されていた．クーデターの首謀者とされるンゼオグ（イボ人）少佐は[34]，理想主義的な革命イデオロギーを掲げる若手将校であった．ンゼオグの盟友であったオバサンジョ元大統領は，『ンゼオグ』と題した著書において，ンゼオグの高い能力，腐敗した政治家への怒り，革命的思想について述べている[Obasanjo 1987]．アデカネは，第一次クーデターの動機として，北部人が組織[35]した部隊の電撃作戦で軍隊内の異分子である自分たち異民族（＝南東部出身のイボ人）が殺されるかもしれないという「恐怖心」と，将来の昇進の不安といった個人的要因に加えて，軍の採用の「割り当て制」が軍の政治化を招いたことと，当時のバレワ政権が，ハウサ＝フラニ支配に逆らう少数民族や野党を弾圧する「道具」として軍隊を用い，「軍の中立性」を損ねたことの2点を指摘している[36]．

　バレワ政権のやり方に対して，多くの将校が「政権の単なる道具」となることに疑念を持ち，将校と政党が結びついていった（政党については，図3-1を参照）．北部出身の上級将校の多くが，与党NPC総裁アフマドゥ・ベロと結びつき，ヨルバ人将校たちは，AG内部で対立していたアオロオかアキントラ（ヨルバ人）のいずれかに与した（後にアキントラ派は別政党を作り西部州与党となる）．イボ人将校たちは，アジキエ大統領とNCNCを支持し，ミドルベルトのティヴ人やイドマ人の将校は，ミドルベルトの政党である統一ミドルベルト会議（UMBC）寄りとなった．第一共和制では，このように，政権が，自らに反対する勢力を抑圧する道具として軍隊を用いたために「軍の中立性」が損なわれ，その結果，将校と政党が結びつき，軍が政治のラインで分裂していったのである［Adekanye

1989: 191-193].

　イギリス支配下では，軍は支配者であるイギリスのために働いた．第一共和制では，軍は支配者であるバレワ政権に利用された．この負の遺産は，第二共和制のシャガリ政権に引き継がれた．シャガリ大統領は次第に国民の支持を失いながら，1983年選挙では，重装備の警察を政権維持の道具とし，選挙操作で政権に居座ろうとして軍に介入の口実を与えたのである［Adekanye 1989: 200; Ajayi 2007: 128］．このように，独立後のナイジェリア連邦政府は国を支配するために暴力に頼った．すべては，イギリスから学んだことであるとアジャイは主張している［Ajayi 2007: 5］．

### (2) 法の支配の破壊
#### 植民地期の破壊
　強者は「法の支配」を無視できることを，イギリスがナイジェリア人に示した事例の1つが，南東部の都市国家オポボ（Opobo）のジャジャ王の末路だろう．オポボは1870年に独立し，イギリスもこれを承認していた．ジャジャ王は，内陸部とヨーロッパとのパーム油（蝋燭・石鹸の原料．機械の潤滑油）取引を独占し，国を繁栄させた．オポボ国に対して，イギリス人貿易商は内陸部との直接貿易を要求するようになり，武力に屈する形で，ジャジャ王はそれを認めた．当時のイギリス副領事ジョンストンは，これだけでは飽きたらず，ジャジャ王を騙して会談に招き，その場で逮捕し，ゴールド・コーストのアクラで裁判にかけ，西インド諸島のセント・ヴィンセント島に流刑とした（この裁判の正当性については，イギリス本国でも問題とされた）．ナイジャー・デルタ西部，ベニン・ワリ川一帯を支配していたイツェキリ（Itsuekiri）人の商業王ナナも，1894年，条約違反を理由に討伐され，追放された．このように，武力と，現地の王と締結した「保護領条約」の恣意的解釈によって，イギリスはナイジェリア人の王たちを倒していったのである．

#### オバサンジョ軍事政権の民政移管プロセスにおける破壊
　「法の支配」を守らない軍の手法は，国家に反抗した人びとを鎮圧するとき以外にも発揮された．軍の既得権益を守るときである．オバサンジョ軍事政権（1976-79年）の民政移管プロセス最終段階である大統領選挙において，得票数第1位の候補を当選とするかについて，憲法解釈の問題が生じた．第二共和制

表7-3 第二共和制大統領選挙結果

| 州名 | 投票数（人） | シャガリ得票率（％） | アオロオ得票率（％） |
|---|---|---|---|
| アナンブラ | 1,209,039 | 13.50 | 0.75 |
| バウチ | 998,683 | 62.48 | 3.00 |
| ベンデル | 669,511 | 36.19 | 53.23 |
| ベヌエ | 538,879 | 76.38 | 2.57 |
| ボルノ | 710,968 | 34.71 | 3.35 |
| クロス・リヴァー | 661,103 | 64.40 | 11.76 |
| ゴンゴラ | 639,138 | 35.52 | 21.67 |
| イモ | 1,153,355 | 8.80 | 0.64 |
| カドナ | 1,382,712 | 43.12 | 6.68 |
| カノ | 1,220,763 | 19.94 | 1.23 |
| クワラ | 354,605 | 53.62 | 39.48 |
| ラゴス | 828,414 | 7.18 | 82.30 |
| ナイジャー | 383,347 | 72.83 | 3.69 |
| オグン | 744,668 | 6.23 | 92.61 |
| オンド | 1,369,849 | 4.19 | 94.51 |
| オヨ | 1,396,547 | 12.75 | 85.78 |
| プラトー | 548,405 | 34.73 | 5.29 |
| リヴァース | 687,951 | 72.65 | 10.33 |
| ソコト | 1,348,697 | 66.59 | 2.52 |
| 総数 | 16,846,633 | 5,688,857（人） | 4,916,651（人） |

（出所）Ollawa [1989: 139] より筆者作成．

憲法第125条b号と第126条第1項b号及び第2項b号は，大統領候補者が，「連邦の3分の2以上の州で，25％以上の得票率」を確保しなければならないと定めている．特定の地域（民族）から支持されるのではなく，全国的に支持を得た大統領をナイジェリアが必要としていたからである．

当時は19州制であったため（地図7-2参照），19州のうちの3分の2の州で25％以上の得票率が必要であった．表7-3に示したように，総獲得票数はシャガリが第1位であったが，25％以上の得票率を確保した州の数は，12州しかなかった（第2位のアオロオは6州）．19州の3分の2を単純に計算すると12.66となり，13州で25％以上の得票率を得ていることが必要なはずであった．しかし，連邦選挙委員会も最高裁判所も，シャガリを当選者と認めた．「19州の3分の2で25％以上の得票率」というルールを「12州で25％以上を確保し，13番目の州で，3分の2×25％＝6分の1の得票率」を確保すればよいと解釈したのである．

この解釈は軍の保身のためであった．その証拠に，オバサンジョ（ヨルバ人）は，

政権移譲の前日,「13州で25％以上の得票率を得ること」と,憲法規定の再解釈を行った［Ajayi 2007: 127］．オバサンジョは,なぜ憲法解釈を歪めてまで,アオロオ（ヨルバ人）ではなく,シャガリ（フラニ人）を大統領にしたかったのだろうか．アオロオは,大統領就任後,軍政の不正を暴くと言われており,シャガリは,軍政の過去を調査しないと約束していた［Ajayi 2007: 127-128］．蓄財と無縁ではなかったオバサンジョ軍事政権が,シャガリを選んだのは当然であり,そのために憲法解釈が歪められたのである．

●注

1) 例えば, Pfaff［1995: 2-6］は,信託統治制度の復活を提案した．このパフの提案に反対するナイジェリア元外相の新聞（*The New York Times*）への投稿をネット上で読むことが出来る．植民地時代のヨーロッパの蛮行（barbarism）を指摘し,アフリカで新しい信託統治を行うなら北欧諸国とカナダに任せ,他方でアフリカに,北アイルランド,ボスニア,チェチェン,米国の南部（1996年においても黒人教会が放火される）に対する信託統治制度をデザインさせてほしいという文章で終わっている（http://www.nytimes.com/1996/06/07/opinion/07iht-edlet.t_12.html, 2015年1月25日閲覧）．

2) 北部ナイジェリア保護領と南部ナイジェリア保護領の合併には,経済的に豊かな南部と合併することによって,貧しい北部を救済するという目的があった．

3) 独立の3年前の1957年,北部では,小学校が2080校（18万5484人）,中等学校が18校（3643人）であるのに対し,南部では,小学校が1万3473校（234万3317人）,中等学校が176校（2万8208人）であった［Ngou 1989: 84］．

4) 北部軍による第二次クーデターは,（第一次クーデターを引き起こした）イボ人への報復と北部の分離独立を意図したものであり,北部と首都ラゴスを含む南西部では,駐屯軍が北部出身将校の下におかれ,南東部人に対する殺戮が行われた．

5) ルガードが攻め込んだ当時のスルタンである（かつ最後のカリフとなった）Attahiru Ahmadu はイギリスに屈せず,ソコトを離れたが（ヒジュラ）,追撃したイギリス軍に敗れ,1903年に殺害された．ルガードは, Attahiru が去った後,次のスルタンを選ばせた（Muhammadu Attahiru Ⅱ）．詳しくは, Oyewole and Lucas［2000: 81］を参照のこと．

6) 植民地時代及びそれ以前のイボ人の王国についての文化人類学者の調査と議論については, Dike［1991: 105-119］を参照のこと．アフリカの伝統的な民主主義の事例としてしばしば挙げられるのが,ナイジェリア南東部の主要民族であるイボ人の社会である．「それぞれの村の運営は男性たちが集まる集会によって行われた．この集会にはすべての成人男性が参加し,発言する権利を持っていた．特定の個人が権威を独占することはなかった」（詳しくは Afigbo［1972］,松本［2008］を参照）．南東部でイボ人女性を中心として（イビビオ人など他民族の女性を含む）1929年に起こった「アバの女性戦争」は,伝統的に女性が享受してきた非課税の権利を無視しようとした植民地政府とその代理人

である「委任状首長」(前述のようにイボ社会は直接民主制であったため, 間接統治の相手方となる伝統的首長がおらず, 社会で尊敬を集めていない人物がイギリスから任命された)への反乱であり, この鎮圧に苦労したイギリスは文化人類学者を動員してイボ人社会を研究し, この地域での間接統治政策の見直しを行った. アバの女性戦争については, Falola and Paddock [2011] と Matera, Bastian and Kent [2011] などを参照のこと.

7) 2009年9月24日, 米国の連邦政府諮問機関である米国国際宗教自由委員会 (U.S. Commission on International Religious Freedom: USCIRF) の委員長の発言 (http://www.uscirf.gov/advising-government/congressional-testimony/testimony-uscirf-chair-leonard-leo-prospects-justice-in, 2015年1月26日閲覧).

8) Human Rights Watch, "Nigeria: Post-Election Violence Killed 800," (May 17, 2011), (http://www.hrw.org/news/2011/05/16/nigeria-post-election-violence-killed-800, 2015年1月26日閲覧).

9) THISDAY, "Nigeria: 2003: Buhari Urges Muslims to Vote Upholders Islam," (http://allafrica.com/stories/200201210250.html, 2015年1月26日閲覧).

10) 2009年センサスにおいて, 民族別人口が明らかになったが, ソマリ人の人口の増加が突出して多くなった結果は信用できないとされたため, 本章では紹介しない. 2007年の時点で, ケニアの人口約3700万人中, ソマリ人は2％を占めていた [BBC 2008].

11) 1907年, 条約により, イギリス東アフリカ保護領とエチオピアとの国境が画定した.

12) ソマリ人の西進からオロモ人を守るため, 植民地時代, イギリスは, Somali-Galla Line (Galla はオロモ人の蔑称) を引いて, 両者の領域を区別し, 互いに境界線を越えることを許さなかった (地図7-4参照). ただし, Adjuran は越えることを許され, 別途 Adjuran-Galla Line が引かれた [Northern Frontier District Commission 1962: 5]. Sakuye はこれらの境界線の制限を受けなかった. ムスリムのオロモ人は, 独立時にソマリ人側についている.

13) Boran, Gabbra, Sakuye, Orma などから成る.

14) 冷戦とは関係ないが, 行き来ができなかったという意味で, NFD を語るときにしばしば用いられる表現である.

15) 第一次世界大戦後, ソマリ人懐柔のため, 政策転換を図るべく調査隊が NFD に派遣されたが, 水資源の確保など重要な報告書が提出されたにもかかわらず, 植民地省も植民地政府も動かず, この地域の経済的停滞を招いた. さらには, 第二次世界大戦中, ケニア総督 (Sir Philip Mitchel) は, NFD 住民の戦争協力の見返りとして, 水供給, 医療, 教育, 取引施設 (trade facilities) などを含む500万ポンドもの投資を約束していたが, 結局実現されることはなかった [al-Safi 1995: 34-36].

16) 1879年, ゴールディ主導で, ニジェール川流域で活動していたミラー兄弟商会 (グラスゴー), ピノック商会 (リヴァプール), 西アフリカ商会 (マンチェスター), 中央アフリカ貿易会社 (ロンドン) の4社が合併し, 連合アフリカ会社が生まれた. 1882年にナショナル・アフリカ会社に改組後, 1885年, ソコト (Sokoto) とゴンド (Gondo) のエミールとの間に条約を締結した. 1886年に特許を与えられ, RNC となったが, 他の

イギリス人商人との競争に加えて，西のフランス，南東のドイツと対峙していた．RNC が植民地省に提出した小史は Partridge and Gillard eds. [1996b: 101-106] を参照．1889年12月31日，特許状が取り消され，イギリス政府は86万5000ポンド（当時）を RNC に補償金として支払った．ナイジャー会社は1920年にリーヴァ（Lever）兄弟社によって買収．さらなる合併によりユニリーヴァ社となる．

17) イギリス人将校5名，アフリカ人准尉2名，400人の兵員（主にゴールド・コーストのファンティ出身）から構成されていた [Obasanjo 1987: 36]．1897年7月のゴールディの手紙（外務省への返信）では，約1000人の部隊になっている [Partridge and Gillard eds. 1996a: 53]．

18) 王立ナイジャー保安隊は，例えば，1897年に，ヌペ（Nupe）とイロリン（Ilorin）を破壊するなど，首長国を制圧していった [Ishichei 1987: 139]．

19) 例えば，伝統的交易を維持したいと望むナイジャー・デルタのブラス（Brass）川流域の住民に高額な税を課したため，困窮状態に陥ったブラスの人びとは，1895年，飢えて死ぬより戦って死ぬことを決意し，過酷な仕打ちを続けた RNC の軍事施設があるアカッサ（Akassa）を襲撃した [Ishichei 1987: 138-139]．イギリスによる「懲罰的遠征」はアカッサの虐殺（Akassa massacre）と呼ばれ，後の報告書では，ブラスの人びとの主張の正当性が認められている [Oyewole and Lucas 2000: 55-56]．

20) RNC，植民地省，外務省との手紙のやりとりから，その緊迫した状況が読み取れる [Partridge and Gillard eds. 1996a: 52-59]．

21) ルガードは，元軍人であり，1894年からしばらく RNC に雇用され，地域の首長との条約締結を進めた．総督として，イギリスの間接統治方式を北部ナイジェリアで完成させたことで有名である．1898年6月には，植民地相からルガードに対して，WAFF の活躍に感謝する手紙が送られている [Partridge and Gillard eds. 1996a: 264]．

22) ルガードが北部で創設した軍と王立ナイジャー保安隊が前身．詳しくは Miners [1971: 12] を参照．

23) ルガードはカリフは廃止したが，間接統治のためにスルタンは残した．

24) このハウサ・保安隊は，後に WAFF の「ラゴス大隊（Lagos Battalion）」となり，1905年に南部ナイジェリア第二連隊，1911年に南部ナイジェリア連隊となり，1914年にナイジェリア第三及び第四連隊となった [Downes 1919: 7]．

25) 1180年に建国されたといわれるが，ベニン帝国と呼ばれるのは1440年から1897年である．15世紀までに安定した豊かな国になった．ブロンズ美術で有名．1516年，王の命により奴隷貿易禁止．1700年代に再開するも，奴隷市場において主要な供給者にはならなかった．1897年オヴェラミ王は，カラバールに追放され，1914年にそこで亡くなった．オバの地位は継承され，Oba Erediauwa（1979年-）が現在のオバである．

26) 1914年に南北ナイジェリア保護領が統一されたため，北部ナイジェリア連隊と南部ナイジェリア連隊は「ナイジェリア連隊（Nigeria Regiment）」となった．

27) Ugboma 中尉，Bassey 中尉，Aguiyi-Ironsi 中尉，Ademulegun 中尉である．その後，ゴールド・コースト（現在のガーナ）のテシ（Teshie）に Regular Officers' Special Training School が建設され，RWAFF の将校候補者はここで6カ月の訓練を受け，そ

の後イギリスに渡るようになった．1960年の独立までに，Nigerian Military Training College Kaduna が，テシの訓練学校の機能をすべて受け継いだ．

28）1958年以来，軍の採用は，北部州出身者が50％，東部州出身者が25％，西部州出身者が25％という「割り当て制」によって，空席補充されていたが，実際には，北部州への割り当てはハウサ人・フラニ人ではなく，ミドルベルト地域の諸民族（Tiv, Idoma, Igbirra, Birom, Angas）が60％（軍全体の40％）を占め，西部州への割り当ても，ヨルバ人よりも中西部出身の少数民族が多かった．東部州出身者はイボ人が多かった．独立後の割り当て制については，注36を参照．

29）例えば，ミドルベルトの都市ジョスで2008年11月に起きた暴動について，国際人権 NGO の Human Rights Watch は，死者が700人を超えたことについて，治安部隊による殺戮があったことを指摘している（第9章参照）．

30）http://kenyasomali.blogspot.jp/2008/10/duale-censures-waki-reports-on-wagalla.html（2015年1月20日閲覧）．

31）For the Commission, it is shocking, disturbing and unbelievable that President Moi would describe an event that culminated in the loss of at least 57 lives as a saga that 'came to a happy ending' (Truth, Justice and Reconciliation Commission（以下，TJRC），*Kenya Report of the Truth, Justice and Reconciliation Commission*, 2013, Vol. II (A), p. 366 (http://www.kenyamoja.com/tjrc-report/, 2015年1月23日閲覧）．

32）http://sabahionline.com/en_GB/articles/hoa/articles/features/2012/11/21/feature-01（2014年5月26日閲覧）．

33）2011年10月から2012年3月まで，国際人権 NGO である Human Rights Watch は，北東部州（当時）における人権侵害について調査を行い，ガリッサ，ワジア，ダダーブと首都のナイロビで，ケニア国籍のケニア人とソマリア国籍のソマリ難民に，2011年11月から2012年2月までに治安部隊から受けた人権侵害についてインタビューを行った．詳細は Human Rights Watch ［2012］の報告書を参照のこと．

34）クーデターの実行者であるンゼオグはイボ人ではなく北部人として，軍の中では扱われており，1966年1月のクーデターを「イボ人の利益のため」とする解釈を否定する説もある［Obiezuofu-Ezeigbo 2007: 256-261］．

35）1966年1月のクーデターの目的として，他の説明もある．西部州危機で逮捕されたヨルバ人政治家アオロオを救出し暫定政権の首相に据えることだったというものである［Obiezuofu-Ezeigbo 2007: 266］（Okocha, E., "Nigeria: January 15 And the Martyrdom of Kaduna Nzeogwu," *Vanguard*, 15 January 2009 (http://allafrica.com/stories/200901150380.html?viewall=1, 2015年1月21日閲覧）．

36）バレワ政権下において，軍のリクルートは，植民地時代の割り当て制を踏襲し（注28参照），北部州出身者が50％，東部州出身者が25％，西部州出身者が25％（西部州から中西部州が分かれた後は，西部州21％，中西部州4％となった）という割合が維持されるように空席補充されていた（実際には，北部州出身者は支配民族であるハウサ＝フラニ人ではなく，ミドルベルト地域の諸民族（Tiv, Idoma, Igbirra, Birom, Angas）が60％（軍全体の40％）を占め，西部州出身者も，ヨルバ人よりも，中西部州出身の少数民族

が多かった．東部州出身者は，東部州の支配民族であるイボ人が多かった）．アデカネは，バレワ政権が行った，このような割り当て制は，単一指揮系統，中央集権，規律，コミュニケーション・ネットワーク，軍隊精神，武力の集中化といった軍隊として必要な機能を阻害し，命令系統が複数あり，妥協し，コミュニケーションも図れず，武力が分散するといった状況を生み出したと主張する．

バレワ政権が行った「割り当て制」は，第二共和制憲法及び第四共和制憲法の federal character 条項につながる．この制度は，レイプハルトが提唱した「多極共存型民主主義理論」の「比例制原理」そのものである（第1章参照）．「割り当て制」が軍の単一指揮系統を乱したことは，制度の問題ではなく，次に述べるように，政治エリート達が，「国の統一の維持に対して少なくとも何らかの責任を」[Lijphart 1977: 53] 感じることなく，政治闘争に勝つ道具として，政治家が軍を利用したことにあると筆者は考える [Adekanye 1989: 188; 190; 191-193; 199]．

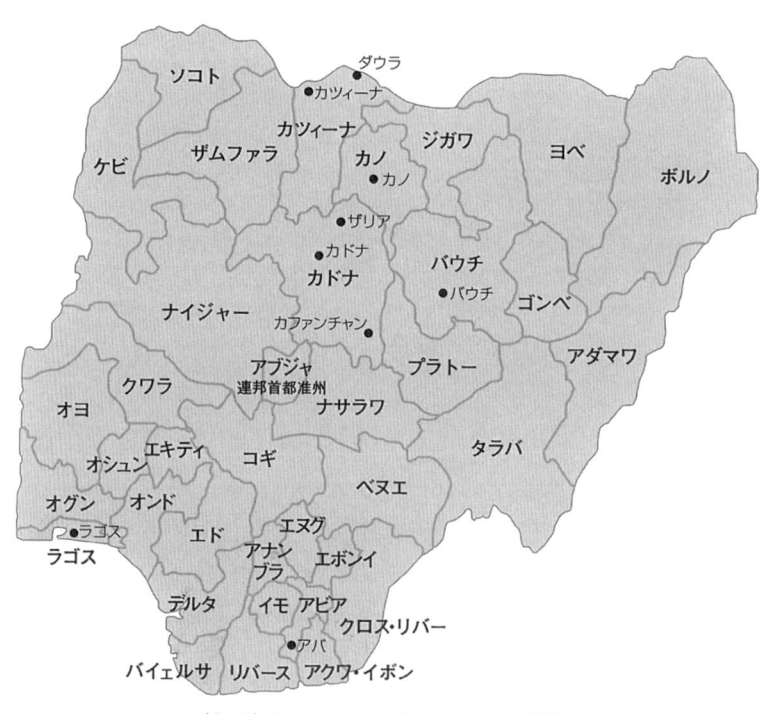

〈参考〉現在のナイジェリアの36州制

(出所) 戸田 [2013：119]．

## COLUMN 3　　　　　　　　　　　　　　　　子ども兵

　アフリカの紛争で，しばしば問題になるのが，「子ども兵」である．子ども兵とは，軍隊や武装集団に関わる18歳未満の子どもたちである．食糧や保護を得るため，もしくは復讐のために自ら参加する場合もあるが，多くは村から拉致・誘拐され，男の子なら兵士や後方の物資運搬人に，女の子なら兵士や下働き以外に大人の兵士の性的奴隷にされている．このような18歳未満の子ども兵は，現在，世界で25万人もいるといわれている．子どもたちは，誘拐され，兵士や性的奴隷にされている間だけではなく，紛争終結後も苦しんでいる．心の傷を癒し，村に帰り，普通の生活を送れるようにすることは，容易ではない．

　どうして，子どもが兵士になることができるのだろうか．第一の理由は，軽火器の普及である．以前の兵器は子どもには重過ぎて使えなかった．しかし，旧ソ連で開発されたAK-47（カラシニコフ）のような軽火器が普及したことにより，子どもたちも銃を管理し操作できるようになったことである．第二の理由は，子どもは大人より従順なため，兵士として使いやすく，また，地雷原で部隊の先頭を歩かされるなど，消耗品とみなされることが少なくないことである．

　国際社会には，子ども兵を禁じる取り決めがすでに存在している．コラム1で紹介した「子どもの権利条約」と「ILO第182号条約」がそれにあたる．子どもの権利条約第38条は，15歳未満の子どもの敵対行為への直接的な参加を禁じている．ILO第182号条約は，18歳未満の子どもの徴兵を「最悪の形態の児童労働」とし，即時撤廃を求めている．これらに加えて，「子どもの権利と福祉に関するアフリカ憲章」（1999年に採択）は18歳未満の子ども兵を禁じ，「武力紛争への子どもの関与に関する子どもの権利条約の選択議定書」（2000年に国連総会で採択）も，18歳未満の子どもの徴兵と敵対行為への参加を禁じている．

　さらには，「国際刑事裁判所（International Criminal Court: ICC）に関するローマ規定」（1998年に採択，2002年に発効）は，15歳未満の子どもを軍隊もしくは武装集団に強制的に徴集もしくは志願に基づいて編入し，または敵対行為に積極的に参加させることを「戦争犯罪」と規定している（第8条）．

　2012年7月10日，ICCは，コンゴ民主共和国北部のイトゥリの民兵組織である「コンゴ愛国者解放戦線（Forces Patriotiques pour la Libération du Congo: FPLC）」の司令官（当時）であり，「コンゴ愛国者同盟（Union des Patriotes Congolais: UPC）」の創設者であり議長であるトマ・ルバンガ・ディロ（1960年生まれ．ヘマ（Hema）人）に対して，2002年から2003年に，15歳未満の子どもをUPCの軍事組織であるFPLCの兵士として徴募し，敵対行為に積極的に参加させた「戦争犯罪」の罪で，禁固14年の刑を言い渡した（検察側は禁固30年を求刑）．2014年12月1日，上訴裁判部で判決が確定した．

●注
1) http://www.icc-cpi.int/iccdocs/PIDS/publications/LubangaENG.pdf，(ICC：英語)，http://www.hurights.or.jp/archives/newsinbrief-ja/section3/2012/07/post-76.html（ヒューライツ大阪：日本語）(2015年1月6日閲覧).

## COLUMN 4　　　　　　　　　　　　　　　　冷戦の代理戦争

　冷戦（Cold War）とは，第二次世界大戦後の世界を二分した，アメリカ合衆国を頂点とする西側陣営（資本主義）と，ソビエト連邦を頂点とする東側陣営（社会主義）とのイデオロギー対立である．米ソが直接衝突する戦争ではなかったため，武力衝突を意味する「熱い」戦争に対して，「冷たい」戦争と呼ばれた．ただし，「冷たかった」のは米ソの間の話であり，「南」の世界では，「代理戦争」が繰り広げられた．アジアでは，朝鮮戦争やベトナム戦争が，アフリカでは，モザンビーク内戦やアンゴラ内戦が「冷戦の代理戦争」であった．1975年に独立したモザンビークは，東側陣営に入り，ソ連の支援を受けた．そのモザンビーク政府を潰すために，米国は反政府勢力「レナモ」を支援した（第7章参照）．米国とソ連が直接対決するかわりに，モザンビーク人が互いに殺しあったのである．

## COLUMN 5　　　　　　　　　　　　　　　　国際刑事裁判所

　コラム3に登場した「国際刑事裁判所（International Criminal Court: ICC）」は，国際社会全体の関心事である最も重大な犯罪（「集団殺害犯罪（ジェノサイド罪）」，「人道に対する犯罪」，「戦争犯罪」，「侵略犯罪」）を犯した「個人」を，国際法に基づいて訴追し処罰する常設の裁判所である．関係国に被疑者の操作と訴追を行う能力や意思がない場合にICCの管轄権が認められる（補完性の原則）．また，ICCの管轄権は，ICC規定（コラム3参照）が発効した2002年7月1日後に行われた犯罪に限定される．

　これまでICCが捜査した事件は，コンゴ民主共和国政府やウガンダ政府，中央アフリカ政府，マリ政府が付託したもの以外に，安全保障理事会から付託されたもの（スーダンのダルフール，リビア），ICCの予審裁判部が許可した検察官の捜査によるもの（ケニア，コートジボワール）も，すべてアフリカが対象であり，アフリカ諸国からは差別的であるとして，当初は強い不満の声が上がっていた．事前調査は，2015年1月5日現在で，アフガニスタン，コロンビア，ナイジェリア，グルジア，ギニア，ホンジュラス，イラク，ウクライナで行われている．詳しくはICCのHP，もしくは外務省のサイトな

どを参照のこと.

● 注
1) *New African*, No 484, May 2009 などを参照.
2) http://www.icc-cpi.int/EN_Menus/icc/Pages/default.aspx（2015年1月6日閲覧）.
3) http://www.mofa.go.jp/mofaj/gaiko/icc/（2015年1月6日閲覧）.

# 第8章　ソマリ人の経験
―― 民族の分断，冷戦の代理戦争，民主化が生んだ内戦，
「テロとの戦い」が生んだ紛争 ――

　「アフリカの角」に住むソマリ人は，長い戦闘に疲れ果てている．ソマリアは，1991年にシアド・バーレ政権が倒されて以来，全土を支配する政府が存在せず，旱魃に際して住民に水や食料を供給出来ずに周辺国に難民を流出させ，海賊やテロ組織などグローバル・イシューを生んでいる．2011年10月，ケニア軍は隣国ソマリアの南部を実効支配しているアル・シャバブを壊滅させるために侵攻した．以降，ケニアのソマリ人もアル・シャバブによるテロ事件に巻き込まれている．

　「アフリカの角」に住むソマリ人の経験を通して何を学ぶことが出来るのか．「アフリカの角」のソマリ人居住地域がヨーロッパとエチオピアによってどのように分割されたのか．その結果，ソマリ人はどのような植民地経験をしたのか．ソマリアの歴史とケニアに住むソマリ人の苦難の過去から，植民地化の遺産としての戦争，欧米の無責任な民主化要求による破綻国家の誕生，テロ組織結成に対する国際社会の責任など，他地域と比較することが出来る要因を抽出することが出来る．まず「アフリカの角」に住むソマリ人居住地域の分割の話から始めよう．

## 1　ソマリ人居住地域の分割

　地図8-1の斜線部がソマリ人の居住地域である．植民地時代，遊牧を生業とする人びとがそれまで自由に行き来していたこの地域は，イギリス領ソマリランドとイタリア領ソマリランド（別々に独立した後合併し，現在のソマリア共和国となる），フランス領ソマリランド（現在のジブチ），エチオピアのオガデン地方，イギリス領ケニアの北部辺境地域（Northern Frontier District: NFD）（第6章・第7章参照．ケニアの旧北東部州にほぼ該当．旧北東部州は憲法改正により，現在はマンデラ郡，

地図8-1　ソマリ人の居住地域（斜線部）

(出所) http://www.mapcruzin.com/free-maps-africa/horn_of_africa_rel_1972.jpg（2015年1月29日閲覧）より筆者作成.

ワジア郡，ガリッサ郡となった）に分割され，牧草地を求める遊牧民の移動が制限された．ソマリ人はクラン[1]に属しているが[2]，独立後も，同じクランの人びとが複数の国に分断されてしまったのである．

　1905年，初代ケニア総督であったエリオット卿は，「ケニアの他地域の住民とソマリ人は異なっているのであるから，もしソマリ人の住む地域を切り取ることができるなら，それらの地域を別の政府にすることは素晴らしい」という意見を表明している[3]（UK Parliament）．エリオット卿の意見が実現していれば，次節で述べるように，ケニア独立後の「シフタ」戦争で多くの人命が失われる必要はなかったし，第7章で説明したように，一般市民が1980年代の虐殺を経験することもなかっただろう．

## 2 「シフタ」戦争

　1960年は「アフリカの年」と呼ばれるが，ヨーロッパ列強が恣意的に引いた国境線を維持するという原則の下，アフリカの国々は次々と独立を果たした．ケニアのNFDのソマリ人は隣国ソマリア共和国の一部となることを願ったが，宗主国イギリスをはじめとする大国はそれを認めず，ジョモ・ケニヤッタ（ケニアの主要民族であるキクユ人．第2章・第3章を参照）など，植民地政府が行った開発と西欧式教育の恩恵をある程度受けた独立の指導者たちも，NFDを失い国土面積が減ることに同意はしなかった．[4] NFDはケニアの州となり，1963年にケニアはイギリスから独立した．NFDの人びとはケニアからの分離とソマリアへの編入を要求して分離独立戦争を始め，そして敗北した．政府見解では死者2000人，非公式には死者7000人とされている．[5]

### (1) ソマリア共和国への併合要求

　1943年にイタリア領ソマリランド（当時，イギリスが占領中）で結成されたソマリ青年クラブ（Somali Youth Club）は，1947年にソマリ青年連盟（Somali Youth League：SYL）に名称変更し，その支部がNFDにおかれた．「アフリカの角」にあるソマリ人地域全体を一国として独立することを主張したが大国の同意は得られず，1948年にイギリスはNFDでのSYLの活動を禁止し，メンバーは徹底的に弾圧された．1960年，イタリア信託統治地域ソマリアと英領ソマリランドがそれぞれ独立後に合併し，ソマリア共和国が成立して以降，NFDのソマリ人はケニアからの分離とソマリア共和国への編入を要求し続けた．

　1960年，NFDで北部州人民進歩党（Northern Province People's Progressive Party：NPPPP）が結成された．ソマリ人が主導し，レンディーレ人，イスラーム教徒のオロモ人が支持した．イスラーム教徒のオロモ人であるワコ・ハピが議長，レンディーレ人のアレックス・コルコーレが副議長となり，ケニアから分離してソマリアへの編入を目指した．これに対抗して分離独立に反対するオロモ人が北部州統一協会（Northern Province United Association：NPUA）を結成し，両者が対立した．

　1962年2月に第2回ランカスター・ハウス会議（制憲会議．於：ロンドン）が開かれた時，NFDの代表（ただし，ソマリ人の意見を代弁）は，憲法が制定される前

にNFDに自治権を与え，ケニア独立と同時にソマリア共和国に併合されるように要望した．しかし，会議では，ジョモ・ケニヤッタ率いるケニア・アフリカ人国民同盟（Kenya African National Union: KANU）など，ケニアの主要政党は，NFDの分離独立に猛反対した．

イギリスは，NFD委員会（Northern Frontier District Commission）を設置し，ケニア国内で詳細な聞き取り調査が行われ，NFD住民の多数派が独立を希望しているという結論が出た．しかし，NFD委員会の報告書は採用されず，「選挙区及び地域境界委員会（Constituency and Regional Boundaries Commission）」が新たに設置され，1963年3月，イギリスは，NFDをケニアの7番目の州にすることを宣言した．NFDの大部分の住民にとってはイギリスの裏切りであり，これに反発したソマリア共和国は，イギリスとの外交関係を断絶している（UK Parliament）．

この決定の後，1963年4月3日，イギリス議会（貴族院）で，リットン伯爵は，NFDのケニア残留を再考すべきであると動議を提出している．「ソマリ人が多数派を占めている地域においてソマリ人が1つの国を形成することは不合理ではない」と発言したのである．結局動議は取り下げられたが，リットン伯爵は，イギリスの選んだ政策が「ケニアを殺戮と暴力に導く」と，「シフタ」戦争を予言した[7]．

1963年5月に総選挙が行われたが，NFD東部は全面ボイコットし，イシオロ県では，分離独立派が反独立派の投票を阻止しようとして暴力事件が起こり，警察が介入した．数人のソマリ人が殺害され，多くが逮捕された．NPPPPの議長と副議長も，裁判なしで拘留された．

NFDの住民の中で，イスラーム教徒の人びと（主にソマリ人）は，キリスト教徒が支配するケニアに統合されることに不安を抱いており，それがソマリアへの統合要求，ケニアの総選挙のボイコットにつながったと言われており[Aguilar 1996: 7-8]，イギリスによる分割統治政策が生み出した「同朋意識の欠如」という遺産をみることができる．

### (2) 分離独立戦争の開始

1963年12月12日，ケニアは独立した．独立から約2週間後，ケニア政府は北東部州（当時．1966年に旧NFD全体）に非常事態宣言を出した．旧NFDのソマリ人がケニアからの分離とソマリアへの併合を武力で実現しようとしたからで

ある。ソマリ人にとっては分離独立戦争であるが，ケニア政府にとっては「シフタ（盗賊）」が起こした反乱であり，「シフタ」戦争（Shifta War: 1963-67年）[8]と名付けられた．1964年には，イギリス軍がケニア軍と共に旧NFDに展開した．第2章で述べたように，同年12月，ケニヤッタ政権は，1963年憲法（州に大幅な自治権を与えた独立直前の憲法）を改正し，公務員を中央政府の権限下に置き，地方に対する強い行政権を付与した1964年憲法を成立させた（同時に英連邦内の共和国となった）．新憲法は，大統領が北東部州を「命令（decree）」によって支配する権限を認めた（第127条）．

「シフタ」戦争が1967年に終結したにもかかわらず1991年まで続いた非常事態宣言は，旧NFDにおける数々の人権侵害と疎外と低開発を引き起こした．非常事態宣言下では，国家の安全を脅かしたものは死刑に処せられ，国境から8キロメートル（1966年には24キロメートルに拡大）の「禁止区域」では，治安部隊の兵士は射殺まで許可されていた［Aguilar 1996: 15; n. 791; Chau 2010: 71-72］．1966年の北東部州および隣接諸県規則（North Eastern Province and Contiguous Districts Regulations）は，令状のない捜査，裁判なしの拘留，火器の不法所持に対する死刑，特別法廷の設置，国境付近の「禁止区域」の設置および違反者への終身刑を認めた［Human Rights Watch 2009］．そして，「シフタ」戦争の間に起きた兵士らによる人権侵害について被害者が訴訟を起こすことを制限した1970年の免責法（Indemnity Act）[9]は，2010年2月1日付で廃止されるまで続いた［Republic of Kenya 2010: 55-57］．

「シフタ」対策として，ケニア政府は，旧NFD各地に「強制収容所（concentration camp）」を設置した．後述する真実正義和解委員会の公聴会においては，家屋に放火され略奪された一般住民が強制収容所に送られ，ケニア軍による強姦，暴行，拷問の被害にあったことが数々の証言によって明らかになった．[10]

人口集中による過放牧と旱魃により，家畜の大量死が起こり，また治安部隊に家畜を奪われた結果，住民は困窮化していった．[11]1971年の国連開発計画／国連食糧農業機関（UNDP/FAO）のワーキング・ペーパーは，旧NFDのイシオロ（現在のイシオロ郡）において，1963年から70年の間に，ラクダが95％減少（20万頭から6000頭に），小型家畜が90％減少（50万頭から3万8000頭に），牛が7％減少（15万頭から14万頭に）と報告している［UNDP/FAO 1971］．[12]また，後述する真実公正和解委員会の報告書には，同様のことがガリッサ県でもあり，93％のラクダ，68％の牛・羊・ヤギの損失があったことが記載されている．[13]貧しい地域に住む

人びとが，政府によって，貧困の最底辺に落とされたのである．

## 3 冷戦の代理戦争
——オガデン戦争——

　冷戦時代の1969年，クーデターによりソマリア共和国（以後，ソマリア）の実権を握ったバーレは，1991年まで20年以上ソマリアを支配した[14]．1970年には「科学的社会主義」路線を提唱し，ソマリ人社会を強く規定しているクラン重視の政治から脱却し，汚職や縁故主義がはびこる政治からの脱却を目指した．また，男尊女卑の傾向が強いソマリ人社会において，女性の地位向上を目指した施策を行ったことも注目に値する[15]．バーレは，当初，クラン重視の政治からの脱却を目指したが，オガデン戦争（1977-78年）敗北後の政権基盤の弱体化に際して，バーレ自身が自己のクラン（マレハン：Marehan）を中心に特定のクランを重視しており，クラン政治を自ら復活させてしまい[16]，権力から疎外されたクランからの反発があった．

　バーレ政権が社会主義政策を採ったことから，ソマリアは東側陣営の一員としてソ連から援助を受けていた．また，バーレは，アフリカの角に居住するソマリ人の統一国家建設を目指していた（大ソマリ主義．パン・ソマリズムともいう）．

　エチオピアのオガデン地方では，1963年，家畜税に反発したソマリ人が多数殺されるなど，ソマリ人への弾圧が続き，エチオピアとソマリアとの関係が悪化していた．そして，1977年8月，ソマリア正規軍3万5000人と西ソマリア解放軍（Western Somali LiberationFront: WSLF）民兵1万5000人がエチオピアに侵攻し，オガデン地方の係争地ほぼ全土を占領した．

　しかし，ソマリアと友好関係にあったソ連が革命後社会主義政権となったエチオピア側につき[17]，バーレが期待していた米国の支援もなく，1978年3月，ソマリア軍はエチオピア・ソ連・キューバ軍の進軍により敗走し，このオガデン戦争の敗北がバーレ政権の基盤を崩し始めた．他方，ケニアにとっては，この戦争によって，多数のソマリ人難民と武器が国内に流入することとなった．

## 4 民主化要求が生んだソマリア内戦

　オガデン戦争の敗北により政権が弱体化したソマリアでは，1980年代には反

政府勢力が台頭し，疫病による家畜の輸出減少は経済危機を加速させた．冷戦終結により，西側の同盟国であった独裁者たちは援助を減らされ，それまで問われなかった人権侵害にも制裁が課されるようになった．ソマリアも，人権侵害を理由に，1990年には海外からの援助が停止された．クライアントに配分する資源を失ったバーレ政権は急速に衰退し，1991年1月バーレは反政府勢力によって追放された[18]．

ソマリア国民にとって不幸だったことは，バーレの後継者に誰がなるべきかについて，反政府勢力内で合意が出来ず，再び内戦状態になったことである．ソマリア[19]に対して，1992年12月，国連の安全保障理事会は決議794を採択し，米国は「希望回復作戦」と銘打った人道的介入を開始した．米軍2万6000人と20カ国から送られた1万人の部隊から成る「統一タスクフォース (United Task Force: UNITAF)」がソマリアに派遣された．1994年3月26日，安全保障理事会は決議814を採択し，米軍主導の希望回復作戦から，第二次国連ソマリア活動 (United Nations Operation in Somalia II : UNOSOM II) に移行した．1993年6月6日，安全保障理事会は決議837を採択し，6月5日のパキスタン兵襲撃事件の首謀者であるアイディード将軍の逮捕を目的とした軍事活動を開始した．ここで，国連も米軍も中立の立場を放棄し，紛争の当事者となってしまったのである．

アイディード将軍への逮捕状は，モガディシュ市民からの反発と武装勢力の激しい抵抗を呼び起こし，10月3日，アイディード派の軍隊によって，18人の米軍レンジャー部隊兵士が殺害された[20]．遺体がモガディシュ市民によって引きまわされている映像に対し，米国世論が強く反発した結果，米国は1994年3月までに軍隊をソマリアから撤退させることを決定し，他国もこれに追随した結果，1995年3月には国連PKOは完全に撤退した．

国連PKOの失敗後，何度も暫定政府が樹立されたものの未だに全土に支配権が及んでいない「崩壊国家」状況が続いてきた．20回近く和平への試みが行われ[21]，「政府間開発機構 (Intergovernmental Authority on Development: IGAD)[22]」が進めた和平プロセスの結果，「暫定連邦政府 (Transitional Federal Government: TFG)[23]」が2004年に成立した（暫定統治は2012年8月20日に終了）．

TFGは，国連，米国，EU，アラブ諸国等から資金提供を受けていたが，2012年8月の時点でも，TFGはソマリア全土どころか首都モガディシュしか掌握出来ていなかった．反政府勢力の支配地域がある上に，1991年5月に独立宣言をした「ソマリランド」が北部（旧英領部分．一部プントランドと係争地あり）

を支配しており, 1998年には北東部が「プントランド」として自治領宣言を行った.

　首都モガディシュの住民に長年誰も出来なかった「平和な日常」を提供したのが,「イスラーム法廷連合 (Union of Islamic Courts: UIC)」であった. UIC は, 一時期, TFG が拠点としていたバイドアを除いた中・南部ソマリア地域を支配下に置いたが, 2006年12月, TFG の要請を受けた (そして米国を後ろ盾とした) エチオピア軍によって壊滅的打撃を受けた[24]. TFG はエチオピア軍に保護され, 首都モガディシュに入城したのである.

　2007年9月, UIC のシェイク・シャリフを中心として「ソマリア再解放連盟 (Alliance for the Re-liberation of Somalia: ARS)」が結成され, 2008年8月, TFG と ARS の穏健派グループ (シェイク・シャリフが指導者) が, ジブチ合意に署名した[25]. そして, エチオピア軍撤退終了後の2009年1月, シェイク・シャリフが, ユスフ初代 TFG 大統領の後任として就任した.

　TFG と「アル・スンナ・ワル・ジャマア (Ahlu Sunna Wal Jamaa: ASWJ)[26]」は, 2010年3月, 協力合意文書に署名し, ASWJ は政権内にポストを得, その軍隊は TFG の軍隊に組み込まれた[27]. 2011年9月には, 2012年8月までに暫定統治期間を終了させるためのロードマップが採択されると[28], 一定の前進はあったが, ソマリア和平の最大の問題は, UIC の過激派が結成した反 TFG 勢力「アル・シャバブ[29]」の存在である.

　アル・シャバブへの AU の対応は第4章で説明した通りであるが, ソマリア国軍と AMISOM の攻撃により, 2011年8月6日, アル・シャバブはモガディシュから撤退したものの自爆テロが続いている[30]. また, 10月16日からアル・シャバブ掃討のためにソマリア南部に進攻しているケニア軍の攻撃に対しては, ケニア国内で報復テロが続いている.

　2012年9月に, 元大学教授で平和開発党 (Peace and Development Party: PDP) の創設者で議長であるハッサン・シェイク・モハマドが, ソマリアの第8代大統領となったが, 暫定統治期間が終了した2012年8月の時点でも, また2014年1月の時点でも, アル・シャバブは中部・南部の多くの町を支配下に置いている. 2014年10月現在のアル・シャバブ支配地を示す第4章の地図4-2 をみれば, アル・シャバブの支配地域はかなり減少していることがわかるが, それでも, 次節で述べるように, アル・シャバブのテロによって, 2014年10月以降も, 多くの人びとが苦しい生活を強いられている.

## 5 「テロとの戦い」が生んだ紛争

2014年5月現在，ソマリア及びケニアにとっての最大の懸案は，「アル・シャバブ」の存在だといっても過言ではない．米国主導の「テロとの戦い」によってUICが攻撃され，過激なアル・シャバブが生まれたことは前節で述べた．この節では，「テロとの闘い」によって生まれた過激派に生活を破壊されたソマリアとケニアの人びとに注目する．

### (1) ソマリア南部の人びと

2011年夏，国連は，「60年で最悪の旱魃」がアフリカの角で起こり，1240万人と推定される人びとが緊急食料援助を必要としているという一大キャンペーンを張った[31]．それまでは，いつ閉鎖しても構わないと囁かれていたケニア北東部のダダーブ難民キャンプ (内戦中のソマリアからの難民を収容) が，ソマリア南部から押し寄せた人びとであふれかえり，UNHCRがキャンプを増設することになったほどである．ここで考えてみてほしいことは，ソマリア南部に住む人びとが，国境を越えてケニア側に何故来たのかという問題である．

旱魃が起こっても，政府が国民に対して水や食料を供給すれば，周辺国に人びとが流出することはない．2011年から2012年にかけて，ソマリア南部の人びとが国を逃げ出したのは，ソマリアの中央政府が国民を守ることができなかったことと，ソマリア南部の大部分を実効支配しているアル・シャバブが人道援助団体の活動を妨害したことによる影響が大きい．

統合地域情報ネットワーク (Integrated Regional Information Networks: IRIN)[32] の2012年1月の報道によれば，ソマリアの南部と中央部で少なくとも300万人の人びとが人道援助団体からの援助に依存し，そのうち25万人ほどの人びとが飢餓状態で暮らしている状況にもかかわらず，アル・シャバブは人道援助団体の大部分の活動を禁じ，さらには活動を認められていた国際赤十字さえ活動中に妨害を受けたため，24万人が援助を待つ地域への食料配布を中断したということである[33]．ソマリア政府軍とケニア軍がアル・シャバブから奪還した地域 (第4章地図4-1参照) でしか食料が配布出来ないということであれば，人びとがケニア国境に向かって逃げ出すのも当然のことだろう．旱魃は天災であるが，2011年のアフリカの角の飢餓は人災である．

### (2) ケニア北東部の人びと

ソマリア南部の大部分を支配下に置いているアル・シャバブに対してケニア政府が参加した「テロとの戦い」が，ケニア国内，特にアル・シャバブの構成員と同じソマリ人が住む北東部の人びとの生活にもたらした影響をみてみよう．

2001年9月11日に起きた米国同時多発テロによって，ブッシュ米大統領（当時）は「テロとの戦い」という錦の御旗を立てて，アフガニスタンやイラクへの侵攻を正当化した．2011年10月，アル・シャバブに対してケニア軍が開始した掃討作戦 "Operation Linda Nchi"（Operation Protect the Nation）も，この「テロとの戦い」の一環である．

ケニア軍のソマリア南部侵攻に対して，アル・シャバブは，首都ナイロビや北東部主要都市などにおける報復テロで応えた．表8-1は，ケニア軍がソマ

**表8-1 ケニア北東部でのテロ事件**

| | | |
|---|---|---|
| 2011年 | 10月24日 | ワジアのバーで手榴弾．少なくとも6名負傷． |
| | 10月27日 | マンデラで，全国統一試験用紙を配布する教育省の車が襲撃を受け，8名死亡．2名は，マンデラ・イースト県の教育局の役人とLafey中等学校の校長． |
| | 10月28日 | ガリッサで警察車両が簡易爆発物で爆破． |
| | 11月5日 | （午後10時30分）ガリッサの教会で手榴弾爆発．2名死亡，3名負傷． |
| | 11月5-6日 | ダダーブのハガデラ難民キャンプで簡易爆発物を発見． |
| | 11月23日 | リボイで地雷によりケニア軍車両が爆破 |
| | 11月24日 | マンデラからソマリアのBulla Hawo間で，地雷によりケニア軍車両が爆破．兵士1名が死亡，4名が負傷． |
| | 11月24日 | ガリッサ市内で手榴弾により2か所のレストランが爆破．3名死亡，他負傷． |
| | 12月15日 | ガリッサ市内で攻撃（死者ゼロ，怪我人も軽症だったため現地の新聞にも掲載されなかった）＊． |
| | 12月31日 | ガリッサ市内のクラブで手榴弾攻撃，5名死亡． |
| 2012年 | 1月12日 | ワジア近くの警察施設が襲撃．少なくとも5名死亡． |
| | 6月29日 | ダダーブ難民キャンプで，ケニア人運転手が殺害され，4名の外国人援助関係者が誘拐（ケニア軍とソマリア軍の共同作戦により7月3日ソマリア南部で救出）． |
| | 7月1日 | ガリッサで武装集団が教会2カ所を襲撃し，警官2名と朝の礼拝を行っていた住民をあわせて17人が死亡，50人以上が負傷． |
| | 9月30日 | ガリッサで警官2名が銃撃により死亡． |
| | 11月19日 | ガリッサで3名の兵士が殺害され，軍がガリッサの住民に暴行，市場に放火． |

＊ Human Rights Watch [2012: 55] には，ホテルと刑務官食堂の2カ所で手榴弾攻撃があり，4名が負傷したとある．
(出所) 筆者作成．

リア南部に侵攻した2011年10月16日以降，翌年11月までの約1年の間に，ケニア北東部で起こった主なテロ事件の一覧である．ここで強調しておきたいことがある．筆者が旧北東部州の州都ガリッサを初めて訪問したのが2000年の夏であった．それ以来，毎年1回から2回，ガリッサとその周辺部を訪れているが，2011年8月まで現地で恐ろしい思いをしたことはただの一度もない．首都ナイロビよりも余程リラックスして歩くことができたのが，ガリッサであった．ケニア軍の軍事作戦が始まるまでのガリッサの平穏な生活は二度と戻らないのだろうか．

　アル・シャバブは，ケニア軍のソマリアからの撤退を要求している．2013年9月に発生したケニアの首都ナイロビの高級ショッピング・モール襲撃事件では少なくとも67人が死亡，175人以上が負傷した大事件となったが，アル・シャバブが関与を認めている．北東部でも2011年10月から2013年5月までに100人以上の犠牲者がでている．

　アル・シャバブの関与が疑われる，もしくは犯行声明が出た事件は，2014年になっても，首都ナイロビでも，モンバサでも，ガリッサでもマンデラでも起きている．報道では，旧NFDにアル・シャバブの支持者が多いことも指摘されている．

　第7章第2節でも紹介しているが，"Operation Linda Nchi" が始まり，ケニアの北東部で兵士をターゲットとしたテロ事件が増えるにつれ，ケニア軍による一般市民への虐待事件が続いている．元軍人や地元の名士までもが，兵士から暴行を受けている状況であるから，力のない人びとがどのような目にあっているのかを想像してほしい．北東部の人びとにとって，アル・シャバブとケニア軍と，どちらが信頼できる存在なのだろうか．

　北東部の人びとが直面しているのは，治安の悪化にとどまらない．筆者がコーディネーターを務めていたJICAの草の根技術協力事業（現地の女子教育の向上を目指したプロジェクト）も中断を余儀なくされた．IRINの2014年11月の報道では，治安の悪化に伴い，ソマリアとの国境に近いマンデラの町では，テロ事件の影響で，生徒たちが教育を受ける権利を奪われようとしている．11月22日にバスの乗客がアル・シャバブに襲われたテロ事件では，イスラーム教徒ではない乗客が選別されて28名が射殺された．犠牲者のうち24名が教師だった．そのため，教員組合を含め，いくつかの公務員の労働組合は，地元民ではない教員やヘルスワーカー，その他の国家公務員に，マンデラを離れるように促しているとい

第8章　ソマリ人の経験　*163*

う.

次節で述べるように，ケニアの北東部は，他地域と比べ，開発が非常に遅れている地域である．就学率も低く，教育環境も決してよくはない．平時においても差別的な取り扱いを政府から受けていると感じている北東部の人びとが，今度は「テロとの戦い」にケニア政府が参加したために，教育や医療という人間の基本的ニーズを奪われようとしているのである．

一般市民を巻き添えにした事件が首都ナイロビでも，北東部でもいまだに続いている．これに対する国際社会の対応は，アル・シャバブの基地への攻撃であった．武力攻撃が，本当の意味での「テロとの戦い」になっているのだろうか．次節で考えたい．

## 6　テロを撲滅するために必要なこと

### (1)　生活レベルの向上

アフリカには個人レベルの貧富の格差に加えて，地域格差がある．例えば，ケニアにおいて，ソマリ人が住む北東部は，ケニアの他地域に比べて，インフラ整備が遅れ，人びとは貧しい生活を送っている．2005年全国調査では，15歳以上の識字率について，ケニア全体では61.5％，首都ナイロビでは87.1％という数値に対して，当時の北東部州では9.1％しかなかった（dvv international）．初等教育も2003年から無償化されているが，北東部州の就学率は，2011年になっても，やっと3割を超えた程度であった．州時代の統計になるが，ケニア北東部の人びとの生活レベルを知ってもらうために，いくつか数値を紹介したい．

#### 低い初等教育就学率

2003年からケニアでは初等教育の無償化が導入され，第6章の表6-5にあるように，2007年のケニア全体の初等教育就学率（net）は9割を超えており，最も数値の高い西部州は99.0％であるのに，北東部州は27.5％に過ぎない．北東部州の数値は，2008年になっても31.9％（男子39.3％，女子24.5％）である［Ministry of State for Planning, National Development and Vision 2030 2010a: 103］．

なぜ北東部州の就学率はこのように低いのだろうか．就学を妨げる要因の1つ目は，貧困問題である．初等教育の無償化政策は導入されたものの，授業料以外に様々な請求（テスト代など）が学校ごとに出され，2010年8月の調査時点で，

1学期ごとに1500ケニア・シリング（以下，シリング）≒1600円の負担が親にかかっていた．北東部州の生活水準はケニアの平均水準よりもはるかに低い．旧宗主国イギリスも，ケニア政府も，牧畜業による収入が増えるようなインフラ投資を行ってこなかった．食べていくことが大変な地域においては，年間5000円ほど，日本人にとっては月400円ほどのお菓子代程度の金額であっても，子どもを学校にやることができない原因となってしまう．教師の数が足りておらず，不足分の教師を親が雇うことになると，負担はさらに大きくなる．

就学を妨げる要因の2つ目は，北東部州の主な生業が遊牧であるということである（北東部州の住民の7割が遊牧民）．学齢に達した遊牧民の子どもたちは，親と一緒に移動するか，寄宿舎付の学校で学ぶか，という選択を求められる．

### 北東部州における教師の配分

就学率の低さに加え，北東部州では，「教師1人当たりの生徒数（pupil-teacher ratio: PTR）」が他地域よりも多い．表8-2にあるように，2007年のPTRをみれば，中等教育ではそれほどでもないが，初等教育については北東部州が最も数値が高く，北東部州のマンデラ県が全国最高値で，68：1となっている [Ministry of State for Planning, National Development and Vision 2030 2010b: 63]．

さらには，北東部州には訓練を受けた教員が少ない．1999年の資料と少し古いが，表8-3をみると，ナイロビ州は訓練された教員数が北東部州の約4倍であるが，6-13歳人口は約1.1倍でしかない．コースト州と比較しても，コースト州の6-13歳人口は北東部州の約2倍でしかないのに，訓練された教員数は約9倍となっている．どうして，このような不公平な状況が続いているのだろうか．

植民地時代から開発から取り残されてきた結果，2008年の世界銀行の報告書によれば，北東部では，成人の88％が初等教育未修了であり，電気が使用でき

表8-2　公立小学校と公立セカンダリー・スクールにおけるPTR（州別，2007年）

| 州名 | 公立小学校 | 公立セカンダリー・スクール |
|---|---|---|
| ナイロビ | 48 | 17 |
| セントラル | 39 | 21 |
| コースト | 53 | 24 |
| 東部 | 39 | 22 |
| 北東部 | 63 | 22 |
| ニャンザ | 45 | 23 |
| リフト・バレー | 43 | 23 |
| 西部 | 53 | 24 |
| ケニア全体 | 43 | 18 |
| 目標値 | 40：1 | 35：1 |

（出所）Ministry of State for Planning, National Development and Vision 2030 [2010b: 65] より筆者作成．

表8-3 小学校数, 訓練された教員数, 6-13歳人口の州別比較(1999年)

| 州 | 小学校数 | 訓練された教員数 | 6-13歳人口 |
| --- | --- | --- | --- |
| ナイロビ | 248 | 4,537 | 305,175 |
| セントラル | 1,799 | 25,320 | 816,629 |
| リフト・バレー | 4,494 | 44,764 | 1702,318 |
| 東部 | 4,091 | 35,454 | 1136,941 |
| ニャンザ | 3,806 | 30,586 | 1088,530 |
| 北東部 | 175 | 1,145 | 268,827 |
| コースト | 1,121 | 10,567 | 543,175 |

(出所) Alwy and Schech [2007: 135] より筆者作成.

るのは，わずか4％の人たちだけ，安全な水にアクセスできる人びとも住民の3分の1以下という状態である[World Bank 2008]．1980年代の虐殺のことを含めて，北東部に住むソマリ人は，自分達は疎外されていると感じながら暮らしている．

恐怖政治を行うアル・シャバブがリクルートの対象としているのが，こういった不満を抱える若者たちである．ソマリアだけでなく，ケニアにおいても，貧しい北東部や首都ナイロビのスラムで，多額の現金を用意したリクルートが行われている．テロとの戦いを真に求めるのであれば，貧富の格差の緩和策を至急講じるべきある．ケニア側からの参加者を増やさないようにすることは，ケニア政府の政策の問題である．

第4章で述べたように，自己の境遇に対する不満を抱えた失業中の若者が金のためにアル・シャバブに参加しており，そのために組織が脆弱であることが指摘されている[Samatar 2010]．テロ対策には貧困対策が必要不可欠であるはずだが，現実に行われていることはアル・シャバブへの攻撃だけであり，これでは根本的な解決にならない．

(2) 人間らしい扱い

ケニア北東部の人びとの苦しみは，生活レベルの低さだけではない．何か事件が起これば，治安部隊による集団懲罰，弾圧が続いてきた．集団懲罰の手法は，植民地時代から独立後のケニア政府に受け継がれてきたようにみえる．第7章第2節で紹介した1980年代に起きた3つの大虐殺事件においても，個人の犯罪に対して集団懲罰が課され，住民の虐待，虐殺が起こるというプロセス，および早朝に作戦を開始し，家を焼き払うなどの手法が，全く同じであった．

集団懲罰は，第7章第2節で述べたように，民主化後も続き，アル・シャバブによるテロが頻繁になってからは，一般市民へのさらなる人権侵害が問題となっている．

### (3) 欧米流の政治学の有効性

先進国の求めるテロ対策及びソマリア沖の海賊対策のためには，ソマリアに統治力のある政府が成立することが必要であり，ソマリアの崩壊国家状況を解決することが必要であるが，海賊やテロリストを撲滅したいのであれば，取り締まりのための政府ではなく，人びとに平和な日常を保障するための政府を作ることを優先すべきである．

クランを重視するソマリ社会を取りまとめて統治することは決して容易ではない．ソマリ人のクランへの忠誠心は非常に強い．サマタールがソマリアに中央政府を作ることの必要性に疑問を呈しているように［Samatar 2010］，欧米流の政治学では当然の制度が必ずアフリカにも適しているとは限らない．

ただし，序章で紹介したバリーのように，クラン間の対立が，アイデンティティに基づく解決不可能なものだと考えてはならない．ソマリアの組織対立の根元には，クラン間の土地・水・経済的利益を巡る争いもある．ヘッセは，アル・シャバブとASWJの対立の根底には，スーフィーを巡る宗教的な問題だけではなく，ソマリア中部の肥沃地帯であるシャベル渓谷の支配権をめぐるクラン同士の対立があることを指摘している［Hesse 2010: 252］．後者は解決不可能な問題ではない．

ソマリ人にはソマリ流の紛争解決手法がある．ソマリ人の紛争解決方法はクランの長老同士の話し合いが基本となる．そして，血の代償は，ラクダで支払われるのが基本である．ジェンは，ソマリアにおける平和構築には，新自由主義的アプローチやウェストファリア・モデルよりも，伝統的な社会制度を利用したアプローチや人間を中心とした安全保障のモデルの方が役立つことを示している［Jeng 2012: 234-276］．

欧米の制度や価値観に強い抵抗を示し，ソマリ人の文化や価値観そしてイスラームの教えを守ることを第一と考えていても，人びとは開発の重要性はよく理解している．ソマリアの人びとが受け入れる制度作りは，人びとの生活を立て直すことであり，それはまた平和の定着の基盤作りとなる．

本章では「アフリカの角」に居住するソマリ人の経験を，植民地勢力によるソマリ人居住地域の分割，ケニア独立後の「シフタ」戦争，パン・ソマリズムから冷戦の代理戦争となったオガデン戦争，植民地化の遺産といえる集団懲罰，民主化要求が生んだソマリア内戦，米国の「テロとの戦い」が生んだ紛争という順序で紹介してきた．

　虐殺を含めて，このような過酷な経験をした民族はソマリ人だけではない．1つの民族が国境線で分断されている問題は，多くのアフリカ諸国が抱えており，また遊牧民に対する弾圧は，東アフリカ，西アフリカを問わず起きている．国家を持たないクルド人がそれぞれの国で受けている扱いとも比較出来る事例である．遊牧民の争いを激化させている武器の流入の問題も比較の対象としてほしい．「アフリカの角」から学ぶことは多い．

● 注
1）もちろん遊牧民の国境を超えた移動を完全に掌握し制限することは，不可能であった．
2）民族の下位集団である氏族．共通の祖先をもつ．
3）エリオット卿の発言は以下のとおりである．If it were possible to detach the districts inhabited by Somalis it would be an excellent thing to form them into a separate government, as they are different in population, economic and physical conditions from the other provinces: but unfortunately they are too small to form a separate administration, and the adjoining Somali territories are not British（UK Paliament）.
4）「ソマリ人はラクダを連れて出ていけばよい，ケニアの土地は1インチたりとも渡さない」というジョモ・ケニヤッタの言葉が残っている（TJRC, *Kenya Report of the Truth, Justice and Reconciliation Commission*, 2013, Vol.Ⅱ, p.108（http://www.kenyamoja.com/tjrc-report/, 2015年1月23日閲覧）．
5）TJRC, *Kenya Report of the Truth, Justice and Reconciliation Commission*, Vol.1, 2013, p. xi（http://www.kenyamoja.com/tjrc-report/, 2015年1月23日閲覧）．
6）植民地大臣が任命したNFD委員会の委員は，オニウケとボガートであり，1962年10月12日にナイロビに向かい，同月22日にガリッサに入り，NFDの全ての県（district）を訪れ，住民の意見を聴取していった．オニウケは11月26日に，ボガートは同月28日にロンドンに戻り，12月に報告書が提出された［Northern Frontier District Commission 1962］．
7）UK Parliament, HANSARD 1803-2005, NORTHERN FRONTIER DISTRICT OF KENYA（HL Deb 03 April 1963 vol 248 cc600-36）．この時の政府答弁では，マイノリティの保護は担保されているということであったが，1963年憲法は独立後1年で，地方分権型から中央集権型に改正された（第2章・第3章参照）．
8）シフタとは盗賊を意味する言葉である．1950年代にNFDで開発（1954年に導入され

た Dixie Scheme）に従事したヴァン・ウィクによれば，シフタには「略奪専門の無法な密猟者」というイメージがあり，シフタと呼ばれた人びとは，地上から抹殺しないといけない害獣であるかのように狩られたという［van Wyk 2006: 13］．シフタと呼ぶことにより，ケニア政府はソマリ人の要求の正当性を否定した．ムブルは，シフタを民族主義ゲリラと位置づけ，NFD 解放軍（NFD Liberation Army: NFDLA）と呼んでいる［Mburu 2005: 132］．

9）1963年12月25日から1967年12月1日の間に，北東部州及びイシオロ県，マルサビット県，タナ・リバー県，ラム県において，公務員もしくは軍人の行為に対するもの．

10）TJRC, *Kenya Report of the Truth, Justice and Reconciliation Commission*, Vol.1, 2011, p.8（http://www.kenyamoja.com/tjrc-report/，2015年1月23日閲覧）．

11）例えばイシオロでは，1967年，1日で5000頭もの牛がマシン・ガンで殺害された［Aguilar 1996: 15: n. 84］．

12）Hogg［1985］より引用．TJRC は，「シフタ」が武器をラクダに載せて運んでいると軍隊が考えたため，ラクダが殺害されたことを指摘している（TJRC, *Kenya Report of the Truth, Justice and Reconciliation Commission*, vol. V, 2013, p. 12（http://www.kenyamoja.com/tjrc-report/，2015年1月23日閲覧）．

13）TJRC, *Kenya Report of the Truth, Justice and Reconciliation Commission*, vol. ⅡA, 2013, p. 121（http://www.kenyamoja.com/tjrc-report/，2015年1月23日閲覧）．

14）バーレ政権についての詳細は遠藤［2006；2007］を参照のこと．

15）ソマリ人の下位集団である氏族．共通の祖先をもつ．

16）バーレは，自身と母と義理の息子が所属する MOD（Marehan, Ogaden, Dulbahante という DAROD クランのサブ・クラン）への依存を強め，権力から疎外された他のクランからの反発が強まった［Hesse 2010: 251］．

17）エチオピア皇帝ハイレ・セラシエ1世は親米路線をとっており，ソマリアはそれに対抗する形でソ連から支援を受けていた．ところが，1974年，メンギスツ・ハイレ・マリアムが指導する共産主義革命によってエチオピアに社会主義政権が生まれ，ソ連はエチオピアとソマリアの双方と良好な関係を保とうとした．ソ連やキューバの説得を拒絶しオガデン戦争を始めたソマリアに対して，ソ連はエチオピアに軍事支援を開始するという対応で答え，ソマリアはソ連との友好協力条約を破棄して米国に接近していった．

18）バーレは隣国ケニアに逃げた後，ナイジェリアに亡命した．

19）1991年5月，北部（旧英領部分）は「ソマリランド」として独立を宣言した．国際社会による国家承認はないが，近年まで安定していた．1998年には北東部が「プントランド」として自治領宣言を行った．

20）映画「ブラックホーク・ダウン」のモデルとなった事件．その後，米国政府が，アフリカに米兵を送ることと地上戦を嫌うようになったことをソマリア・シンドロームと呼ぶ．

21）詳しくは，滝澤［2006］，Kasaija［2010］等を参照のこと．

22）IGAD は，ソマリア，ケニア，ジブチ，スーダン，エチオピア，エリトリア，ウガンダの7カ国で構成されている．詳しくは Healy［2000］を参照のこと．

23) TFG の性格，クランのバランスなどは，Kasaija［2010］を参照のこと．
24) 公式に TFG の軍隊の訓練を担当していたエチオピア軍と UIC が次第に対立するようになった．UIC はエチオピアをキリスト教国として敵対し，エチオピアはシャリーア（イスラーム法）に基づく国家建設を主張した UIC をアルカイダと関係があるとして非難していた［Hesse 2010: 253］．UIC が大ソマリ主義をとりオガデンの領有を主張したこと［BBC 2006］も，対立の理由である．
25) さらに2008年11月26日，ジブチで両者のパワー・シェアリングが合意（*Africa Confidencial*, 49(25), p. 10）．カサイジャはこのジブチ合意において「アル・シャバブ」と「ヒズブル・イスラム」が参加しなかったことの問題を指摘している［Kasaija: 2010］．
26) ソマリア中部のガルガドゥドゥ周辺を支配しているスーフィー集団．スーフィーを禁じた UIC と対立し，スーフィーの聖人の墓を壊したアル・シャバブとも対立している（*Africa Confidencial*, 50(4), p. 10）．ソマリア国民の大多数がスーフィーの伝統をもつスンニ派イスラーム教徒である［US Department of State 2011: 2］．
27) *Africa Confidencial*, 51(6), p. 4.
28) 詳細は "Consultative Meeting on Ending the Transition in Somalia"（http://unpos.unmissions.org/Portals/UNPOS/Repository%20UNPOS/110906%20-%20Signed%20statement%20on%20adoption%20of%20the%20Roadmap.pdf, 2015年1月27日閲覧）を参照のこと．
29) BBC［2014］は7000人から9000人規模の兵力を持つと報道．2010年の時点の情報であるが，TFG が兵士に給与を払えないのとは対照に，アル・シャバブは兵士に月額450-600ドルを払っていたという（*Africa Confidencial*, 51(4), p. 12）．資金源は，ソマリア，ケニア，アラブ首長国連邦のソマリ人ビジネス・コミュニティであり，リビア（当時）やイランやカタールもエリトリアを通して援助していた．エリトリアのアル・シャバブ支援については，*Africa Confidencial*, 51(5), p. 8を参照のこと．ソマリア沖の海賊も資金源となっている（*Africa Confidencial*, 52(9), p. 4）．
30) *Africa Confidencial*, 52(20), p. 10.
31) "Horn of Africa: Fast facts about the drought,"（IRIN, 5 August 2011）（http://www.irinnews.org/report/93426/horn-of-africa-fast-facts-about-the-drought, 2015年1月7日閲覧）．
32) IRIN は国連人道問題調整事務所（OCHA）の報道部門で，1995年に設立された．
33) http://www.irinnews.org/report/94635/somalia-icrc-suspends-aid-deliveries（2015年1月7日閲覧）．
34) 2011年10月から2012年2月までの事件については Human Rights Watch［2012: 53-56］も参照のこと．表8-1はケニアの新聞記事と聞き取りから作成しているが，Human Rights Watch の事件一覧とは完全に重なっていない．
35) "Terror in Westgate mall: the full story of the attacks that devastated Kenya," *The Guardian*, 4 October 2013（http://www.theguardian.com/world/interactive/2013/oct/04/westgate-mall-attacks-kenya-terror, 2014年5月17日閲覧）．

36) http://www.irinnews.org/report/100891/terrorism-hits-education-health-in-kenya-s-marginalized-mandera（2015年1月7日閲覧）.
37) 中等教育の無償化は2007年から導入された（デイ・スクールは無償．ボーディング・スクールは政府が1万シリング，保護者が1万8000シリングを負担する）．ただし，スクール・バス代（特に女子生徒の安全を守るための送迎用），補充教員の給与，給食代などが学校から保護者に請求される．筆者の支援しているセカンダリー・スクール2年生の女子生徒には，2011年に，年間1万500シリング（ランチが7200シリング，施設費3300シリング）の請求書が届いている．
38) 北東部州（当時）の調査では，州内の小学校における教師の不足数は，1374人である［North Eastern Province 2010: 4］．親の負担額は，セカンダリー・スクールの場合，500人規模の学校であれば，200シリング／年ほどの負担となる．生徒数が少なければ，その分，親の負担が増える．
39) 近年，北東部州教育事務所（当時）は，遊牧民の移動とともに動くモバイル・スクールを実験的に進めており，その効果が期待される．
40) 訓練された教員（trained teacher）とは，大学の教育学部を卒業している教員を指す．セカンダリー・スクールもしくは大学の他学部を卒業した教員は，訓練されていない教員（untrained teacher）に分類される．北東部州では，この「訓練された教員」数が少ないが，2011年の北東部州教育事務所における調査では，大学卒業成績については，北東部州に赴任している教員が最も高いということであった．
41) 北東部州の教員数が必要数より少ない理由の1つは，他民族出身の教員が半砂漠の暑い気候の辺境の地で働くことを望まないことである．一般論であるが，ケニアでは，放課後に家庭教師の職を得られる裕福な地域に教員が就職を望む傾向も指摘されている［Mathooko 2009: 152］．裕福な地域であれば，教員は，正規の月給である1万シリングに加えて，副業から1万シリングを得ることができるという．そのため，貧しい地域は，訓練を受けていない教員が集まるようになるという．他に，教員不足の大きな要因として，教員養成よりも早いスピードでHIV/AIDSにより教員が亡くなっていることが指摘されている．
42) アル・シャバブによる人権侵害は，Human Rights Watch [2010] を参照．
43) 杉木［2011］に詳しい．
44) ASWJとスーフィズムについては，第4章注17，本章注26を参照．
45) 筆者がケニア北東部で2002年に行ったアンケート調査では，「この地域の経済発展を望むか」という質問に対して，男性の95％，女性の100％が「望む」と答えている［戸田 2008; 2013: 169-171］．

## 第9章　紛争の再生産を断ち切るために

## 1　アフリカの紛争の犠牲者が多い理由

　2003年にある学会でコメンテーターを務めた時，スリランカの紛争の犠牲者数を知って驚いた．スリランカのシンハラ人とタミル人の紛争のことは，学生時代から知ってはいたが，コメンテーターを務めた当時で，もう20年近くが過ぎていた．ところが，不謹慎ではあるが，スリランカの紛争の犠牲者は6万5000人程度（当時）だというのである．表9-1をみてほしい．アフリカの紛争の犠牲者は，数十万人，数百万人に達している．どうしてアフリカの紛争の犠牲者は他地域よりも際立って多いのだろうか．
　この節では，アフリカの国内紛争の実態を把握し，アフリカの犠牲者が他地域の国内紛争の犠牲者よりも突出して多い理由を検討したい[1]．

### (1)　アフリカの犠牲者は他地域より多いのか
　まず，冷戦終結後に起きた紛争の数について，サハラ以南アフリカと他地域を比べてみよう．ストックホルム国際平和研究所（SIPRI）によれば，冷戦後の13年間（1990-2002年）に，武力紛争（当事者の一方が政府であり年間戦闘犠牲者1000人以上）は58件あり，このうち国家間紛争が3件あった．この58件から国家間紛争と米国の9.11同時多発テロを除き，残りの54の国内紛争を地域別にまとめたものが，表9-1である [SIPRI 2003: 109; 111]．この当時，紛争の数では，アジアとアフリカが著しく多かったことがわかる．
　犠牲者数はどうだっただろうか．表9-2は，内戦による死者数を地域別に比較したものであり，表9-3は，アフリカの年（1960年）以降の主な国内紛争を地域別に比較したものである[2]．アフリカは紛争の犠牲者も他地域に比べて著

表9-1 国内紛争（当事者が政府でないものは除く）の地域別比較（1990-2002年）

| | アフリカ | ヨーロッパ | アジア | アメリカス* | 中東 |
|---|---|---|---|---|---|
| 国内紛争の数 | 18 | 8 | 16 | 4 | 8 |

＊南北アメリカ大陸をあわせて「アメリカス」と呼ぶ。
(出所) SIPRI [2003: 111-112] より筆者作成。

表9-2 内戦の犠牲者の地域別比較（人口10万人当たりの1年間の死者数，1944-96年）

| | サハラ以南アフリカ | 東アジア・太平洋 | 中東・北アフリカ | 南アジア | ヨーロッパ・中央アジア | ラテンアメリカ・カリブ海諸国 |
|---|---|---|---|---|---|---|
| 死者 | 30.3 | 10.1 | 9.4 | 7.4 | 3.4 | 3.2 |

(出所) World Bank [2003] より筆者作成。

表9-3 国内紛争犠牲者の比較

| 地域 | 国名（地域名） | 時期 | 死者* | （避）難民 | 人口（2012年推定） |
|---|---|---|---|---|---|
| アフリカ | ナイジェリア | 1967-70 | 200万人 | 100万人以上 | 1億7012万人 |
| | アンゴラ | 75-2002 | 150万人 | 445万人 | 1806万人 |
| | モザンビーク | 77-92 | 100万人 | 総人口の1/3 | 2352万人 |
| | スーダン（第2次） | 83-2005 | 200万人 | 440万人以上 | 3812万人（2003年推定） |
| | リベリア | 89-96　99-2003 | 25万人以上 | 200万人以上 | 389万人 |
| | ソマリア | 91- | 50万人以上 | 240万人以上 | 1009万人 |
| | シエラレオネ | 91-2002 | 10万人 | 数十万人 | 549万人 |
| | ブルンジ | 93-2006 | 20万人以上 | 50万人以上 | 1056万人 |
| | ルワンダ | 94 | 80-100万人 | 250万人 | 1169万人 |
| | コンゴ民主共和国 | 第一次コンゴ戦争(96-97)　第二次コンゴ戦争(98-2003) | 540万人以上 | 330万人以上 | 7360万人 |
| ヨーロッパ | スペイン | 68-2011 | 1000人以上 | | 4704万人 |
| | 北アイルランド | 69-2007 | 3500人以上 | | 170万人（2003年推定） |
| | ボスニア・ヘルツェゴビナ | 92-95 | 20万人以上 | 230万人 | 388万人 |
| | コソボ | 98-99 | 1万5000人 | 80万人以上 | 184万人 |
| アジア | カンボジア | 70-79 | 150万人以上 | 300万人 | 1496万人 |
| | スリランカ | 83-2009 | 10万人以上 | 100万人以上 | 2148万人 |
| | タジキスタン | 92-97 | 6万人 | 70万人 | 777万人 |
| | ネパール | 96-2006 | 8000人 | | 2989万人 |
| アメリカス | グアテマラ | 60-96 | 20万人 | 100万人 | 1410万人 |
| | コロンビア | 64- | 25万人 | 410万人以上 | 4524万人 |
| | エルサルバドル | 79-92 | 8万人以上 | 100万人以上 | 609万人 |
| 中東 | クルド（トルコ） | 84- | 4万人以上 | 350万人 | 1500万人（7975万人） |

＊数字は概算。戦闘による死者以外も含む。例えば，表にあるナイジェリアのビアフラ戦争の餓死者は150万人と言われている。
(出所) 戸田 [2013: 67] を修正。

しく多いことがわかるだろう．例えば，スペインの民族問題といえば，「バスク祖国と自由（Euskadi Ta Askatasuna: ETA）」のテロ活動であったが，**表9-3**を見ると，その犠牲者数は，40年間で1000人ほどになる．他方，約2年半続いたナイジェリアのビアフラ戦争[3]の死者は，200万人を超えるといわれ，また，後述する2000年シャリーア紛争では，10日間で800人以上が犠牲となっている．どうしてアフリカでは国内紛争が多発し，犠牲者数も多いのだろうか．

## (2) アフリカの犠牲者数が他地域より多い理由

別稿で論じたことであるが，他地域に比べて，アフリカの紛争犠牲者が多い理由を（A）から（H）まで8点を挙げる［戸田 2008; 2013: Ch.3］．

　（A）国家の私物化と国家の崩壊
　（B）同朋意識の欠如
　（C）国民を守れない（守ろうとしない）国家
　（D）大国の介入
　（E）貧困・失業と若者の不満
　（F）武器の流入
　（G）豊富な資源
　（H）虐殺の記憶

これから，ナイジェリア一国の中で起こっている紛争をいくつか取り上げ，前記の8点について考えてみたい．

### ＜事例1＞2000年シャリーア紛争

ナイジェリアが民政移管を果たした1999年5月から1年足らずで，2000年2月のシャリーア紛争が起こった．シャリーアとはイスラーム法のことで，現在ナイジェリア北部では全ての州で，シャリーアが完全実施されている．イギリスの植民地時代から認められていた婚姻や相続など民法で定められる項目，つまり私法分野だけではなく，公法分野，中でも刑法の分野にシャリーアが適用され，飲酒に鞭打ち，窃盗に手首の切断といった刑罰が与えられるようになった．

このシャリーアの完全導入を巡って，完全導入を求めるイスラーム教徒のデモ隊と，完全導入に反対するキリスト教徒のデモ隊が，2000年2月21日，ナイ

ジェリア北部の都市カドナで衝突したのが，2000年2月シャリーア紛争の始まりである．この衝突は，結果的に，数百人が死亡する暴動になった．数千人が家を失い，損害額は数十億ナイラ（ナイラはナイジェリアの通貨）に上った．加害者がイスラーム教徒，被害者がキリスト教徒（その多くが南東部出身のイボ人商人）という構図であった．イスラーム教徒の暴徒たちが，イボ人商人の遺体を南部の出身地に送ったため[4]，南部諸都市で報復の殺戮が始まり，イスラーム教徒のハウサ人が標的となり，南部の中核都市アバでは450人が虐殺された．

カドナの暴動の生存者は，夫を失い，妻を失い，親を失った状況で，血のりのついた記憶に苦しんだという．また，破壊された家屋，商店，教会，モスクの大部分は，破壊されてから1年近くたっても，なかなか再建されなかったという．そして，イスラーム教徒であろうとキリスト教徒であろうと，暴動参加者は貧困層であり，退役軍人も伝統的支配者も貴族も，豊かな人びとは「宗教」のために武器をとることはなかった．

暴動の舞台となったカドナ州は，住民の25％以上がキリスト教徒であり，シャリーア導入には慎重にならざるを得ない地域であった．この2000年2月のシャリーア紛争は，一見，イスラーム教徒対キリスト教徒という宗教対立，もしくはハウサ人対イボ人という民族対立に見える．しかし，よく見ると，様々な謀略が見えてくる．ナイジェリアのノーベル賞作家であるウォレ・ショインカも，「シャリーア問題は宗教ではなく，政治の問題である」と述べている．

この2000年シャリーア紛争からは，（A）**国家の私物化と国家の崩壊**，（B）**同朋意識の欠如**，（C）**国民を守れない（守ろうとしない）国家**，（D）**大国の介入**，（E）**貧困・失業と若者の不満**の問題を考えることができる．

### （A）国家を私物化してきたグループからの反発

ナイジェリアが独立するとき，宗主国イギリスは，北部の政治家がナイジェリアを永続的に支配できるような制度を用意した．特に，長い軍事政権時代，北部エリートは既得権益を作り上げていた．民主化後，その既得権益が奪われていくことへの北部エリートの不満が，北部での数々の暴動を生んだと言われている．

① 北部の既得権益層

北部がナイジェリアを支配していた軍事政権時代には，北部のビジネスマンは，何もしなくとも，向こうから契約がやってくるという恵まれた環境にあっ

た．民主化することが決まった時，北部エリートはオバサンジョを大統領候補に選んだ．オバサンジョは南部出身者であったが，元軍事政権首班であることから，操りやすい人物だと思われたのである．そして，オバサンジョは，北部エリートの支援を受けて大統領選挙に当選したため[5]，北部エリートは，自分達の既得権益がオバサンジョによって侵されるとは考えてもみなかった．

ところが，オバサンジョが大統領になってからは，ビジネスは自由競争になり，北部のビジネスマンは南部のビジネスマンと同じ条件で契約をとる努力をしないといけなくなった．北部のビジネスマンの利益が減ったことは容易に想像できる．ビジネスに限らず，全ての分野で，オバサンジョ政権は，北部，特に北西部支配からの脱却を目指していると言われていた．ビアフラ戦争を知らない北部の若いエリートは，紛争を避けるための協調路線をとらず，シャリーアの問題を南部支配に対抗する政治的・文化的手段と考えたのである．

② 北部出身の退役軍人

北部出身の退役軍人も不満を持っていた．第四共和制首班としてオバサンジョが選ばれたのは，「元軍人として軍の権益を守ること」が期待されていたからである．かつてアオロオを裏切ったオバサンジョは自身の出身民族であるヨルバ人団体から支持を取り付けることができず，オバサンジョの支持母体は，ババンギダ（元軍事政権大統領）やダンジュマ（オバサンジョ軍事政権国防相）といった有力者を含む「退役軍人グループ」となった．彼らは，オバサンジョの選挙キャンペーンに，4億ナイラを捻出している．

しかし，オバサンジョは，彼ら退役軍人の期待を裏切った．大統領就任後のオバサンジョは，過去の軍事政権時代（1985-99年）に行政官（軍行政官，知事，閣僚等）を務めた93名の将校を退役させ[6]，軍の再構築にとりかかった．軍のプロフェッショナル化を意図し文民統制教育を米軍に依頼し[7]，これに反対した陸軍参謀長も退役させた［Ajayi 2007: 8-11; 118-119］．軍事政権時代に利権のおこぼれに預かってきた軍人たちは，民主化によってそのチャンスを奪われ，さらには大量解雇された．このオバサンジョの「背信行為」に対して，北部出身の軍関係者の不満は膨れ上がっていたのである．

③ 独裁者のファミリー

最後は，1993年にクーデターでナイジェリア元首となり，1998年に急死したアバチャ将軍のファミリーの不満である．アバチャは，ナイジェリア史最悪と言われる独裁者であった．石油産出地域にあるオゴニランドで，国際石油資本

ロイヤル・ダッチ・シェル（Shell）による環境破壊に抗議していた人権活動家ケン・サロ＝ウィワを無実の罪で処刑したのもアバチャである（後述）．オバサンジョ政権下で，アバチャ・ファミリーの犯罪や不正蓄財が明らかになっていく中で起きたシャリーア問題は，アバチャ・ファミリーに手を出すなというオバサンジョへの圧力ではないかともいわれていた．

（B）同朋意識の欠如

すでに述べたように，植民地時代の南北分断政策により，南東部出身者に対する同胞意識は北部では醸成されていない．ただし，ビアフラ戦争など，過去の南北対立を経験している北部の古い政治家たちは，シャリーア問題を国の分裂要因として懸念していた．これに対して，若い政治家たちは，シャリーア問題を南部支配に対抗する政治的・文化的手段と考えていた．また，イスラーム教の宗教指導者の中にも，シャリーア全面導入について，キリスト教徒への配慮を説く穏健派がいた．本節の冒頭で述べたように，植民地時代も，また独立後の北部州首相であったアフマド・ベロ（＝ソコト帝国末裔のソコト世継王子）時代以降，北部ではイスラーム教徒とキリスト教徒との共存が図られ，シャリーアは私法分野に限られてきたことを忘れてはならない．

（C）国民を守れない（守ろうとしない）国家

オバサンジョ政権は，昂揚する民族（宗教）ナショナリズムにも，拡大する暴動にも，有効な手立てを打たなかった．

（D）大国の介入

このシャリーア紛争は，ナイジェリアの民政移管と大きく関係しており，後述するように，アフリカの民主化には，国際金融機関や欧米ドナー諸国からの圧力が大きな役割を果たしている．

（E）貧困・失業と若者の不満

暴動を起こすためには，民衆の動員が必要である．動員の背景には，貧困，失業，社会不安，政治の腐敗・汚職に対する人びとの不満がある．紛争当時のナイジェリアの経済状況を見てみよう．ナイジェリアは1987年にSAPsを受け入れたが，経済状況は改善どころか悪化の一途を辿った．産油国でありながら，シャリーア紛争の起った時期，世界銀行の2000年の報告書によれば，世界第12位の最貧国にまで落ちていた（1998年の1人当たりの購買力平価GNPによるランキング．World Bank 2000: 15）．貧困層の割合も，1980年の28.1％が1996年には65.6％にまで増加した．さらに2002年2月には，少なくとも8000万人が貧困に直面し

ているという報告がなされた[8]．シャリーア紛争に至るまでに20年間で，貧困層が雪だるま式に増加したと言える．

### ＜事例２＞デルタ地帯のイジョ人の武装闘争

ナイジェリアは石油輸出国機構（Organization of the Petroleum Exporting Countries: OPEC）第7位の産油国（2013年）[9]であるが，その石油の産出は，南東部のデルタ地帯に集中している[10]．ところが，当のデルタ地帯の住民は，莫大な利益をあげている国際石油資本がパイプラインからの原油漏れを放置してきたことによる土壌汚染や水質汚染，石油採掘によって生じる随伴ガスを空気中で燃焼させてきたことによる大気汚染によって，長く苦しめられてきた[11]．この地域の武装闘争からは，（F）**アフリカへの武器の流入**と（G）**豊富な資源**（デルタ地帯の紛争では石油）が紛争を呼ぶことの問題が明らかになる．

この地域で国際社会に向けて最初に異議申し立てを行ったのは，オゴニ（Ogoni）人であった．Shell の操業によって環境破壊が進んだことに対して，世界的に著名な作家でもあったケン・サロ＝ウィワは，オゴニ人生存運動(Movement for the Survial of the Ogoni People: MOSOP) を結成し，石油収入の分配と高度な自治を要求した [UNEP 2011: 25]．

オゴニランドにおける Shell の操業は1993年に終了したが，他地域からのパイプラインはオゴニランドを通っており，そのパイプラインからの原油漏れによって，オゴニランドの汚染は続いた．Nisisioken Ogale の村人は，世界保健機関（World Health Organization: WHO）の基準の900倍以上という高い濃度のベンゼンに汚染された井戸水を飲んでいた [UNEP 2011: 11]．オゴニランドの環境問題についての国連環境計画（United Nations Environment Programme: UNEP）の報告書は，数十年にわたって汚染されてきたオゴニランドの環境の回復には25年から30年を要するとして，ナイジェリア政府と Shell を強く非難している [UNEP 2011]．

1995年11月，サロ＝ウィワは，秘密裏に Shell の要請を受けた独裁者アバチャによって，無実の罪で処刑された[12]．非暴力の抵抗運動を行ったサロ＝ウィワに対して，武装闘争の道を選んだのが，イジョ人の若者であった[13]．2004年，イジョ人は武装蜂起し，石油施設を占拠し，労働者を誘拐し，操業停止に追い込み，世界の原油価格上昇の一因を作った．

ヘイゼンらによれば，当時，ナイジェリアには100万から300万の小火器が存

在し，その大部分が違法所持であった．そしてイジョ人の武装勢力は，盗んだ石油と交換するなどして武器を入手している．また，シエラレオネやリベリアなどにPKO要員として赴任したナイジェリア兵が帰国後，武器をブラックマーケットに売っていることも指摘されている［Hazen and Horner 2007: 25; 36; 37］．

＜事例3＞ジョスの紛争

ナイジェリア北部にあるジョスという町では，近年，毎年，多いときには毎月，キリスト教徒とイスラーム教徒の対立が起こり，多くの人命が奪われている．ジョスでは，イスラーム教徒とキリスト教徒が昔からいがみ合ってきたわけではない．紛争に至るまでは，イスラーム教徒とキリスト教徒の長い共存の歴史があった．この共存の歴史が崩れたのは，1990年代の地方行政改革によって，「誰がジョスを支配するか」という問題が浮上してきたからである．[14]

表9-4には，民政移管後，2001年から10年間の主なジョス紛争の犠牲者をまとめたが，ジョスの紛争は，（H）虐殺の記憶の事例となる．（H）虐殺の記憶は，第5章や第7章で述べた奴隷貿易から植民地化に至るまでの暴力を想定しているが，ジョスの場合，1990年代から現在に至るまで繰り返し暴動がおこり，イスラーム教徒の暴徒がキリスト教徒の村を襲い，その報復にキリスト教徒の暴徒がイスラーム教徒の村を襲う（もしくはその逆のパターン）という暴力の連鎖がある．

表9-4　民政移管後，2001年から10年間の主なジョス紛争の犠牲者

| | |
|---|---|
| 2001年9月 | 死者1000人を超す暴動 |
| 2008年11月28-29日 | 死者700人を超す暴動 |
| 2010年1月17日から4日間 | 500人近くが死亡する暴動．4000人以上が負傷，1万7000人以上が避難 |
| 2010年3月7日早朝 | キリスト教徒の3つの村が襲撃され，死者500人 |
| 2010年12月24日-2011年1月 | 死者200人を超す暴動 |

現在のジョスの紛争は，序章で登場したボコ・ハラムが引き起こしている．2014年には，5月20日に少なくとも118名が犠牲になり，12月11日に少なくとも32名が犠牲になったテロ事件が起こった．アクターが増えたことにより，平和への道がさらに遠くなってしまった．

## 2　退出しない軍隊

　何度も繰り返しになるが，アフリカでは多民族共存が日常的な風景であるから，民族アイデンティティや宗教アイデンティティが即，紛争に結びつくということはない．政治エリートが失業中の貧しい若者に金や武器を与え，権力闘争の道具として暴動を起こさせるということが多い．アフリカの民族紛争や宗教紛争の多くは，一見，民族や宗教が異なることが原因にみえるが，実は，政治エリートの政治闘争なのである．特に，ナイジェリアのように軍事政権が長く続いた国では，退役軍人が，政界から経済界まで活動の場を広げ，利権を獲得している．

　軍隊は政治から遠ざけておくことが重要である．第1章で登場したハンティントンは，新しく民主国家となった国々において政軍関係に問題が生じるとすれば，それは軍ではなく文民政権の側に原因があると主張した．つまり，①政府が経済発展を促進せず「法と秩序」を維持しなかったり，②野心的な政治指導者が民主主義を弱体化させ破壊する共犯者として軍から支持を得たりすると，軍が再び台頭するかもしれないということである［Huntington 1995: 17］．

　これら2点を現在のナイジェリアにあてはめると，次のようになる．①石油や天然ガスで得られた富は一部の富裕層のものであり，国民の大部分が貧困に苦しんでいる．また「法と秩序」が維持されているとはとてもいえない状態が続いている．そして，②過去2回の共和制においては，政治家が軍を自分達の利益を守る「道具」として扱った．長い軍政期を経た現在，退役軍人が，政界から経済界まで活動の場を広げ，利権を獲得している．「軍の中立性」と「法と秩序」が守られているとは言い難い状況にある．

　どうすれば軍は政治への関心を失い，軍人としての職務のみに専念し，政治から完全に「退出」するだろうか．ハンティントンのいう「経済発展」，「法と秩序」の維持，「軍の利用」の視点から，ナイジェリアの過去，現状，今後の展望を考えたい．

### ナイジェリアの民政と軍政

　ナイジェリアはアフリカ最大の人口をもち，石油と天然ガスを産出する西アフリカの大国であり，他国に軍を派遣するだけの力もある．独立以前から複数

政党制による選挙を経験し、民主主義国として1960年10月に独立したが、2014年9月までの歴史を振り返ると、54年間のうち、民政であったのは約25年であり、しかも、その半分以上が1999年5月から現在に至る第四共和制である[15]。つまり、1966年1月から1979年9月までと、1984年1月から1999年5月までの約29年間が軍政だったのである（第7章表7-1参照）。

1999年に民主化を達成したナイジェリアでは、長い軍事政権時代よりも、民政移管後の方が紛争が多発し犠牲者が増えている。1999年から2007年までで1万5000人以上が紛争により死亡しており、その数は現在も増える一方である。2009年の時点で、ナイジェリア国民の7割が1日1ドル以下で暮らしている。しかし、ナイジェリアという国家自体は、決して貧しい国ではない。2008年の時点で、OPEC第7位の産油国であり、石油輸出で747億ドルを稼ぎ出していた。この利益はどこにいったのだろうか。ナイジェリアの富裕層が富を独占している状況を想像することはたやすい。本節では、富を求め続けるナイジェリア軍に注目したい。

シャリーア紛争など民政移管後の紛争をみていくと、長年政治に関わってきた軍部が、第四共和制において、政治の場から完全に退出し本来の軍隊の役割に専念できるかどうかについて、疑問が生じてくる。何故軍部は政治権力を獲得しようとしたのだろうか。また、何故、長く権力の座に居座ったのだろうか。もしくは、居座ることが出来たのだろうか。そして、何故、いまだに政治に関わろうとするのだろうか。

軍がクーデターを起こすとき、必ず、前政権の腐敗や政治的混乱をクーデターの理由として掲げる。しかし、清潔さを掲げた軍事政権の多くが、結局は同じように腐敗や混乱を理由としたクーデターによって倒されていった。そのうちに、前任者の轍を踏まぬように、自分の政権が少しでも長く生きながらえるように、様々な工夫を凝らす軍事政権が登場する。軍部を優遇し、ポストを用意し、退役軍人たちは政界だけではなく、経済界にも活動の場を広げていき、利権を獲得していく。このようにみていくと、ナイジェリアの軍部が政治に介入した理由は、軍部が清廉潔白で、悪を正そうということではなさそうである。

これから、an armed political party と呼ばれてきた［Maier 2000］ナイジェリア軍と野心家の有力軍人が、内外からの民政移管の圧力の中で、どのようにナイジェリアの市民社会を抑圧し、政治家や伝統的首長を取り込み、欧米諸国と協力しながら経済権益を手中にし、権力構造を築いてきたのかをみていく。

通常，ナイジェリアの軍政を語るときは，1960年の独立後の歴史が対象となる．第一共和制は1966年1月の第一次軍事クーデターによって倒された．このクーデターを鎮圧したアギー＝イロンシ政権が，ナイジェリア初の軍事政権とされる．こういった歴史の見方に対して，ヌアンコは，1990年の著書で[Nwankwo 1990]，ナイジェリアの軍政は，イギリスによる1914年の南北ナイジェリア保護領統一に遡ると主張している．オポボ国のジャジャ王（第7章第3節参照），ベニン王国のオヴェラミ王，ソコトのカリフやカノのエミール（第7章第1節参照）は，独立国の支配者でありながら，武力によってイギリスに倒され，その領土はイギリスの植民地に組み込まれていったからである．

常識的に考えるならば，独立というのは，その国家にとって大きな転機となる．しかし，ナイジェリアの政軍関係は，植民地時代と独立後と，継続性がみられるという．ヌアンコに従えば，植民地統治期が第一次軍政となり，独立を経て，第一共和制崩壊後，1966年から1979年までの軍政，つまりアギー＝イロンシ政権，アギー＝イロンシが暗殺された第二次クーデター後に成立したゴウォン政権，ゴウォン政権をクーデターで倒したムハマッド政権，ムハマッド暗殺（クーデター未遂）後，彼の後継者となり民政移管を果たしたオバサンジョ政権が第二次軍政となる．そして，第二共和制を1983年のクーデターで倒したブハリ政権が第三次軍政，ブハリ政権をクーデターで倒したババンギダ政権が第四次軍政，ババンギダが後事を託した暫定文民政権の防衛大臣でありながら，これをクーデターで倒したアバチャ政権と，彼の急死後政権を引き継ぎ民政移管を果たしたアブバカル政権が第五次軍政として，植民地時代からつながっていることを意識して分析を進めていく（第7章表7-2参照）．

### (1) クーデターと個人的野心

何故，軍隊は兵舎から大統領府に逆戻りしようとするのか．一般にクーデターを起こした軍部は，前政権の失敗（例えば政党政治の失敗）を口にする．文民政治家による政局の混乱，腐敗が，軍の介入の理由に用いられることは，多くの国でみられることであるが，これに対して，デカロは1990年の著書の中で[Decalo 1990]，政局の混乱や腐敗をクーデターの理由として理解することに否定的な見解を示し，「個人的野心」に注目している．ナイジェリアのクーデターはどうだろうか．これから順に見ていこう．

### (i) 1966年のクーデター

　1966年，ナイジェリアは二度のクーデターを経験した．1966年1月の第一次クーデターは，第一共和制における政治家の対立，政局の混乱が理由とされてきた．クーデターの首謀者とされるンゼオグ（イボ人）少佐は，理想主義的な革命イデオロギーを掲げる若手将校であった．第7章で登場したアデカネは，第一次クーデターの動機として，北部人が組織した部隊の電撃作戦で軍隊内の異分子である自分達異民族が殺されるかもしれないという恐怖心と，将来の昇進の不安などを挙げている．ンゼオグら首謀者を逮捕し，クーデターを鎮圧したアギー＝イロンシ少将は，自分の政権は暫定政権であることを強調しており，野心家という評価は見当たらない．第二次クーデターは，アギー＝イロンシ政権をイボ人支配と受け止め，北部支配を取り戻すために引き起こされた（歴代政権については第7章表7-2を参照のこと）．[16]

### (ii) ゴウォン政権と国家の肥大化

　軍人の政治的野心が見えてくるのは，1966年7月の第二次クーデター首謀者に担ぎ出された，陸軍参謀長ゴウォン中佐からだろう．ゴウォン陸軍参謀長は，中佐ではあったが，当時の北部出身者の中では最上位の階級だったため，国家元首となり，ビアフラ戦争に勝利した．その後，民政移管プログラムを提示したにもかかわらず，1976年に予定していた民政移管を延期することを1974年に宣言した．このとき，新たな民政移管時期を提示しなかったことから，ゴウォンには政権を退く意思がないと受け取られた．1975年にクーデターで倒されるまで，新たな民政移管の時期は明示されず，政権は腐敗し，国政は混乱を極めていた．[17][18]

　ゴウォン政権期の問題は，民政移管の延期だけではない．この時期に，「国家の肥大化」[Diamond 1987]が起こり，「国家を支配する者が富を手にする」という国家と社会の悪しき関係が強化されたことが，後の第二共和制崩壊の原因となった．

　ダイアモンドが指摘するまでもなく，第一共和制と第二共和制の崩壊の最大の理由は，国家と社会の関係である[Diamond 1995: 464-471]．マルクス主義の公式では「富裕な者が国家を支配する」となっているが，アフリカの現実は逆である．アフリカ諸国は支配と搾取のための制度を植民地国家から受け継ぎ，独立後も旧宗主国の作り上げた従属経済から脱却出来ないままである．さらに，国家が，鉱業，農業，その他の産業で，自給経済以外の富を広い範囲で所有も

しくは共有しているため，国家が賃金労働の主たる財源であり，かつ消費の主たる財源となる[19]．それゆえ，アフリカ人が富を蓄積し，より良い地位を獲得するためには，国家構造に食い込むしか道がなく，政府の歳出過程にアクセスすることが，「幸福への近道」となるのである [Schatz 1984: 55]．つまりは，国家自身が大きなケーキであり，権力を握ればこのケーキを自分に有利に配分することができる．野心を抱く全ての人間，政治家だけではなく「商人，請負人，建設業者，農民，伝統的支配者，教員」までが [Joseph 1987: 1]，国家というケーキに群がっていくのである．

国家の肥大化は，ナイジェリアでは，ビアフラ戦争終結後から顕著となった．石油収入は中央集権化され連邦収入の80％を占めるようになり，連邦政府の富の配分者としての重要性が大きくなった．また，経済への介入の度合いも増大した．1962年にはGDPの9.2％しか占めていなかった公共部門は，1974年には39％も占めるようになる．このように肥え太った国家の中で，政権内の汚職・腐敗の度合いも増していった．クライエンタリズムに支えられ，新家産主義（neo-patorimonialism），聖職禄主義（pribendalism）と呼ばれた国家の私物化は，軍事政権下でも，官僚・軍人・政治家によって，ますます深刻になっていったのである．

(iii) **銃弾に倒れたムハマッド政権と，保身を図ったオバサンジョ政権**

ムハマッド准将は，大佐や中佐クラスの士官がクーデターを起こすことを承認して，首班となった．ゴウォン政権を倒したムハマッドは，政権掌握後，ゴウォン政権下で腐敗しきっていた12州の軍政長官を更迭し，権力濫用や職務怠慢などを理由に1万人以上の公務員を解雇した．そして，軍自身も，25万人規模から10万人規模に縮小された [Diamond 1995: 430]．ムハマッド将軍は，民政移管のために，憲法草案委員会を開催し，その開会演説で，「Winner takes all のシステムに基づく残酷な政治的競争を除去する」必要性，「コンセンサスの政治を促進する」こと，「地方分権」を促進することを提唱している [Mohammadu and Haruna 1989: 50-51]．

職を失うことを恐れた勢力によって [Adekanye 1989: 199] ムハマッドは銃弾に倒れた．ムハマッドの後継であるオバサンジョ政権によって生み出された第二共和制も，結局，腐敗と混乱に陥った．識者は，その原因を，第7章第3節で紹介した，オバサンジョ政権の民政移管の手法にあるとみている．

第二共和制誕生のための最大のセレモニーは，大統領選挙であり，公明正大

に行われることが，第二共和制の将来のために必要なことであった．しかし，オバサンジョは軍の保身をはかったのである．オバサンジョは，軍政の不正を暴くとされていたアオロオではなく，軍政の過去を調査しないと約束したシャガリを大統領にするために［Ajayi 2007: 15; 127-128］，憲法解釈を歪めたのである．蓄財と無縁ではなかったオバサンジョが，シャガリを選んだのは当然であった．

　第二共和制が短命に終わったのは，前記のような非民主的な民政移管が1つの理由である．シャガリ大統領は次第に国民の支持を失いながら，1983年選挙では，重装備の警察を政権維持の道具とし，選挙操作で政権に居座ろうとして，軍に介入の口実を与えた［Adekanye 1989: 200; Ajayi 2007: 128］．

(iv) ブハリ政権とババンギダ政権，アバチャ政権

　1983年12月31日，腐敗と汚職にまみれた第二共和制を倒したブハリ少将のクーデターは，国民から歓迎された．ブハリ少将と副官のイディアボン少将の政権は，汚職対策として，行政部門，警察部門，税関部門の責任者，300人以上を解雇もしくは退職させた．大統領，副大統領，有力知事，閣僚，議員を含む数百人の政治家が拘留された．有力政治家の自宅から大金が押収され，拘留された政治家の銀行口座は凍結された［Diamond 1995: 440-441］．

　社会的な綱紀粛正を図る一方，ジャーナリストの政府批判を事実上禁じるような1984年布告第4号に代表される人権を無視した政策が目立ち出した上に，民政移管プログラムを示さず，次第に専制的になったブハリ政権は，経済も悪化したことにより，国民に不人気となり，ババンギダ准将によるクーデターで[20]倒された．

　ブハリ政権は何故倒されたのだろうか．この時期のナイジェリアの軍政を考えるとき，エリート軍人の人間関係をみることが，特に重要である．ババンギダの場合，ムハマッド政権とオバサンジョ政権の最高軍事会議（Supreme Military Council）のメンバーであり，ブハリ政権でも同様の地位にあった．しかし，自分ではなくイディアボンがナンバー2になり，友人であったはずのブハリへの不満から，ババンギダはクーデターを決行し，自分の政権を打ちたてたといわれている．

　1985年8月にブハリを追放して政権を掌握したババンギダは，1987年7月，米国モデルの政府を作り出す民政移管プログラムを公表した．このプログラムでは，1992年に大統領選挙を行い，軍が撤退すると予定されていた（就任当初

は1990年に民政復帰と表明）．民政復帰の時期は，後に，1993年8月に延期された．

1989年7月，ババンギダ政権は，1987年末の選挙で発足していた地方政府議会を解散し，10月には，登録申請を行っていた13の政治結社を解散させた．そして，政府自ら，二大政党を作り上げると発表したのである．国民共和会議（National Republican Convention：NRC）と社会民主党（Social Democratic Party：SDP）であるが，Nは北部，Sは南部と，当時揶揄された．

ババンギダ政権末期には，ババンギダ自らが大統領になるべきと訴える民間団体（Association for a Better Nigeria）も登場した．1993年6月に行われた大統領選挙で，SDPのアビオラ候補（ヨルバ人）が当選したとみられたが，前記の団体が訴えた裁判で，選挙結果公表の指し止めが命じられ，ババンギダ政権によって選挙無効が発表された．この後，アビオラの出身地である南西部を中心として大暴動が起こり，筆者もナイジェリアに入国出来なかった．ヨルバ語研究者である筆者の恩師（イギリス人）でさえ「入国は出来たが何も出来ずに帰ってきた」という状況であった．この混乱によって，ババンギダは辞任せざるを得なくなった．

1985年から1993年まで，ゴウォンに継ぐ長期政権を維持したババンギダにとって，民政移管プログラムは，政権の延命策でしかなかった．何より自らが民選大統領になりたかったのである．

ババンギダの後継であるショネカン暫定国民政府（文民政権）をクーデターで倒したのが，アバチャ将軍である．アバチャは，歴代首班の中で，最も独裁的であり，残虐な行為を容認した人物である．当初は，民政移管の意向をいち早く表明するなど，軍政に強く反発する世論の懐柔に努めたが，1995年3月にオバサンジョをはじめとする約40名の退役軍人や文民をクーデター計画への関与を理由に逮捕し，オバサンジョの片腕であったヤラドゥア（ヤラドゥア前大統領の兄）を獄中で殺害したり，11月に前述のサロ゠ウィワらを秘密裁判で絞首刑にしたりするなど，その独裁性，残虐性を国際社会に印象付けていった．

このように，ババンギダ将軍及びアバチャ将軍は個人的野心で行動していたと言える．また，「個人支配」を確立したのは，ババンギダ将軍であった．[21]

### (2) 軍隊が権力を維持するための戦略

国内外から民主化要求がなされる中，軍事政権が権力を掌握し続けるには，戦略が必要である．特に第二共和制が倒れて以降，クーデターは軍隊内部の指

導者層の権力争いであり，軍部が国家というケーキを分配するナイフを独占していたこと自体は変わらない．以下，軍が権力を維持するための戦略を列挙していく．

(i) 軍の能力の向上

① 膨れ上がる国防予算

第一共和制では防衛費は3.7％（1961-62年）から6.8％（1965-66年）という数値であったが，1967年から1970年のビアフラ戦争期に上昇し，1967-68年に24.1％，1968-69年に32.3％，1969-70年に42.6％となった．その後減少し，1975-76年には12％となったが，第一共和制時代と比べれば，大幅増加である［Adekanye 1989: 200］．この予算獲得によって，ゴウォン政権時代から，連邦政府は，軍の福利厚生に莫大な費用をかけてきた．

表9-5 ババンギダ政権期の防衛，教育，保健予算（連邦）の比較

（単位：％）

| | 防衛 | 教育 | 保健 |
|---|---|---|---|
| 1985 | 9.3 | 5.4 | 1.4 |
| 1986 | 4.8 | 5.2 | 1.9 |
| 1987 | 9.8 | 2.0 | 0.6 |
| 1988 | 6.2 | 6.4 | 2.0 |
| 1989 | 5.4 | 8.3 | 1.9 |
| 1990 | 3.7 | 4.6 | 1.3 |
| 1991 | 4.0 | 2.3 | 1.1 |
| 1992 | 5.2 | 2.6 | 1.7 |
| 1993 | 3.5 | 3.5 | 1.4 |

（注）Ajayi［2007: 74（表Ⅲ）］より筆者作成．

ババンギダ政権期の連邦予算の配分を示したのが表9-5である．ビアフラ戦争後減少したとは言え，防衛費と比べれば，5歳未満児死亡率や妊産婦死亡率が高い状況下にもかかわらず，保健医療費の配分が極端に低い．多額の防衛費が必要だった理由は，この時期に対外戦争や内戦があったからではなく，軍隊への手厚い処遇を維持するためである．これは，クーデターを画策するような不満分子を軍隊内に生まないための戦略の一環とも言える．

② 政策立案能力の向上

独立当初のナイジェリア軍は，識字率も低く，尊敬されない存在であった［Ajayi 2007: 108-109］．次第に軍の教育機関が増設され，軍人の能力が向上し，カリキュラムも政治学をはじめ幅広くなり，軍人の政界進出の足がかりとなっていった．例えば，オバサンジョ政権が1979年布告第20号によって設立した国立政策戦略研究所（National Institute of Policy and Strategic Studies: NIPSS）は，上級将校をはじめ，官僚，研究者，民間団体代表者などの教育訓練を行うことを目的としていたが，軍と警察に重きがおかれ，ババンギダを含め，主要ポスト

に着任する多くの卒業生を輩出した．また，ババンギダ政権が作り上げた二大政党制も，NIPSS 主導だという [Ajayi 2007: 41]．

### (ii) 政界に進出する軍人

1980年代中頃から，退役軍人が政治家に転身するようになった．下位ランクの者は，地方政府の議員に，上位ランクの者は，州や連邦議会に進出した [Ajayi 2007: 109]．1999年に民政移管され，第四共和制がはじまった．オバサンジョ大統領が2期務めた後，ヤラドゥア大統領（病死），ジョナサン大統領と続いている．メイヤーは，1999年選挙において，大統領として当選したオバサンジョも元軍人であるし，退役軍人の多くが地方政府（Local Government: LG）の議員になったことを指摘し，軍の退出が難しいとしている [Maier 2000: 293]．

1985年のクーデターで退出したブハリは，アバチャ政権が創設した石油信託基金（Petroleum Trust Fund）総裁になった．また，2000年のシャリーア紛争のときは，オバサンジョ政権の紛争解決に向けての努力を否定する保守勢力の有力者として発言した．さらに，2007年の大統領選挙に，全ナイジェリア国民党（All Nigerian People's Party: ANPP）から出馬し，与党 PDP のオバサンジョに継ぐ第2位の得票率を得ており，さらに2011年の大統領選挙でも第3章表3–1の通り次点となり，大物政治家になっている．

### (iii) 軍 の 蓄 財

比較的若くして退役するため，引退後も活発に活動する退役軍人たちは，政治に興味がない場合，財界に進出する．ババンギダ政権末期の1992年，ナイジェリア預金保険機構（Nigeria Deposit Insurance Corporation）の年次報告書は，退役軍人と銀行との関わりを明らかにした．120ある投資銀行と商業銀行のうち24の銀行に事業利益があり，13の商業銀行と7つの投資銀行を完全所有し，11の銀行に企業支配権があるといった調子である [Ajayi 2007: 110-111]．

ただ，暗い展望ばかりではない．退役後は政界に入るか農場を経営するという軍の伝統に反して，ナイジャー州軍政長官であり，ババンギダ政権で大臣を務めたアリ将軍は，退役後，小さな店舗を経営している[22]．記事には，現在の政治指導者の蓄財を戒める言葉も掲載されていた．アリ将軍は，イスラームの教えに忠実に生き，「モラル」を心得ているように記事には書いてあった．しかし，イギリスの植民地統治の遺産を受け継ぎ，蓄財と権力闘争のためにクーデターを繰り返したナイジェリア軍全体に，「モラル」を要求することは現実的ではない．

### (iv) 社会の諸勢力の取り込み

反抗する者は弾圧（投獄，暗殺など）されたが，軍事政権は，政治家だけではなく，伝統的首長，労働組合幹部，NGO活動家，ジャーナリスト，宗教者を引き込み，市民社会の無力化を促進する戦略がとられてきた．

### (3) 軍の退出

ナイジェリア軍は，イギリスが現地の王国や首長国を征服するため，そして，植民地化を進める白人をアフリカ人から守るための軍隊から始まった（第7章第2節参照）．民衆ではなく支配者を守るために軍隊を使うという植民地時代の負の遺産が，第一共和制に引き継がれ，自らに反抗するものを抑圧する「道具」として軍を用いたバレワ政権は，軍のクーデターで倒された．第二共和制において，最初の2年は軍を使わなかったシャガリ政権も，結局は軍を政権維持の「道具」として使い，同じように軍の介入を招き，その後15年にもわたる軍政が続くことになる．軍の政治介入を防ぐためには，政治家の側が「軍の中立性」を守ることが大切だということが，ナイジェリアの軍政の歴史から学べる．

では，政治家や政党が軍を「道具」として利用せず，「軍の中立性」が守られれば，軍人の「個人的野心」は抑制され，軍は政治から退出するだろうか．本節の冒頭で紹介したハンティントンの2つ目の条件は満たされる．しかし，まだ1つ目の条件が残っている．「経済発展の促進」と「法と秩序の維持」という課題である．

ナイジェリアの場合，経済発展の促進が国民の生活水準の向上に結び付いていない．貧富の差は米国を超えており[23]，乳幼児死亡率や妊産婦死亡率をみれば，貧しい人びとの過酷な生活が容易に想像できる．さらに難しいことは，「法の支配」の再構築である．ダイアモンドは，「正直さ，信頼，法の遵守」といった「市民社会の価値（civic value）と社会の構造」が，「民主主義の効用と経済の繁栄」と強い相関関係にあり，それがナイジェリアには欠如していることを指摘している [Diamond 1995: 418-419]．もちろん，植民地化以前には，それぞれの民族がcivicな伝統を醸成していた．しかし，こういった「正直さ」や「互恵性」をもった，もともとナイジェリアで培われてきた伝統は，エケーが指摘しているように，植民地化によって作り上げられたナイジェリアという近代国家には受け継がれなかったのである [Ekeh 1989: 2-4]．

2009年9月21日付の現地新聞は，軍と警察の衝突の多さを挙げ，ナイジェリ

アの軍には「法の支配」に従う姿勢がないことを批判した. さらに, シビリアン・コントロールを行うべき文民政権の側にも,「法の支配」に従う姿勢がないことを糾弾している[24].「法の支配」に重きを置き, 裁判にかけることなく処刑をしないという至極当たり前のことが出来る政権が登場するまで, ナイジェリアの政軍関係の不安定さは続くのである.

### (4) 今後の展望

2008年8月, 筆者は, 科研資金によって, ナイジェリアの首都アブジャに滞在することができた. 現在と同じく, 当時も, 石油産出地域であるナイジャー・デルタ地帯では, 公正な利益分配を要求する地元イジョ人の武装勢力による石油関連企業従業員の誘拐事件が多発していた. しかし, 海外から注目されている事件にかかわらず, 滞在中, ホテルの部屋でみていたテレビ番組で, ただの一度もこのナイジャー・デルタ関連のニュースをみることはなかった.

毎日流れていたのは, ロシア軍のグルジア侵攻であり, 国内の話題といえば, 大統領の演説や大臣のインタビュー, ATMをめぐるトラブル, マーケットで相次ぐ値上げというような内容だった. ナイジェリアで印刷されている雑誌にはナイジャー・デルタ関連の記事は多い. 富裕層が見るテレビ番組には, 貧しい人びとが引き起こす事件は不要ということだろうか.

テレビ・ドラマも印象的だった. 日本の平均的な居間の3倍の広さがある部屋に, 家族がくつろいでいる. そこに娘の1人が恋人を連れて帰宅し, 両親に彼を紹介する. 彼が帰った後, 母親が娘に言った言葉は,「大学の講師なんて収入が少ない」,「彼の住居は部屋数が少なすぎる」というものであった. 母親のこの言葉に共感する階層しか, この番組を観ないのだろうか.

滞在中, 首都アブジャの高級住宅街に連れて行ってもらったが, 知事や高級官僚の家だという. 知事とは誰だろうか. その中には退役軍人が何割か混じっている. 36州もあるため, 国家予算のほとんどが人件費で消えてしまい, 貧困対策のプロジェクトなどたてようもないという話も聞いた. 第一共和制は3州から始まり, 4州になり, ヌアンコの区別でいう第二次軍政下で, 12州 (1967年), 19州 (1976年), 第四次軍政下で21州 (1987年), 30州 (1991年), 第五次軍政下で36州 (1996年) と増加していった. 州が増えれば, 知事のポストも, 議員のポストも増加する.

国家を支配し, 富を独占する旨味を覚えたナイジェリア軍が, 国政から完全

撤退することはあるだろうか．第1節で述べたように，2000年にカドナ州から全土に飛び火し1000人以上が殺害されたシャリーア紛争では，退役軍人が失業中の若者に金と武器を与え，紛争を扇動していた．オバサンジョは第四共和制初代大統領の座に就くと，多くの将校を退役させ，汚職を告発した．北部の既得権益を侵す行為に対する警鐘として，シャリーア紛争が計画されたとみることもできる．

　政界に入る退役軍人が多い現実に加え，退役軍人が教会幹部（英国国教会系）になり，「金と権力がほしいだけ」と本家から非難される「運動」が，イギリスで批判を集めた．ナイジェリアでは，神の教えを守る信仰心があるのは貧しい人びとだけのようにしかみえない状況だが，宗教界にも退役軍人が進出していくのは，富を求めてと考えるのが正しい解釈だろうか．宗教さえも蓄財の道具としてしまう退役軍人の姿を見ながら，「制度」と「モラル（正直さ，信頼，法の順守）」の両輪が揃わなければ，軍人の「個人的野心」を抑制し軍の政治介入を防ぐことは出来ないことを痛感した．

## 3　幻想としての「民主主義」
――国際社会の民主化要求と紛争――

　アフリカでは，富める人びとが国家を支配するという構図ではなく，国家を支配する者が富を独占出来るできるという構図が長く存在した．選挙で敗北し，大統領の座を失うことは，国家という富の源泉を失うことであり，腐敗した大統領とそのファミリー，取り巻き達にとっては，受け入れ難いこととなる．そのため，時として，選挙での敗北がわかっていても，大統領の座に居座ろうとして，暴動や紛争の原因をつくる人びとが出てくる．このような場合，どのような対処方法があるだろうか．

　特に，軍事政権が終焉し，もしくは国内紛争が終結することによって「移行期」と呼ばれる段階にアフリカ諸国が入ったとき，国際社会も国内社会も「民主化」を期待した．この時アフリカが直面した問題は，国際社会から要求された民主化の方法が，必ずしもアフリカに適したものではなかったということである．

　民主主義の本質は，チャーチルが議会演説において，「民主主義の最高の定義」として引用しているように，リンカーンが演説した「人民の，人民による，人

民のための政治」という考え方であろう．同じ演説の中でチャーチルは，「支配するのは議会ではない．議会を通して支配するのは人民である」とも述べている．[25]

　冷戦が終結し，東西陣営がなくなった結果，欧米諸国は体制維持のためにアフリカの独裁者を支援する必要がなくなった．第1章でも述べたように，1990年，ラ・ボールで，フランスのミッテラン大統領が，援助の条件として民主化を要求したことを皮切りに，国際社会はアフリカに民主化を要求し始めた．援助なしに立ちゆく国はアフリカにはほとんどなかったため，独裁者もこの要求を飲まざるを得なかった．そして，政権交代が起こり，いくつかの国では，暴動，紛争，国家の崩壊を経験した．

　その理由は，欧米がアフリカに要求した民主化は，複数政党制の導入と選挙の実施という単純なものであったからである．ときとして，複数政党制の導入や選挙が，民族の融和を妨げ，国家の安定を揺るがすことがある．このことは，民主主義がアフリカに適していないということを意味しているわけではない．サハラ以南アフリカにおいて，民主化と，民族の融和及び国家の安定とを両立させることはもちろん可能である．問題となるのは，どのような制度がその国に適しているかということを議論せずに，一律に同じ制度を導入したことではないだろうか．

　では，どのような民主化の方法を導入すべきだったのか．国際社会が要求した民主化の問題点としては，winner-take-all 方式の多数決型モデルを採用し，敗者への配慮がなかったことがある．これから紹介するケニアの2007年選挙後暴動においても，アンゴラやコートジボワールの事例についても，敗者に副大統領職や首相職を準備しておけば，紛争は防げたのではないだろうか．

## (1) 植民地化と伝統・慣習の変容

　序章や第7章の繰り返しになるが，民主主義はアフリカにとって外来のものではない．アフリカには直接民主制の経験もある．民主主義は西洋の創造物であり，それをアフリカに移植し定着させなければならないとか，冷戦終結後，ソ連・東欧の民主化の波がアフリカに届き，アフリカの民主化が起こったというような民主主義の外来説があるが，アフリカには民主主義的な経験があるということを強調したい．その代表例が，第7章でも紹介したナイジェリアのイボ人社会である．植民地化以前のイボ人社会では，「それぞれの村の運営は男

性たちが集まる集会によって行われた．この集会にはすべての成人男性が参加し，発言する権利を持っていた．特定の個人が権威を独占することはなかった」という．

　植民地化は，間接統治政策により，伝統王国の内実も変えてしまった．序章で紹介したように，アフリカ中部のルワンダ王国では，王の決定には評議会の承認が必要であり，合議制に近かった王と首長の関係が，植民地化以降，ベルギーを後ろ盾とした王の権威が強大化した．ナイジェリアにおいても，間接統治は，伝統的支配者の地位を植民地化以前と異なったものにした．植民地化以前には，ソコト帝国内のエミールは，ソコトのスルタンに対して責任があると同時に，エミールの支配下にある住民に対しても責任を負っていた．しかし植民地時代には，エミールは植民地政府に対してのみ責任があるだけで，たとえ住民の支持を失っていても，植民地政府から気に入られている限り，その地位を失うことはなかった．植民地化以前にあったチェック・アンド・バランスのシステム，コンセンサスの政治の伝統が，間接統治の導入により壊されてしまったのである（序章，第7章参照）．

## (2) アンゴラの内戦再開

　アンゴラは，武装解放闘争を経てポルトガルから独立した後，さらに20年近い冷戦の代理戦争を経験した国である．冷戦終結後の1991年5月31日，MPLAとUNITAとの間にビセス（Bicesse）合意が締結され，1992年9月29日，30日に複数政党制による議会選挙（18の政党）及び大統領選挙が実施された．議会選挙の結果は，MPLAが54％，UNITAが34％を獲得し，大統領選挙は，ドス・サントスが49.6％，サヴィンビが40.1％を獲得した．

　多くの文献では，反政府勢力UNITAのサヴィンビが大統領選挙での敗北を認めず，内戦に立ち戻ったとだけ書かれている．しかし，実際には，過半数を制する候補がいなかったため，大統領選挙は決着しておらず，決選投票の準備がされていた．これから，アンゴラ和平が何故失敗したのか，選挙制度と信頼関係を崩した虐殺事件について説明する．

　アンゴラで1992年に行われた選挙において適用されたルールも，勝者が全てを獲得するというwinner-take-allであった．敗者に対して副大統領や首相のポストを提供することは考えられておらず，また，和平協定締結後にすぐに行われた早急な選挙は，有力な第三政党が登場する時間を国民に与えなかった．

もう1つ指摘しておきたいことは，MPLA と UNITA の信頼醸成の問題である．同朋意識の欠如と呼んでもよいかもしれない．大統領選挙の決選投票の交渉のために首都ルアンダにいた UNITA 副議長のチトゥンダら UNITA の要人が，MPLA によって車から引きずり出されて殺害されている．MPLA 党員や軍，警察は，首都ルアンダで，2万5000人から3万人の UNITA の支持者および別政党であるアンゴラ国民解放戦線（Frente Nacional de Libertação de Angola: FNLA）の支持者を殺害したという．1992年10月30日から11月1日にかけての事件で，ハロウィーン大虐殺と呼ばれている［James and Broadhead 2004: 67］．交渉中にナンバー2が殺害されるという事件が起これば，相手との信頼関係が断ち切られるのは当然であり，UNITA が交渉を止めてしまったことを責められるだろうか．

### (3) ケニアの2007年選挙後紛争

ケニア共和国の民族紛争というと，2007年12月27日に行われた大統領選挙の不正に端を発した暴動が記憶に新しい．第1章第3節でも説明したように，野党候補であったオディンガ（ルオ人）の勝利が確実視されていたにもかかわらず，12月30日，ケニア選挙管理委員会は現職のキバキ大統領（キクユ人）の再選を報じ，これに反発した人びとが暴動を起こした．死者が1000人以上，国内避難民が数十万人という結果となった．

そもそも，その5年前の2002年，ケニアの民主化のためにオディンガが移譲する形で野党統一候補となり大統領選挙に勝利したキバキは，オディンガが就任する約束になっていた首相職を設けることもせず，閣僚の重要ポストはキクユ人（及び近縁のメル人とエンブ人）[27]を任命するという明らかな公約違反を行った．キクユ人優遇策に怒った多くの国民はオディンガ支持にまわり，オディンガは，首都ナイロビを含めたケニア8州（当時）のうち，出身地であるニャンザ州以外に，西部州，リフトバレー州，コースト州，東部州，北東部州と，幅広い支持を得ていた．キバキが出身地（セントラル州）とその周辺地域の支持に頼っていたのとは対照的であった（地図3-3参照）．

2007年大統領選挙の中間集計値の発表段階ではオディンガが優勢であった．ところが最終段階で，オディンガを支持した反キバキ地域の開票結果が先に公表され，キバキの選挙地盤であった地域の開票結果が最後の最後に公表されキバキ当選となった．この開票プロセスに対しては，明らかに不正があったと信

じられ、キバキの出身民族であるキクユ人の家や商店が焼かれキクユ人が襲撃される。それに対して、キクユ人側が報復するといった、特定の民族が標的とされた暴動が2月初旬まで続いた[28]。

キクユ人が狙われ、報復としてカレンジン人やルオ人が殺害されるというように、民族集団が単位となって流血を招いた暴動であるから、民族紛争と呼ぶにふさわしい事例である。しかし、忘れてはならないことがいくつかある。まず、加害者も被害者も圧倒的に貧しい人びとであった。首都ナイロビのスラムでは激しい暴動がおこったが、単純な民族間憎悪というよりも、貧困への強い不満が鬱積した結果としての暴動であるとも考えられる。また、政治家が暴動を扇動したという指摘も当時からあった[29]。死者の多くは、民族同士の抗争よりも、警察の実弾で殺された人びとであるということが暴動終結直後から指摘されていた（通常はゴム弾を使用）。

さらに、キクユ人に対する反発は、キバキの縁故主義に始まったことではなく、初代大統領であるジョモ・ケニヤッタ（キクユ人）政権が、植民地政府がカレンジン人（リフトバレー州）から取り上げた土地をキクユ人に払い下げたなど、植民地化の遺産であり独立直後から続く土地問題とも関連している。そして最後に、北東部州では何の暴動も起こらなかったことを強調しておきたい。北東部州のソマリ人の人びとは、イマーム（イスラーム教の指導者）の言葉に従い、平静を保っていた。

この暴動で最も被害を受けたのが、スラムに住む人びとであった。貧しい人びと同士が、互いの家を焼き、商店を破壊し、ますます貧しくなっていくということになり、この暴動で利益を得た政治家たちは暴動には参加していないということも忘れてはならない。

### （4）コートジボワール紛争

2010年11月の大統領選挙の第2回投票の結果を巡って、内戦状態になったコートジボワールの事例も見てみよう。第1回投票で1位となった現職大統領バボと、3位だった候補と連合を組んだ2位候補のワタラ元首相が、第2回投票で争うことになった。独立選挙委員会は、バボが45.86%、ワタラが54.14%の得票率で、ワタラの勝利としたが、憲法評議会は7地区の投票を無効として、現職バボの勝利とした。ここから、両者の支持者が衝突し、内戦状態になった。

2011年4月（4日と10日）に、国連PKOがフランス軍の協力を得て、（民間人

保護を目的に）バボの拠点に空爆を行い，軍事的に追い詰められたバボは，（4月11日に）籠城を続けていた大統領公邸内において，突入した兵士によって身柄を拘束され，ワタラの拠点に移送された．5月5日に，憲法評議会は，ワタラを新大統領として認めた．

　戦闘拡大の阻止と民間人の保護が目的だったとはいえ，国連とフランスの軍事介入は，ワタラ政権が国民和解を模索する上で，得策ではなかった．最善の策として考えられていたのは，平和的手段によってバボとワタラが合意に達し，双方の勢力が協力して国家運営にあたることであった．もしそうであるなら，選挙の実施を考えたときに，勝者が全てを獲得するというwinner-take-allの制度をどうして導入したのだろうか．バボもワタラも獲得票数は接近していた．過半数を獲得すれば勝者となり，たとえ49%の支持を得たとしても，敗者には何も残らないという選挙制度は，多民族国家には適していない．最初から，敗者へのポストを用意しておけば，このような紛争は防げたかもしれない．

　Winner-take-allのルール，二大政党制，比較多数得票主義，小選挙区制といった両極化を生みだし中央集権化させるような制度が，アフリカのような多極社会には適さないということは，長いアフリカ研究の蓄積の中で，幾度となく言われてきた．ウィリアム・ルイスもその1人である．そして，アフリカのような多民族国家においては，パワー・シェアリングが必要であることも，アフリカ研究者は指摘してきた．このような研究成果は，現実にはなかなか利用されない．

　ただし，このパワー・シェアリングは，使い方を間違えると紛争を再燃させる．ルワンダの事例を見てみよう．

## (5) ルワンダのジェノサイドとパワー・シェアリング

　アフリカの多民族国家に適した制度として，パワー・シェアリングがあると述べたが，この制度を用いても，ジェノサイドを経験したのがルワンダである．

　ハビャリマナ政権末期は汚職もひどく，ルワンダ経済は疲弊し，反政府勢力であるルワンダ愛国戦線（Rwandan Patriotic Front: RPF）が武力侵攻してきた．内外からの圧力により，1991年に複数政党制が導入され，92年には野党から首相が誕生した．次の大統領選挙でのハビャリマナの再選は疑問視されていた．

　RPFはとても強く，劣勢にたたされたハビャリマナ政権は，1993年にアルーシャ和平協定を結び，RPFとのパワー・シェアリングを約束した．その内容は，

1993年12月に発足するはずであった新政府において，首相を含む21の閣僚ポストのうちの5，国軍の司令官レベルの軍隊の50％，兵士レベルの40％をRPFが獲得するというものであった．[30]

しかし，和平交渉において，ハビャリマナ政権の中枢にいたフトゥ強硬派は円卓会議から排除され，パワー・シェアリングに猛反発した．そして当のハビャリマナ大統領自身も，アルーシャ和平協定を遵守する姿勢を見せなかった．和平協定はただの紙切れとなってしまったのである．そして，フトゥ強硬派は，自らの既得権益を維持するための方策として，ジェノサイドを考え出し，それを実行に移し，1994年4月6日にハビャリマナ大統領搭乗機が撃墜された翌日7日から7月4日のRPFの首都キガリ制圧までの約3カ月間で，80万人を超えるトゥチとフトゥ穏健派の命が奪われた．

ルワンダの事例では，主要なメンバーがパワー・シェアリングに参加することの重要性を学ぶことができる一方で，その主要なメンバーが，人権や民主主義や価値の多様性といった国際社会が認めている価値観を共有出来ない場合，彼らに対してどのような対応をすべきなのかという難しい問題に直面する．レイプハルトが多極共存型民主主義(consociational democracy)理論を提起したとき，エリートが多極共存型民主主義を成功させるために必要な4つの役割を提示している．①エリートは，民主主義の実行に対する責任はもとより，国の統一の維持に対して少なくとも何らかの責任を感じること，②中庸と妥協の精神において，他の区画のエリートと協調する努力をする基本姿勢をもつこと，③自分自身の支持者たちの指示と忠誠を維持すること，④均衡をとるための困難な行動を絶えず行うこと〔Lijphart 1977: 53〕である．

パワー・シェアリングによって既得権益が減少することを嫌い，80万人の命を奪っても構わないと考えたフトゥ強硬派のエリートたちには，前記のレイプハルトが示したエリートの役割は期待できない．敵対者や競争者の抹殺を諦めて平和共存の道を選ぶように，エリートに行動させるにはどうすればよいだろうか．

## 4　紛争抑止の制度設計
――コンセンサス型の手法――

民主主義が現在考えうる最良のルールであることに異論をさしはさむ人は少

数だろう．ここでは，ダールのポリアーキー（polyarchy：「参加」と「異議申し立て」を要件とする）の定義を採用する．民主的な社会でどのようにして物事を決めるのか，その決め方について，「多数決型」と「コンセンサス型」に分けて，もう一度考えてみたい．

「多数決型」と「コンセンサス型」の典型的な差は，「人民の人民による人民のための政治」というリンカーンの言葉の中の「人民」が誰を指しているのかという問いに対する答えに，最もよく表れている．多数決型モデルでは，その名の通り，「人民」＝「多数派を形成する人びと」であり，コンセンサス型モデルでは，「人民」＝「できる限り多くの人びと」となる［Lijphart 1984: 4］．

ここで注意しておきたいことは，アフリカ諸国の民主主義が，これら2つの規範モデルのどちらにより完全に合致するかということを考えるのはあまり意味がないということである．重要なことは，植民地化以前からのアフリカの経験を念頭においた上で，どちらのモデルを用いることが，アフリカの人びとが安心して暮らせる社会の構築につながるかということである．

第1章ですでに述べたが，アフリカ研究においては，すでに1960年代に，多数決型モデルに反対する指摘がなされている．ルイスは，彼の西アフリカ研究において，二大政党制，比較多数得票主義，小選挙区制といった「与党」対「野党」という両極化を生み出し，中央集権化していくような制度は，アフリカのような多極社会には適さないと論じた．ルイスが，多極社会である西アフリカに適した制度として提示したのは，比例代表制，大選挙区制，主たる政党による連立政権，連邦制である．これらは，コンセンサス型モデルに属する制度といえよう．

多数決型に反対したのは，研究者だけではない．第2節で紹介したナイジェリアのムハマッド将軍の言葉にあったように，多数決主義，すなわち「勝者が全てを支配する」というルールの下では，選挙自体が「生か死か」の戦いになってしまうとして，コンセンサスの政治の必要性を認識している政治家は少なくない．

アンゴラとコートジボワールの事例をみると，選挙制度の中身が大切で，アフリカのような多民族国家においては，winner-take-allのルールは避け，敗者に配慮し，ポストを用意する，過半数ではなく3分の2以上にするなど，多数決のハードルを上げるなどの対策が必要であることがわかる．多数決型ではなくコンセンサス型の手法が必要なのである．

また，ルワンダの事例からは，パワー・シェアリングを考えるときには，主要な当事者を全て参加させるという配慮が必要だということがわかる．そして，アンゴラのハロウィーン大虐殺にみられるような，信頼関係を崩すような行動は，国際社会が許さないという確固たる態度が必要である．

　ここまで，多民族国家における選挙のルールについて論じてきたが，それなりの配慮をしても，それが不十分では，やはり暴動を招くことがある．死者100万人を超す犠牲者を出したビアフラ戦争を経験したナイジェリアは，大統領選挙で勝者となるためには，3分の2以上の州で25％以上の得票が必要だとしてハードルを高くしており（第四共和制憲法133条(b)），民族政党や宗教政党も禁止している．そして，政党側も，大統領候補がキリスト教徒なら，副大統領候補はイスラーム教徒にするなど，地域的・宗教的バランスをとるようにしている．それでも，2011年5月の選挙で，南部出身のジョナサン大統領が勝利したことに対して，北部出身のブハリ元最高軍事評議会議長を支持する人びとが暴徒化し，北部を中心に暴動が起こり，3日間で，800人以上が死亡し，6万5000人が家を追われたといわれている［Human Rights Watch 2011］．政府の調査委員会は，ブハリ陣営が暴動を組織したと非難している．

　800人の命は重いだろうか．貧しい人びとばかりである．ジョナサン政権側は，暴動を防ぐために，敗者であるブハリ陣営を取り込むような手法も考えることができたはずであるが，強欲な政治家たちは，取り分が減るような政策は好まないのだろうか．

## 5　ジェノサイドの心理学
―― 人びとはなぜ殺戮に参加するのか ――

　アフリカでは，本当に多くの人びとが紛争の犠牲になっている．約3カ月で80万人が虐殺されたルワンダのジェノサイドがその顕著な例であるが，アフリカの人命軽視の歴史は，第5章や第7章で示したように，奴隷貿易と植民地化という2つの経験の遺産であると筆者は考えている．

　貧困は様々な問題をもたらすが，国内の経済格差に対する不満が紛争の火種になることも忘れてはならない．暴動はエリートだけでは起こすことができない．暴動を起こすには，民衆の動員が必要である．エリートが人びとを動員できるのは何故か．貧困，失業，社会不安，政治の腐敗・汚職に対する人びとの

第9章　紛争の再生産を断ち切るために　199

不満をうまく利用するからである．貧しい生活に憤りを感じている人びとが宗教デモに参加し，鬱憤をはらし，政治エリートから金を渡された失業中の若者が暴力行為を扇動したのである．

　もちろん暴力行為に参加するのは貧しい若者だけではない．例えば2009年12月に米国で航空機爆破未遂事件を起こし，2012年に（仮釈放なしの）終身刑の判決を受けたナイジェリア人青年ウマル・ファルーク・アブドルムタラブ（1986年生まれ）は，アフリカ有数の大富豪の家に生まれた．信心深いイスラーム教徒だった青年は，地元のインターナショナルスクールとトーゴの英国式寄宿制学校を経て，英国ロンドン大学に留学し，1戸の売買相場が1億円と言われる高級マンションで暮らしていた．イスラームの価値観と西洋の価値観の相克に悩み，アルカイダと接触し，訓練を受けて，航空機に乗り込んだのである．しかし，航空機爆破のように訓練が必要な「テロ」行為は別として，街中のデモ，暴動，略奪行為，民兵による殺戮に参加するのは貧しさに不満をもつ若者たちである．

　紛争を扱う第Ⅲ部において，ここまでは，紛争を引き起こす政治エリート，政治エリートに動員される人びと，被害者となった人びとについて述べてきた．この節では，主体的に殺戮に加担する人びと，それを支持する人びとについて考えてみたい．

　『ジェノサイドの心理学』という本がある［Baum 2008］．著者バウムは，民衆の手助けなしにジェノサイドは実行できないとして，ジェノサイドを計画する個人・集団が存在し，彼らが民衆を操作するという側面を認めながらも（トップ・ダウン・アプローチ），どのような状態の人びとがその誘いに応じ，ジェノサイドに加担するのか（ボトム・アップ・パースペクティヴ）について分析している．

　人びとがジェノサイドに加担しないために必要なものは自身の成熟（maturity）であるとバウムは主張するが，重要なことは，どのようにして人びとに maturity を植え付け，ジェノサイドの誘いに動じないようにするかである．バウムは，扇動者が民衆に「我々の敵」だと教えこもうとする相手が実は「同じ人間である」という知識をどうやって人びとに植え付ければよいかを議論している．バウムは，寛容や共感を教える教育と，地域社会の関与，社会の不正を正すことの3点を処方箋として提示している［Baum 2008: Ch. 6］．

　また，バウムは「嫌悪」をもたらす要因を以下のようにまとめている．

加害者と傍観者は
  ・無知であるから嫌悪する．
  ・苦痛のために嫌悪する．
  ・精神的に不安定であり未熟であるから嫌悪する．
  ・ストレスと恐怖から嫌悪する．
  ・自尊心が満たされないときに嫌悪する．
  ・処罰を免れられるとき嫌悪する．

[Baum 2008: 235-236]

　エリートがモラルに欠け，紛争を扇動しようとしても，市民が寛容や共感を教え込まれていれば，紛争を食い止められるのではないだろうか．人びとが学び，自分に自信をつけ，心穏やかな生活を送り，そしてヘイト・スピーチを厳しく処罰する社会を作り上げたとき，果たして今のような紛争は起こるだろうか．学校教育やメディアが重要な役割を果たすことは間違いがないが，第Ⅱ部で述べたような貧困問題に対する先進国の責任も忘れてはならない．
　イスラーム教徒，もしくはイスラーム教に改宗した，生まれや育ちが先進国という若者たちがイスラーム国に参加する事件が問題となっているが，この背景として，若者たちの現状への不満が指摘されている．今，日本で問題になっているヘイト・スピーチは「社会の不正」として扱われており，バウムの議論は他人事ではない．国際社会からも懸念されているこの問題に対して，日本政府の早急な対策が必要である共に，私たち自身がどのように行動すべきかを考えなければならない．

## 6　国際社会の責任

　最後に，国際社会が果たすべき責任について述べたい．国連平和構築委員会は，「良い統治」，「法の支配」などをアフリカ側が達成する目標として掲げているが，国際社会の側は，アフリカに対して，「良い統治」や「法の支配」を守ってきただろうか．また，貧富の格差を是正するような圧力をかけてきただろうか．「良い統治」も「法の支配」も，アフリカ側の努力だけでは達成出来ない．

## (1) 法の支配

アフリカで欧米諸国，欧米の企業が行ってきたことの中には，法の支配というルールから大きく逸脱するようなことがたくさんある．ナイジェリアの2つの事例をみてみよう．

第1節でも述べたように，石油産出地域にあるオゴニランドで，国際石油資本ロイヤル・ダッチ・シェルによる環境破壊に抗議していた人権活動家ケン・サロ＝ウィワを無実の罪で処刑したのは独裁者アバチャであるが，処刑するようにアバチャ政権に求めたのは，Shellの側である[31]．

また，石油産出地域であるデルタ地帯の主要民族であるイジョ人の武装蜂起[32]に対して，米国政府は国務省の予算で民間軍事会社を雇い，ナイジェリア国軍にイジョ人の武装集団を壊滅させる訓練を行っていた[33]．石油や天然ガスというナイジェリアの富を生みながら，貧しい生活を強いられ，環境破壊に苦しんでいるイジョの人びとの要求は，先進国なら裁判で勝利出来るほど正当なもののはずである．

ナイジェリアのデルタ地帯で，老朽化したパイプラインから原油が漏れ出て，畑が石油に覆われてしまった．数メートル土を掘り返さないと，この畑を生き返らせることは出来ない．このような事故はこれまで何度も起こっているが，欧米の石油会社が畑の持ち主に補償をすることはなかった（UNEPの報告書の内容については第1節参照）．法の支配をアフリカに要求する前に，欧米の側が正しい姿をアフリカ人に見せるべきではないだろうか．

## (2) 良い統治

ナイジェリア政府系企業であるNigeria LNG社が実施したLNGプロジェクトに対して，テクニップ社（仏，Technip），スナムプロゲッティー社（伊，Snamprogetti），ケロッグ社（米，現KBR）及び日揮株式会社（JGC Corporation）の4社が国際コンソーシアム（TSKJ社）を設立し，TSKJ社は，1995年から2004年にかけて，Nigeria LNG社から建設工事請負契約を受注した．日本の商社である丸紅も，TSKJ社との間で業務委託契約を締結してTSKJ社の受注活動に協力したことを認めている．この契約獲得のため，150億円が当時のアバチャ政権（1993-98年）に渡った．

KBR社は，米国のハリバートンの元子会社であり，当時のハリバートンの最高経営責任者は，米国のブッシュ政権副大統領のチェイニー（1995-2000年に

ハリバートンの最高経営責任者）であった．ナイジェリアの捜査当局は2010年12月にチェイニーを訴追すると発表したが，ナイジェリア政府に対するオバマ政権からの強い圧力により，チェイニーはナイジェリアでの裁判は回避できた．米国の法律により，KBR社に加え，日本の日揮や丸紅も，米国で罰金を払っている[34]．

### (3) 私たちが出来ること，すべきこと

これまで述べてきたような問題については，すでに多くが語られており，解決策も様々に議論されてきたはずである．しかし，大国は自国の利益を犠牲にしてまで，紛争の原因を取り除く方策をなかなか実行しようとはしない．奴隷貿易から現在まで，アフリカ人の命を犠牲にして金儲けをするのはもうやめるべきではないだろうか．国内紛争の死者の多くは民間人，特に女性と子どもである．罪もない人びとが虐殺されないように，私たちが出来ることはないだろうか．5点提起したい．

① 多国籍企業の責任，消費者の責任を考える
② アフリカ人エリートがすべきことを考える：汚職の廃絶，良い統治
③ 平和的紛争解決と人権保障のコンセンサスを作りあげる
④ 貧しい人びとの生活の改善を優先する
⑤ アフリカ政治を特殊と考える思い込みから脱却する

アフリカの紛争は，簡単に「部族抗争」という一言で片付けられてきた．しかし，現実はそのような単純なものではない．本文中，〇〇民族，〇〇クランによる支配と書いてはいるが，民族やクランの存在自体は民族紛争の原因ではない．これは多民族共生というアフリカの歴史をみれば容易に理解できる．フランスのアフリカ政治研究者バイヤールが主張するように，「民族」が「富，権力，地位」を獲得するための「手段」になっていることが問題なのである [Bayart 1993: 55]．

独裁者が権益を死守するために，血縁・地縁集団に依存することや，パトロン・クライエント関係が築かれることは，アフリカ以外の地域でも珍しくはない．ハワードが主張しているようにアフリカの紛争の原因は「トライバリズム」ではない．アフリカの民族紛争を理解するには，民族以外の要因に注目し，「"普通の"政治の世界」の問題としてアフリカの事例を見ることが必要である

[Howard 1995: 28-29]．アフリカ政治は特殊ではなく，通常の政治学の理論が適用できる世界だということを最後に強調して，この章を終わりたい．

● 注

1) ここでは，紛争の契機などは扱わない．Horowitz [2001] は，民族紛争一般について様々な角度から議論している．

2) インドネシアが武力併合し，独立容認後もインドネシア軍が関与した暴動が続いた東チモールや，イスラエルがパレスチナ人を強制移住させたパレスチナ，アゼルバイジャン共和国対アルメニア共和国の対立であるナゴルノ・カラバフのような実質上二国間紛争の事例は除いた．

3) ビアフラ内戦とも呼ばれる．ナイジェリアの旧東部州がビアフラ共和国として分離独立宣言をしたことが直接の契機ではあり，当時東部州を支配していたイボ人が石油の利権を独り占めしようとした悪しき「トライバリズム（部族主義）」の事例としてしばしば紹介されているが，一方的にイボ人側が責められることには同調出来ない．ビアフラ共和国が独立宣言をするまでに，イボ人に対するジェノサイドは三度行われた．一度目は，1966年5月29日．布告第34号で，アギー＝イロンシ軍事政権が，連邦制の停止，及び公務員制度の中央集権化＝統一政府の形成を命じたことに端を発した．連邦制の停止とは，各州の自治を否定することであり，相対的に後進地である北部に強い不安を抱かせた．また，高級官僚の人事を中央政府で統一的に行うということは，北部の公務員や学生にとって非常に不利となった．北部では教育の普及が遅れていたため，南部では到底通りそうもない成績でも北部では採用されていたからである．それまでは，北部の公務員や学生たちも縁故主義に反対ということでアギー＝イロンシ政権に同調していたが，南部と同様に実力主義が適用されることで彼らが不利益をこうむることが明らかになったため，強い反発が起こった．こうして，布告から5日後の29日，布告第34号反対の学生デモが引き金となり，北部で東部人が多数虐殺され，財産が略奪されるという事件が起こった．二度目は，同年7月29日，北部軍による第二次クーデターの際に，北部で勤務していた東部出身将校が43名，他のランクの者が170名殺害された事件である．自己の政策を理解してもらおうと全国を巡回視察中であったアギー＝イロンシ将軍もまた惨殺された（彼の死は6カ月の間秘密にされ，誘拐とのみ報じられた）．このクーデターは，イボ人への報復と北部の分離独立を意図したものであり，北部と当時の首都ラゴスを含む西部では，駐屯軍が北部出身将校の下に置かれ，東部人を殺戮した．ゴウォン中佐を最高軍事評議会議長とする第二次軍政成立後，東部州軍政長官であったオジュク陸軍中佐は声明を出し，「これらの残酷な血なまぐさい暴挙の後で，同じ国民の一員として，心から一緒に生きていけるのかどうか」について疑問を呈している．三度目は，同年9月28-29日，北部州の諸都市において，女性と子どもを含む数万人のイボ人が殺傷された．カノ国際空港で東部行きの飛行機に乗ろうとしていたイボ人たちは，武装した北部の兵士と官吏に取り囲まれ，殺害された．汽車もまた待ち伏せされ，略奪と殺戮が行われた．国内避難民となって東部州に戻っていったイボ人の総数は，100万人以上に上ると言わ

れている．ビアフラ戦争には諸外国も介入している．ナイジェリアの連邦政府を強力に支援したのが，イギリスとソ連（当時）であった．特にイギリスの軍事支援無くして，政府軍の勝利はなかったといえる．Horowitz[1985], Cervenka[1972], Kirk-Green[1971]などを参照のこと．

4）本文中では触れていないが，殺戮の方法もアフリカでは残虐である．シャリーア紛争の犠牲者の中には，南部出身の商人で，首なし死体となって故郷に戻っていった人びとも含まれている．運転手だけは殺害せずに，死体を南部に運ばせた．その結果，南部で，報復として北部人が襲撃された．明らかに，紛争を拡大させたい勢力がいたのである．

5）ヨルバ人のカリスマ政治家であったアオロオを冷遇した過去があったため，オバサンジョは選挙の時，自分の出身民族であるヨルバ人からの支持は得られなかった．

6）陸軍：少将10名，准将15名，大佐20名，中佐8名
　　海軍：少将4名，准将6名，大佐10名
　　空軍：少将2名，准将6名，大佐6名，中佐2名
　　その他4名
　　（出所）*Newswatch*, June 28, 1999, p. 10.

7）米国の民間軍事会社 MPRI 社が委託を受けた［Dibie 2003］．

8）世界銀行ナイジェリア担当者（当時）の発言（*Daily Trust*（Abuja), February 12, 2002, Africa News Online）．

9）OPEC, *Annual Statistical Bulletin 2014*, 2014, p. 8（http://www.opec.org/opec_web/static_files_project/media/downloads/publications/ASB2014.pdf, 2015年1月4日閲覧）．

10）ナイジャー・デルタと呼ばれるこの地帯は，8つの州から構成され，2002年から2004年まで政府の歳入の8割近くを占めていた石油と天然ガスの9割以上を産出［Hazen 2007: 15］．

11）ナイジェリア政府は国際石油資本に対して，2008年までに随伴ガスの発生を止めるように要求したが，費用を理由に石油会社側は応じなかった．

12）2009年6月8日，ロイヤル・ダッチ・シェルがケン・サロ＝ウィワの違法な処刑に関与していたと遺族が訴えていた裁判で，和解が成立し，Shell は1550万ドル（約15億2000万円，当時のレートによる）を支払うことになった（処刑への関与は認めず）．

13）デルタ地帯の武装勢力は複数存在する．詳しくは Hazen [2007] を参照のこと．

14）キリスト教徒とイスラーム教徒の対立の原因として，キリスト教徒であるベロム（Berom），アナグタ（Anaguta），アフィゼレ（Afizere）の人びとは，「先住民（indigene）」に，イスラーム教徒であるハウサ＝フラニの人びとは「移民（settler）」に区分されている制度的差別の問題も，指摘されている．ハウサ語を話すイスラーム教徒は，ジョスに数世代にわたって住んでいても「移民」であり，地方公務員の職を得られない，公立大学の入学が不利になるなど，二級市民として扱われている．この制度的な差別が解消されない限り，イスラーム教徒側がキリスト教徒側を襲うことは続くため，差別的な制度の撤廃が必要であるが，先住民の側はそれに同意していない．ここにも，貧困緩和の問題が関わってくる．先住民の側に生活のゆとりがあれば，違う対応も期待出来よう．

15）ナイジェリアでは，1983年12月31日のクーデター以来15年間続いた軍政が終わり，

1999年5月から第四共和制がスタートした．第二共和制誕生（1979年）の立役者であるオバサンジョ（当時は将軍）が民選大統領となり，2007年に，ヤラドゥア大統領が跡を継ぎ，現在はジョナサン大統領である（第7章表7-1参照のこと）．

16) クーデターを鎮圧した国軍参謀総長アギー＝イロンシ少将（イボ人）を首班とする政権は，同年5月に，それまでの連邦制を廃止し，中央集権化を進める布告を発し，これを南部支配と受け止めた，同年7月の第二次クーデターによって倒された．アギー＝イロンシの失敗は，北部の重鎮を殺害したクーデター首謀者（多くがイボ人）を軍法会議にかけることもなく，南部支配（イボ人支配）との懸念を払拭することもなく，北部の信頼を勝ち得なかったことと，北部だけではなく，英米の信頼も勝ち得なかったところにある．

17) 1960年当時，ゴウォンの属するミドルベルト出身者（北部の非イスラーム地域）が軍隊の40％を占めていた．

18) 国民だけではなく，北部の伝統的支配者からも，自分達の利益を害すると危険視された．

19) Diamond［1987］は，この状態を指して，アフリカ諸国を「肥大した国家（swollen state）」と呼んだ．

20) ババンギダは，1979年に准将に昇進し，1987年10月1日に大将（full general）に昇進した（http://www.babangida.com/ibbmore.html，2014年12月31日閲覧）．

21) アバチャの場合，ブハリのクーデターとババンギダのクーデターの両方に関わっており，1990年には，ババンギダ政権の防衛大臣になっている．

22) "I'm a retired General, minister, governor, but I've chosen to be a 'shop keeper," Daily Trust (08 February 2009) (http://www.dailytrust.com/index.php?option=com_content&task=view&id=4197&Itemid=49，2009年4月8日閲覧)．

23) 貧富の格差を表すジニ係数（Gini coefficient）は，0に近づくほど格差のない社会を表している．2003-2012年のジニ係数は，米国が40.8であるのに対し，ナイジェリアは48.8であった［UNDP 2014］．

24) *Daily Independent (Lagos)*, 21 September 2009 (http://allafrica.com/stories/200909220368.html，2009年9月22日閲覧)．

25) 1947年11月11日の下院での演説．次の有名なフレーズもこの時述べられた．"Democracy is the worst form of government, except for all those other forms that have been tried from time to time." (PARLIAMENT BILL, HC Deb 11 November 1947 vol 444 cc203-321) (http://hansard.millbanksystems.com/commons/1947/nov/11/parliament-bill#S5CV0444P0_19471111_HOC_292，2013年6月24日閲覧)．

26) MPLA（ポルトガル語でMovimento Popular de Libertação de Angola．アンゴラ解放人民運動．旧ソ連，キューバに軍事面で依存）政権と反政府勢力のUNITA（ポルトガル語でUnião Nacional para a Independência Total de Angola．アンゴラ全面独立民族同盟．米国，南アが軍事的に支援）．

27) キクユ人，メル人，エンブ人は近縁であり，言語的にも方言程度の差しかないという（2008年2月聞き取り調査による）．

28) 筆者は，2008年2月下旬にケニア入りしたが，首都ナイロビの観光業者から，暴動は

終息したのに海外メディアが 1 週間前の暴動の映像を今日の映像として流している等, 報道への不満を聞いた. 観光客の減少は彼らにとって死活問題であるためである. 筆者が乗った飛行機は白人観光客で満席であったが, 当時, 日本からのツアーはかなりキャンセルされたそうである.

29) BBC, "Kenyan ethnic attacks 'planned'," BBC News, 24 January, 2008 (http://news.bbc.co.uk/2/hi/africa/7206658.stm, 2011年3月20日閲覧). 2011年8月20日の *Nation* の記事では閣僚の関与が指摘されている.
30) *West Africa*, 2-8 May 1994, p. 778, 4-11 July 1994, p. 1174.
31) ケン・サロ=ウィワの遺族を含め, オゴニ人原告がShellへの訴訟に勝利したことを報じる下記のニュースを参照のこと (http://www.guardian.co.uk/world/2009/jun/08/nigeria-usa, 2015年1月10日閲覧).
32) 2004年, イジョ人の人びとがシェブロンなど4カ所の石油施設を占拠したのが始まり. 当時, シェブロン製油所は日産3万バレルで, 1日生産が止まれば2億円近い損失だったという.
33) 米国務省の予算で, 米国の民間軍事会社MPRI社がナイジェリア軍に軍事シミュレーションを訓練していた. 指導するのはMPRI社の社員で, 米軍の退役軍人であった.
34) 丸紅は約42億円を支払った. 報告書は以下を参照 (http://www.marubeni.co.jp/dbps_data/news/2012/120118.html, 2015年1月10日閲覧).

# 第Ⅳ部　ジェンダーと比較政治学

「夕食の用意をする家事手伝いの女性」
（ケニア，2010年8月，筆者撮影）

「ジェンダー研究は，僕の研究にどう役立つのか」．筆者が大学院生の頃に尋ねられたこの質問が，未だに頭を離れない．当時，筆者は答えることが出来なかったからだ．ジェンダー研究は，女性のための研究ではない．女性の権利が守られていない社会では，男性の権利も守られていないことと，女性の占める割合が3割を超えれば社会は変わることを頭の片隅に置いて，本章を読み始めてほしい．

# 第10章　アフリカから見るジェンダーと政治学

## 1　ジェンダー研究の必要性

　ジェンダー研究は，政治学者にどのような影響を与えるだろうか．例えば，研究テーマの序列が変わるかもしれない．国際政治学であれば，安全保障や外交の研究が長年最上位に置かれてきた．無論，これらが日本にとって重要な研究課題であることについて争うつもりはない．ただ，児童虐待，子どもの貧困，いじめ（加害者・被害者双方），児童買春，JKビジネスなど，将来の日本を背負う子どもたちが直面している問題に有効な手を打たない政府をみていると，外部から攻め込まれて国の存立が危うくなるよりも，むしろ内部から日本社会が崩壊する危険性の方が高いように思えてくる．国連開発計画（UNDP）の『1994年版 人間開発報告』が「人間の安全保障」という概念を提示して早や20年が経つが，「個々人の生命と尊厳」の尊重が揺らいでいるのは，途上国だけの問題ではない．これまで最下位におかれてきた「女性や子ども」に関わる政治について，今こそもっと重要事項として議論すべきではないだろうか．ケア労働や「母親業の社会的価値を認めようとしない近代的な政治理論」［岡野 2012: 248］は，日本の少子化の原因になっていないだろうか．

　既に多くの先行研究が繰り返し述べているように，公私二元論批判は，ジェンダー研究が政治学に与えた大きなインパクトである．「日本でも近年，児童虐待防止法（2000年），DV防止法（2001年），高齢者虐待防止法（2006年）といった具合に，従来であれば国家権力といえども足を踏み入れるべきではないと考えられてきた，家庭のような親密圏における行為に対する法的な対応が相次いでおり，公私の区分や『政治』の範囲の問い直しは，単に学問上のことにとどまらず，現実の政治にも重要なインプリケーションを与えている」［堀江 2011:

24-25].

　ジェンダーの視点を導入して政治をみると，思い込みからの解放や対象の多角的な認識が可能になり，新しい解釈や新しい研究テーマを発見することもある．さらにアフリカ研究を加えると，力による支配のための政治ではなく，共存の政治を模索することの必要性がよくわかる．本章では，「政治学のジェンダー中立性」が虚構であることを前提として，ジェンダー研究から得られた「共生の政治文化」と「国民生活の安寧を護る国家」という政治的価値の重要性と，女性の政治参加の有用性について，日本とアフリカのルワンダ共和国を事例にして考えてみたい．

## 2　日本の状況

　2014年夏．女性の社会進出が，新聞や報道番組などのメディア媒体でこれだけ頻繁に取り上げられたのは実に久し振りではないだろうか．何故，ここまで世間の衆目を集めるに至ったのか．考えられる理由の1つに，人口減少への危機感が挙げられる．5月に，民間有識者会議「日本創成会議・人口減少問題検討分科会（座長・増田寛也元総務相）」が，2040年までに，全国1800市区町村の半数が「消滅」する可能性があるとの推計をまとめたことで，当該市町村の危機感が倍増した．地方から都市部への女性の流入が続けば，地方の人口減少に歯止めが掛からないことから，6月，政府は専用の戦略本部を設けることとなった．

　2つ目の理由として，地方議会及び国会での，男性議員による女性に対するハラスメント発言の数々が，多くの善良な市民の反感を買ったことが挙げられる．6月18日，東京都議会にて，女性の妊娠・出産を巡る問題で一般質問に立った女性議員（みんなの党会派）に対し，自民党都議が「早く結婚しろ」などとヤジを飛ばしたことが発覚した．周囲の男性議員もそのヤジに同調するかのように更なるヤジや笑い声が飛び交ったものの，女性議員の謝罪要求に応じたのはヤジを飛ばした男性議員1人のみで，残りの議員が特定されることは遂になかった．これに続いて，国会でのハラスメント発言も報道された．4月の衆議院総務委員会で，日本維新の会の女性議員が「早く結婚して子供を産まないと駄目だぞ」と女性蔑視のヤジを浴びた問題が明るみに出たのである．男性議員に反省を促す世論が強いと思っていたが，9月16日，東京都議会の男女共同参

画社会について議論する総会の後で，会長となった自民党男性議員は，懲りもせず，問題発言を繰り返した．彼らに人権意識を身にまとわせることは，不可能なのだろうか．批判を受けて謝罪しても，日本が人権後進国であることは，世界に再確認されてしまった．

　3つ目の理由は，労働人口の減少への対策として「能力があるのに働いていない女性の労働参加を促すべきだ」という議論の登場である[1]．6月11日開催の政府税制調査会において，「女性の働き方の選択に対して中立的な税制の検討にあたっての論点整理」[2]がなされたが，配偶者控除廃止の結論は先送りされた．さらには，企業や国家公務員の管理職から閣僚まで，女性の登用が少ないというかなり歴史のある議論が繰り返された．「社会のあらゆる分野において，2020年までに指導的地位に女性が占める割合を少なくとも30％程度とする」[3]目標を政府が立ててから相当な年数が経っているにもかかわらずである（2003年6月男女共同参画推進本部決定，第3次男女共同参画基本計画：2010年12月閣議決定）．

　ちなみに，指導的地位に女性が占める割合を30％にという数値目標は，1990年に国連の経済社会理事会が決めたものであり，1995年までに30％，2000年までに男女平等達成という内容であった[4]．それから24年経っている．安倍改造内閣で女性閣僚が増えたとはいえ，30％には達していない．女性議員割合を増やしたければ，クオータ制を採用すればよい．ただし，女性が活躍できるように，環境整備も同時並行に行う必要がある．

　女性の管理職登用を応援するはずのドキュメンタリーでも，女性労働者と彼女を雇った企業の努力に焦点が当てられるだけで，家事・育児・介護を分担すべき夫と，その夫を雇用している会社は番組に登場しない．熱を出した子どもの看病をしなければならないと言っている女性労働者に対して，夫と育児をどのように分担しているか，何故担当ディレクターは尋ねようとしないのだろうか．いずれにしろ掛け声だけでは何も変わらない．

　こういった日本の状況を受けて，8月13日付の共同通信のニュースは，米議会調査局が，女性登用を推進する安倍政権の成長戦略「ウィメノミクス」に関する報告書をまとめたと報じた．この報告書は，女性の社会進出を阻んでいる要因として男性中心の職場文化を分析し，「指導的立場に立つ女性を軽視し，彼女らは家にいるべきだとの政治文化が根強い」と強調している[5]．

　日本人にDV（後述）が人権侵害であることを認知させた1995年の第4回世界女性会議（北京女性会議）から20年が経つ．このような日本の政治文化のあり

方について，これまでの政治学はどのように議論してきただろうか．

1989年に出版された三宅一郎『投票行動』には，次のような記述がある．「女性の参政権の行使は戦後第一回の総選挙に遡る．……その他の政治参加とくに政策決定者としての参加は男性に大きく後れをとっている．……賛否分布が両性間で10%以上異なる問題は多数存在するから，女性は国会で十分代表されていないといわねばならない」［三宅 1989: 93］．こういった認識は，政治学者の間でどれほど重要視されてきただろうか．

『投票行動』の書かれた時期の日本の衆議院の選挙制度は中選挙区制であった．その後1994年の公職選挙法の改正によって，1996年の総選挙から小選挙区比例代表並立制が導入された．2012年の『男女共同参画会議 基本問題・影響調査専門調査会 報告書』では，次のように報告されている．「我が国の国会議員選挙や地方議会議員選挙において，一般に死票が多くなる小選挙区制より中選挙区制・大選挙区制や比例代表制の下での方が多様な民意が反映されやすく，女性議員の割合が高くなる傾向が見られる」「我が国では，昭和58年に参議院議員選挙の定数の一部に比例代表制が採用され，平成8年に衆議院議員選挙に小選挙区比例代表並立制が採用されてから，国会議員に占める女性の割合が上昇している」［男女共同参画会議 2012: 134-135］．

女性議員の増加が必要であり，比例代表制が女性議員の割合の増加に寄与するという傾向が指摘されているのに対し，現実の政治の議論では，与党サイドから，比例代表定数の削減案も出ている状態である．男女共同参画会議ではクオータ制も議論されているが，衆議院の女性議員比率の世界ランキングが急激に上昇するような結果はまだまだ期待出来そうにないことは，政治系の学会でも（アフリカ学会でも），ジェンダーの議論が敬遠される傾向からも予想出来る．

表10-1 下院における女性議員比率（2014年11月1日現在）

| 順位 | 国名 | 女性議員比率（%） |
|---|---|---|
| 1 | ルワンダ | 63.8 |
| 2 | ボリヴィア | 53.1 |
| 3 | アンドラ | 50.0 |
| 4 | キューバ | 48.9 |
| 5 | スウェーデン | 44.7 |
| 6 | セーシェル | 43.8 |
| 7 | セネガル | 43.3 |
| 8 | フィンランド | 42.5 |
| 9 | ニカラグア | 42.4 |
| 10 | エクアドル | 41.6 |
| 129* | 日本 | 8.1 |
| 130 | コンゴ | 7.4 |
| 131 | ナイジェリア | 6.7 |
| 132 | スワジランド | 6.2 |
| 141 | コモロ | 3.0 |

＊2014年12月総選挙は反映されていない．
（出所）列国議会同盟HP（http://www.ipu.org/wmn-e/arc/classif011114.htm, 2015年1月29日閲覧）．

第10章　アフリカから見るジェンダーと政治学　213

　世界ではジェンダー研究が盛んであるのに，どうして日本では低調なのだろうか．**表10-1**は，下院における女性議員比率について，列国議会同盟（Inter-Parliament Union：IPU）の世界ランキング（189カ国対象．最下位が147位．2014年11月1日現在）の上位10カ国と，日本，日本より下位に位置するアフリカ諸国をまとめたものである．アフリカの状況を見る前に，日本の立ち位置をまず見てほしい．

## 3　政治学のジェンダー中立性の虚構
――ジェンダーという「メガネ」から見えてくるもの――

　ジェンダーを視野に入れて社会をみることの必要性を語るとき，gender lensという用語がよく使われる．ロニー・アレキサンダーによるわかりやすい説明で紹介したい．

　　私たちがさまざまな社会現象を見るとき，これまでの体験などを参考にしながらその現象を理解しようとする．言いかえれば，体験という「メガネ」を通して，重要なこととそうでないことを分けて，重要なことのみに集中しようとする．そういう意味で，このような「メガネ」は，物事を分析するための理論やルールであり，情報処理の道具でもある．……たとえば，「現実主義」という「メガネ」を通して国際関係を見ると，国家がはっきり見えてくるが，個人は見えにくくなるであろう．また，ジェンダーという「メガネ」（gender lens；ジェンダーの「メガネ」を通すと，ジェンダーにかんすることがはっきり見えてくる）を意図的にかけると，ひとつのジェンダーが見えてくる場合，両方のジェンダーが見えてくる場合，本来見えていないジェンダー関係が見えてくる場合など，「メガネ」の種類によって見えてくるものと見えにくくなるものとが異なってくる．

　　……無意識にジェンダーの「メガネ」を通している場合，対象にしようとしている現象にはジェンダーが関係していないと判断することが多いのである．その結果，たとえば国際関係論でとりあげるほとんどの課題――安全保障，国家権力，環境破壊，人権など――は，「客観的でジェンダー中立」（つまりジェンダーと関係なく，ジェンダー化されていないものである）のでジェンダー視点は関係ない，とされる．しかし，……このよう

な「ジェンダー・ヌートラル（gender neutral）」のほとんどは，むしろ「マスキュリニスト」あるいは「アンドロセントリスト」のジェンダーの「メガネ」を通しての判断である．

[アレキサンダー 2001: 164-165]

　ジェンダーというテーマは女性だけに関わる問題ではない．女性の人権が守られていない国では，男性の人権も守られていない[7]．大切なことは「当事者意識」の有無である．当事者意識をもつことなく，ジェンダーというメガネを最初からはずして政治を眺めている女性もいれば，当事者意識を持ち，意識的にジェンダーというメガネを通して政治を考える男性もいる．どちらの姿勢が政治を多角的に認識できるだろうか．

　ジェンダーを視野に入れて政治や社会をみると何が変わるのか，2点提示する．

### (1) 思い込みからの解放，対象の正しい認識

　民主化の第三の波の事例としてポルトガルのクーデターが挙げられているが，このクーデターに（当時ポルトガルの植民地であった）モザンビーク解放闘争が大きな影響を与えていたことは，ほとんど言及されない．ちょうどアフリカにまで目配りすると，新しい景色が見えてくるように，ジェンダーを意識すると新たな事実関係が浮かび上がってくる．

　ジェンダーのメガネを意識的にかけると，まずは，多くの研究者が気付かなかった，もしくは見ようとしなかった世界がみえてくる．1952年から56年にかけて続いたケニアの独立闘争である「マウマウ闘争（ケニア土地自由軍による植民地解放闘争）」の研究史をみても，1970年代までの研究は「いずれも女性がマウマウ闘争やケニア・ナショナリズム一般に果たした役割を明らかにしては」おらず，1980年代の研究も，「女性がマウマウ組織の『消極的支持者』であったことをほんの申し訳程度に認めているにすぎない．ケニア・ナショナリズムやマウマウにおける女性の役割が明らかにされなかったために，マウマウは男性同士の抗争であったという見解が流布され続けた．……1920年代から女性の間に広がり始めたナショナリスト的感情や活動，あるいは，女性のナショナリズムに対する植民地国家の対応といったケニア・ナショナリズムの重要な側面が無視されている」[プレスリー 1999: 234-235]．兵士は男性であり，戦闘は男性が

担っているものだという思い込みで研究が進み，女性戦士の活躍など想像も出来なかったのだろう．

現在では，アフリカにおける女性の人権侵害として最もよく言及されるFGM も，日本で研究論文が増加したのは1990年代以降である．文化人類学者は現地で何十年もフィールド調査を続けており，その存在を最もよく知っていたはずであるが，和田正平らを除き，多くの研究者は関心を持たず，論文にも記述せず，研究テーマにもしてこなかった．[8]

ジェンダーのメガネを通すと，加害者の多くが男性である暴力も見えてくる．国のために戦った兵士を記述するとき，戦時性暴力に触れることは兵士への冒涜のように扱われることがあるが，戦時性暴力を糾弾することは決して個々の兵士を貶めることではない．性犯罪の再発予防のためには，処罰が必要である．何があったのかを明らかにしなければならない．それが兵士の名誉を守るという口実で，事件が闇に葬られてしまってはならない．その最大の理由は，戦争に勝つための作戦として戦時性暴力が用いられるためである．

旧ユーゴ紛争や東チモールの住民投票後の騒乱では，軍上層部もしくは大統領が集団レイプや強制妊娠などを命じていたとされる．もちろん現在では，戦時性暴力を命じた大統領から命令に従ってそれを実行した一兵士まで（国内裁判所もしくは）国際刑事裁判所で裁かれる時代となったが，戦時性暴力が戦争に勝利するための手段として実行された側面を忘れてはならない．

ODA や平和構築など，国として国際社会として誇るべき分野においても，ODA に関わる汚職や人権侵害が起こり，PKO 要員や NGO 関係者がアフリカの難民キャンプなどで人身売買や買春といった犯罪に手を染めていることも，ジェンダーの視点がなければなかなか見つけられないことである．ジェンダーのメガネをかけようとしない男性の目で見た現実世界には，女性戦士も，FGM も，ODA や平和構築に群がる犯罪者たちも存在していなかったということだろう．

(2) **新しい解釈の提示と新しいテーマの発見**

アフリカ研究から政治学が学べることの1つに，上野千鶴子が「思想的なパラダイム転換」と呼んだものがある．かつては奴隷制も合法であり，植民地支配も伝統的国際法は容認していた．それが，「法理の背後」にある「法理を成立させた」法思想が変わったことにより，私たちは歴史を書き換えている［上

野 1998: 163-164]．上野は，アメリカ史の書き換えに言及しているが，この法思想の転換は，アフリカ諸国が奴隷貿易や植民地支配の賠償責任を西欧諸国に問える時代をもたらした．

　同じような転換は，ジェンダーと政治との関係にも存在する．進藤久美子は，「ジェンダー複眼の視座を政治に組み入れたとき，政治は二様の新しい展望を切り拓く」と指摘した．1つは，「男性の視座からのみ制度化されてきた従来の政治に，ジェンダー・ジャスティスを組み入れ，社会の仕組みをジェンダー共生型制度に組み替えていく政策課題」が登場したことである．もう1つは，「従来の男性的政治で不可視であった新しい政治争点が，ジェンダーの価値と利益とを組み入れることで可視化し，伝統的政治で決して取り上げられることのなかった新しいジェンダー共生型政策課題」の登場である［進藤 2004: 22-25］．

　前者の例として，進藤は，日本の児童買春ポルノ禁止法（「児童買春，児童ポルノに係る行為等の処罰及び児童の保護等に関する法律」1999年）が「性を買う側の行為」を初めて取り締まったことや，米国の多くの州で1970年代以降に行われた強姦法改正を挙げている．後者の例として，進藤は，セクシュアル・ハラスメントとドメスティック・バイオレンス（DV）を取り上げている．セクハラもDVもかつては，「男女の私的関係で起こる私的領域の問題であり，政治が介入して個人の自由な活動を拘束すべきではない」と考えられてきた．「政治思想・理論を貫通する強固な論理である公私二元論」［岡野 2012: 2］がその思想的支柱である．「こうした政治的価値を最初に反転させ，従来の政治で見えなかった問題を政治争点化させていったのは，第二波フェミニズム運動の洗礼を受けたアメリカの女性たち」であり，彼女たちは，「私的な男女の関係に政治が介入しないのは，私的領域での男女の権威的関係を政治が間接的に保障していることを意味する」と主張した［進藤 2004: 25］．世界では1970年代中葉からセクハラやDVが最重要課題として浮上してきたそうであるが，日本では，1995年の世界女性会議を待たなければならなかった．

　進藤は，これら「ジェンダー複眼の視座」を組み入れたことによって登場した「既存の政治の組み換え型政策課題」と「新しいジェンダーの政策課題」について，「政治にジェンダーの視座から公正の価値を組み入れ，私的領域における男女共生の作法の制度化を試みたもの」だとしている．そして，「共生の政治文化こそが，究極的に，社会の中の，あるいは国家間の様々な紛争解決のプロセスで，利権追求のための暴力的『他者支配の力』に依存する方法にとっ

て替わる共生型紛争解決の道を切り拓くことになる」と主張する．「さまざまな利益のせめぎ合う権力闘争の場としての権力政治を，共生型政治へ変貌させる」のであり［進藤 2004: 27］，そして，共生の政治文化を生み出すためには，女性の政治参画が必要となるのである．女性の政治への参画によって，政治のあるべき姿も変わってくる．政治が，従来通りの「特定の集団への利益誘導」から，「国民生活の安寧を護るため」の存在へと変化するのである［進藤 2004: 16］．

「共生」は男女の関係だけではなく異なる民族や宗教の関係にとっても重要である．「共生」はアフリカの伝統文化である．多民族多言語社会が，アフリカでは日常の光景だからだ．「共生」の政治文化と「国民生活の安寧を護る」国家の必要性は，アフリカ研究から学ぶことが出来る．ソマリアやナイジェリアでは，アル・シャバブやボコ・ハラムといったイスラームの名を騙った過激な集団が人びとの生活を破壊している．何度も米軍や国軍による空爆が行われても，未だに解決する兆しはない．政府は国民を守ることが出来ない．守る意思がないのかもしれない．適切な対応をしていないからである．[10]

過激な集団と共生をしようという話ではない．両者とも，女性の尊厳・生命を破壊する行為を続けている．彼らの行為は，明らかに国際人権諸条約に違反している．しかし，その一方で，私たちは，武力で過激派を壊滅させることなど出来ないことを理解しなければならない．「力の論理」で解決できる問題ではない．ソマリア南部を支配するアル・シャバブは，隣国ケニアのスラムや貧困地帯でも，戦闘員のリクルートを行っている．失業率と格差の拡大で若者の不満が増大しているため，武器と金を渡せば容易にリクルートできる．過激派の戦闘員予備軍は際限なく存在する．幾度，軍を展開して戦闘員を殺害しても，新たな戦闘員が用意されるだけである．

軍事作戦に訴える前に，富の配分を見直すべきである．貧しい人びとの生活は妥協が出来ないほど苦しく，そして彼らは権力者の豪勢な生活を知り尽くしている．若者の不満が爆発しても当然な現実が存在する．過激派の問題を解決するには，「共生」の政治文化と「国民生活の安寧を護る」国家が必要である．過激派の問題を解決するには，「共生」の政治文化と「国民生活の安寧を護る」国家が必要なのである．

## 4 アフリカから見るジェンダーと政治

　本節では,「共生」の政治文化と「国民生活の安寧を護る」国家について,下院女性議員比率世界一を誇るアフリカのルワンダを事例に考えていきたい. 1994年のジェノサイド以前のルワンダを知る米国人女性起業家ジャクリーン・ノヴォグラッツが『ブルー・セーター』で書いているように,虐殺以前のルワンダには男尊女卑の政治文化があった. 現在, 世界一の女性議員割合を誇っているのは, 現政権の政策の賜物である. 日本が旧来の利益誘導型政治から脱却出来ずに時間を浪費していた間に, ルワンダは「共生」の政治文化と「国民生活の安寧を護る」国家建設を着々と進めていた.
　ルワンダの事例を見る前に, ヨーロッパ人に侵略される前のアフリカで, 女性の地位はどのようなものであったのかについて, まず紹介したい.

### (1) 男尊女卑の価値観

　アフリカの一部の地域には, 後述するように, 女性性器切除(FGM)の因習が根強く残り, 加えて多くの地域では, 早婚により女性が教育を受ける権利を侵害されている. 女性差別撤廃委員会に提出される締約国レポートには男尊女卑と判断される問題が並び, 慣習を正すことが難しく条約が要求する水準に達することが出来ないというアフリカの政府の言い訳が散見される.
　FGMや早婚の話を聞いて, 欧米や日本に比べてアフリカの女性の方が虐げられていると思った人は少なくないだろう. エジプトで初めてFGMを告発したナワル・エル・サーダーウィは, 自分たちは身体の一部を切除されているが, 西洋の女性は心を切除されているとして, 西洋のフェミニストが「上から目線」でアフリカのFGMを非難する態度を批判している. [11] アフリカの抱える男尊女卑の価値観は特殊アフリカ的なものではなく, 西洋の女性も父権主義の下にあることを認識すべきだからである.
　サーダーウィの発言は,「欧米や日本の女性よりもアフリカの女性の方が虐げられている」という私たちの思い込みに対する批判であるが, もう1つ私たちには「アフリカの男尊女卑の文化は, 昔から続いている伝統である」という思い込みがないだろうか. 近年のジェンダー研究は, 現在よりもさらに男性中心主義であった西洋の価値観が植民地化によってアフリカに輸出され, その結

果アフリカの伝統社会において女性が享受してきた権利を奪い，社会的地位を貶めたことを明らかにしている．

### (2) 植民地化による伝統の変容，女性の地位の低下

アフリカの国境線のほとんどはヨーロッパ列強が引いたものであり，かつて栄えた王国や帝国の国境線とは全く一致しない．植民地化によって変えられたのは国境線だけではない．慣習や価値観も大きく変わった．女性のあり方についても，当時のヨーロッパの（遅れた）概念が押しつけられ，女性に伝統的に認められてきた権利が侵害されるようになった．

西アフリカでは，伝統的に，女性首長と女性の政治的権利が認められていた．たとえば，現在のガーナ付近にあったアシャンティ帝国では，王族の女性メンバーに高い地位が与えられ，王であるアサンテヘネ（Asantehene）の後継者を選ぶ権限は，皇太后にあった．「顧問官の助言を得ながら，彼女が自分の娘の息子たち，あるいは娘の娘の息子たちから選ぶのである．王が死んだり，退位したりして王位が空白になると，皇太后が統治権を握った」という．一度はイギリス軍を破り，その後敗れて流刑となった皇太后ヤア・アサンテワの活躍は有名である［宮本・松田編 1997: 427-429］．ナイジェリア南東部で1929年に起こった「アバの女性戦争」は，伝統的に女性が享受してきた権利を無視しようとした「委任状首長」（イギリスが任命）に対する女性による反乱であった（第7章注6を参照）．

同じくナイジェリアの南西部の主要民族であるヨルバ人の社会では，伝統的に女性の経済活動とその自立性が保障されてきた．それが，植民地化により，キリスト教会を通して，当時のヨーロッパのジェンダー概念がヨルバ人社会に押し付けられることになり，女性の役割が出産と家政に限定され，ヨルバ人の女性は社会的に周縁化されていった．ヨルバ人社会の男性中心化が進んだことに対して，女性による抗議運動が起こっている．近年の歴史研究によれば，植民地化以前のヨルバ社会には，社会的カテゴリーとしての「女性」は存在せず，「ヨルバ社会は，イギリス人宣教師らが持ち込んだヨーロッパ基準のジェンダー規範によって，年齢を基盤とした社会からジェンダーを基盤とする家父長的社会へと変質」させられたのである［井野瀬 2009］．

井野瀬が指摘するように，ジェンダー・フリーであった植民地化以前のヨルバ社会は，女性を1つのカテゴリーとして考える欧米生まれのフェミニズムに

対する「痛烈な批判」だといえよう．それだけではない．植民地時代，ヨーロッパ流の女性・母・妻としての枠に押し込まれた女性たちは，独立後もヨーロッパの古い価値観に基づいた法律によって縛られてきたのである．

　欧米フェミニズムは，女性が「依存する者」として位置付けられていることを批判する．アフリカで女性が依存する者として扱われるのは，法律など制度のためであって，その源流はヨーロッパにある．民族によって慣習も違い，さらには貧富の格差，個人の力量と価値観によって事例も様々であるが，アフリカの農村社会において，特に農耕民の社会では，女性は経済的に自立し，ケア労働以外でも家族は女性の働きに依存している．家族に収入をもたらさない男性も多く，たとえ働き者の夫がいても，一般に主食を栽培するのは女性である．夫が頼りにならない場合は，自らの畑で働き，その売り上げで子どもたちは学校に行く．妻を保護しているルールに違反した場合，その夫を夜中に拉致・監禁し矯正する伝統的な女性結社を持つような社会も存在する一方で，アフリカの女性を長い間低い地位に置いてきたのは，ヨーロッパの昔の価値観に基づく法律や教会の思想であった．

　欧米フェミニズムは女性を「二級市民」として位置付けるが，アフリカの多くの社会で女性たちを差別しているのは，前述したように植民地時代に植え付けられたヨーロッパのジェンダー・イメージによるものであり，（女性に相続権を認めないなど）ヨーロッパの当時の価値観を受け継いだ独立後の法律である．現在でも，食料を管理する権限が女性にある社会であることを理解せず，世帯主であるという理由で，男性に食料配分を任せてしまった難民キャンプの事例に見られるように，欧米の価値観による女性の伝統的権利の侵害は続いている．もちろん女性性器切除（FGM）や早婚，レヴィレート婚など（後述），アフリカに是正すべき因習があることは十分承知しており，また地域や民族，階級によって様々な事例が存在するため，女性というカテゴリーの一般化が難しいということも理解しているが，ヨーロッパ人の到来によってアフリカの女性の権利が奪われた事実は，強調しておきたい．

## 5　ルワンダの経験

　本節では，ルワンダにおける女性の地位が，植民地化以前，植民地時代，独立後，1994年ジェノサイド後で，どのように変化したかを概観し，「女性議員

は女性や子どものための政策を推進する」という欧米諸国発の仮説を検討し，「共生の政治文化」と「生活の安寧を護る国家」の必要性について考えたい．

現在のカガメ政権は，1994年のジェノサイドによって荒廃した国を立て直し，高い経済成長率を達成したとして高く評価されてきたが，近年は，隣国コンゴ民主共和国の紛争への介入，資源略奪，国内での言論弾圧，亡命した要人の暗殺疑惑などで，批判されることが多い．欧米諸国も先進国のルワンダ研究者も，ルワンダに強い野党の登場を望んでいるようであるが，winner-take-allの多数決型の選挙制度を導入した方が，国民生活が向上すると考えているのだろうか．

例えば，西アフリカのナイジェリアは強力な野党が積極的に活動してきた国であり，Freedom Houseの評価ではPartly Freeとされ，Not Freeのルワンダよりも高評価であるが，どの共和制においても，多数決型の弊害は紛争や抗争が起きる原因であった［戸田 2013: 96-102; 129-131］．憲法規定により民族や宗教色を出す政党が禁じられている現在の第四共和政においても，「イスラーム教徒の有権者はイスラーム教徒の大統領候補に一票を投じるべきだ」などという発言が暴動を引き起こすことがある．カガメ政権を批判する人びとは，何を基準としてルワンダを低く評価するのか．本章では，「国民生活の安寧」を評価の基準としてルワンダの状況を考えてみたい．

## (1) 王国の変容と女性の地位の低下

序章でも紹介したが，ルワンダ王国は，神話時代に続き，15世紀中頃に第一王朝であるバニギニャ（Banyiginya）王朝が始まり，ベルギーがカトリックに改宗した王子を即位させ（ムタラ3世），王国の諸制度を廃止し変容させた時期を経て，独立前のルワンダが共和制を選択し王制が廃止される1961年まで続いた．[12]

ベルギーとカトリック教会による介入が始まる以前，ルワンダ王国では，王とQueen Mother（多くの場合，王の実母），評議会（*Abirus* Council）の三者のコンセンサスによる政治が行われていた．先王が次の王のためにQueen Motherを選び，評議会がその決定を承認する．先王が亡くなると，次の王はQueen Motherが決定し，Queen Motherは王の言葉を伝える共同統治者となった．[13] 王は絶対者ではなく，その決定には評議会の承認が必要とされた．ルワンダ王国が維持してきたこの三者によるコンセンサスの政治体制を崩したのが，ベル

ギーとカトリック教会であった．モルトゥアンによる改革（1926-31年）[14]により，評議会は解散させられ，Queen Mother の政治的権限は奪われ文化的象徴となった．同時に，家庭における女性の権威も低下し，女性の社会的地位は思春期の少年と同じレベルに置かれた．そして，植民地時代に施行された当時のベルギーの男尊女卑を反映した法律は，独立後しばらく温存された．[15]

### (2) ハビャリマナ大統領時代

1962年に独立したルワンダの初代大統領は，カイバンダであった．カイバンダ政権は1965年から1973年まで一党制（MDR-PARMEHUTU）を採用した．1973年クーデターで政権を奪取したハビャリマナは，1975年に開発国民革命運動（Mouvement Révolutionnaire National pour le Developpement: MRND）を創設し，1978年には正式に一党制国家を作り上げた．冷戦終結後の民主化の圧力により，ハビャリマナは1991年に複数政党制を導入し，1992年には野党から首相が選出された．1994年4月，大統領機撃墜を合図に，ジェノサイドが始まった．

先述した『ブルー・セーター』には，1987年からのハビャリマナ時代のルワンダの様子が描かれている．1994年4月の大統領機撃墜事件までのルワンダでは，女性の議員数も決して多くなく（それでも日本よりは多い），深刻なドメスティック・バイオレンスについても記述されている．虐殺以前のルワンダには男尊女卑の政治文化があったわけである．

### (3) 1994年7月新政権樹立以降の変化

ジェノサイドは，1994年7月にカガメ司令官（現大統領）率いるルワンダ愛国戦線（RPF）が首都キガリを制圧したことにより終結した．虐殺が終わると，今度は報復を恐れて，フトゥの軍人や民兵が，一般市民を盾として，周囲に難民として脱出した．隣国コンゴ民主共和国の難民キャンプに留まっていた人びとは，1996年にコンゴ戦争が始まったことにより，その多くが帰国の途についた．国際移住機関によれば，1994年のジェノサイド以降，300万人を超えるルワンダ難民が帰還し，2015年までにさらに7万人が帰還すると予想されている．これはコンゴ民主共和国の政情不安と，2013年6月以降の同国での彼らの難民資格の停止が原因である．[16]

カガメ政権（2000年-現在）はトゥチに対して虐殺の加害者となったフトゥへの報復を禁止し，国民和解を前面に出した．ガチャチャという村の伝統的な裁

判を利用し，加害者が真実を話し謝罪することで，社会奉仕などの罰と賠償を基本として罪を贖い，再び隣人として暮らしていく道を国民に示した．1994年から2003年までは暫定政府，2003年に新憲法制定，大統領選挙，議会選挙が行われ，新憲法がクオータ制を導入したため，女性議員比率が急上昇した（1997年：17.1％→2000年：25.7％→2003年：48.8％→2008年：56.3％→2013年：63.8％）[17]．ただし，クオータ制で割り当てられたのは30％であり，下院80議席のうち女性枠は24議席である（比例代表制直接選挙で53議席，青年枠が2議席，障がい者枠が1議席）．64％を占めるようになったことは，クオータ制だけが理由ではない．

1994年からの移行政府（Government of National Unity: GNU）は何故女性を登用したのだろうか．内戦終結時，男性の多くが殺害された結果，人口の7割が女性という状態であった．その結果，内戦後5年間は男性の代わりに女性が働いた．女性は世帯主となり，村の指導者となり，家計を支え，死者を弔い，50万人近い孤児たちに家やシェルターを見つけ，社会を再建していった［Powley 2003: 13］．5年経ったとき，カガメ大統領自ら「女性は裏切らない」というスピーチを行ったように[18]，女性の能力の高さが国民の認めるところとなった[19]．国の発展に女性が必要であるということが理解されたのである[20]．

### 女性議員の増加の比較

図10-1は，下院における女性議員比率の変化をみるために，2014年8月1日時点の列国議会同盟（IPU）ランキング世界第1位のルワンダ，10位の南ア，14位のモザンビークと，日本（8.1％で134位）より順位の低い135位のコンゴと136位のナイジェリアを比較したものである．ルワンダの女性議員比率が急激に伸びている様子が分かる．

### 女性議員の成果

ルワンダの女性議員たちは，女性と子どもに関わる分野に関心が高く，女性に土地を相続する権利を初めて認めた1999年の法律制定時には[21]，女性議員は反対する男性議員を論破し，女性の人権を守るために最大限の貢献をした[22]．2001年には暴力から子どもを守るための法律が制定された．2003年憲法は一夫多妻制を禁じた．女性議員たちは2003年に「女性議員フォーラム（Forum of Women Parliamentarians）」という超党派議員連盟を結成し，2006年には，ジェンダーに基づく暴力と闘うための法案（gender-based violence（GBV）bill of August 2006）を

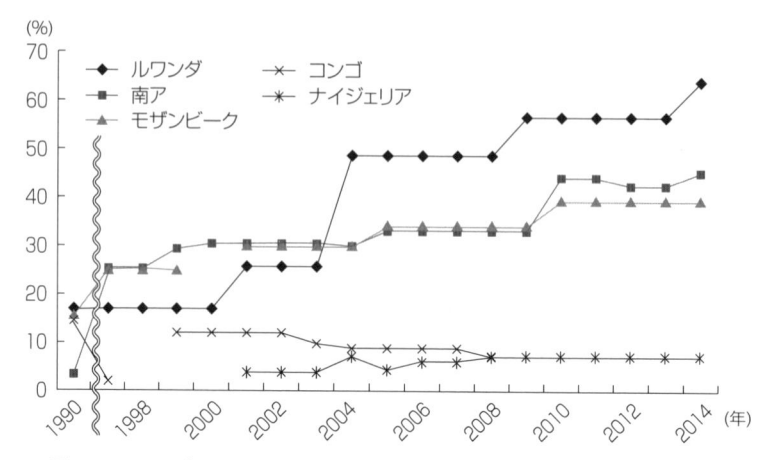

図10-1　下院における女性議員比率の比較（2014年7月7日最終更新）

（出所）United Nations Statistics Division, "Seats held by women in national parliament, percentage" を基に筆者作成（2014年7月7日最終更新のデータに対して，2014年の数値を8月1日現在に変更した）．

作成し，男性議員を取り込む努力により，「ジェンダーに基づく暴力の防止と処罰に関する法律（Law on the Prevention and Punishment of Gender-Based Violence）」(Republic of Rwanda 2009) の制定に成功している[23]．

女性の社会的地位について，男女共に聞き取り調査をした限りでは，ハビャリマナ時代と現在とを比べて，過去がよかったという人びとはいなかった[24]．聞き取り調査では，家庭内における女性の立場は，夫の教育レベルによって大きく異なるという意見が大勢を占めた．夫が教育を受けていない過程では，DVが日常化している現状が未だに存在しているということである．しかし，法的政治的環境は女性議員の増加に伴い劇的に改善されている．これはルワンダの女性議員が，男性議員の声を代弁しがちな身内出身ではないことも大きく影響しているだろう[25]．

教育の分野でも，ルワンダは成果をあげている．UNICEF によれば，ルワンダの初等教育就学率はアフリカで最も高く，ミレニアム開発目標ゴール2（普遍的な初等教育の達成）の達成目前である．初等教育修了率をみれば，2008年の53％から2012年の73％へと劇的に増加している．聞き取り調査の結果に従えば，教育レベルの向上により家庭でのDVの問題も今後改善が期待できる．

5歳未満児死亡率と妊産婦死亡率もルワンダは激減させている．死亡率激減

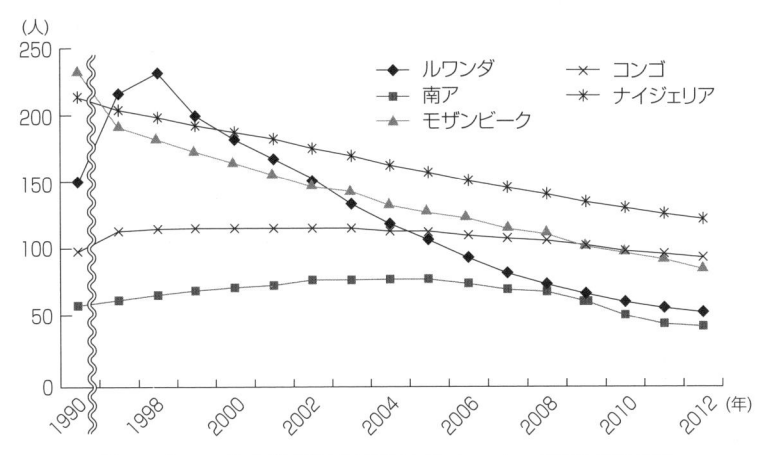

**図10-2　5歳未満児死亡率の比較**（2013年11月25日最終更新）

（出所）United Nations Statistics Division, "Children under five mortality rate per 1,000 live births" (http://mdgs.un.org/unsd/mdg/SeriesDetail.aspx?srid=561&crid=, 2014年9月13日閲覧) より筆者作成.

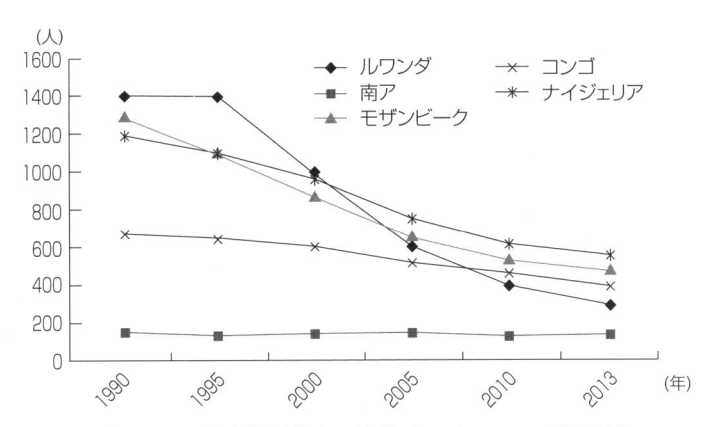

**図10-3　妊産婦死亡率の比較**（2014年7月7日最終更新）

（出所）United Nations Statistics Division, "Maternal mortality ratio per 100,000 live births" (http://mdgs.un.org/unsd/mdg/SeriesDetail.aspx?srid=553&crid=, 2014年9月13日閲覧) より筆者作成.

には様々な理由が考えられるが，図10-1と同じ国で比較したのが，図10-2と図10-3である．

## 6　アフリカ女性と因習

　アフリカの多くの地域では，民族の慣習法や地域によっては宗教法（特にイスラーム法であるシャリーア）が，議会が定めた家族法に優先されているのが現状である．もちろん慣習の全てを否定するわけではないが，慣習法の中に，女性差別撤廃条約に抵触するルールが含まれていることは政府も認めており，締約国である以上は，アフリカ各国は慣習の変更に最大限の努力をする国際的責任がある．

　男尊女卑の価値観を変えていくことは無論必要ではあるが，経済大国である日本において，未だに男尊女卑が是正されない状況をみると，この問題の解決の困難さがよく理解できる．しかし，国連食糧農業機関（Food and Agriculture Organization: FAO）の報告書には，「現在，9億2500万人の人びとが栄養不良であると見積もられている．農業生産力におけるジェンダー・ギャップを縮めていくことは，栄養不良の人びとを1億人から1億5000万人減らすことができる」[26]とあることを考えても，女性の人権が守られることは，アフリカの人びとの生活向上につながるはずである．このように書くと，「アフリカの伝統を尊重すべきだ」という反応が必ずある．日本に住む者同士で議論しても答えが得られるものではないため，アフリカの人びとに意見を聞いたことがある．アンケート結果は戸田［2008: 2013: 169-171］を見て頂くとして，結論だけ言えば，ケニアの中でも伝統を守ろうとする意識が強い地域においても，回答者100名のうち（男性63名，女性37名），「伝統を犠牲にしても経済発展を望む」と答えた人が，男性は46％，女性は19％であり，「経済発展よりも伝統が大切である」と答えた人は，男性では6％（つまり1名），女性は0％であり，守るべき伝統を取捨選択しようとする姿勢がみられた．

　筆者が改善すべきと考えている慣習については，ガリッサの現地女性主体のNGOも改善のための活動を続けていることを申し添えて，これから，女性性器切除（Female Genital Mutilation: FGM），早婚，相続権の問題を順番に見ていきたい．

## (1) 改善すべき慣習
### 女性性器切除 (FGM)

　FGM とは「女性の外性器の一部又は全部を除去」したり，「治療以外の理由で女性の性器に損傷を与え」たりするような全ての処置のことである[27]．FGM を受けることによって生じる医学的なトラブルはすでに多くの書物，論文，報告書で論じられている．筆者の調査地で FGM が引き起こす最も多いトラブルは，施術時よりも出産時のものである．陰部封鎖（後述）をされた妊婦は分娩に長時間かかり，難産や死産，妊産婦の死亡の原因となってきた．FGM の結果，大量出血，敗血症などによって死亡することもある．FGM の施術時に同じナイフを使うために，HIV/AIDS に感染することも多い．施術による後遺症も，施術タイプでも異なり，また，女性個々人によって異なるが，FGM が生命の危機に関わる問題を引き起こしていることには変わりがない．

　このような危険を伴う施術がなぜ長きにわたって続けられているのか．FGM の起源を含め，これも多くの研究が発表されている．全てを紹介出来る紙幅の余裕がないが，FGM を娘に受けさせる理由として大部分の地域で共通して言われることは，伝統社会において，FGM をしない少女は，大人の女として扱われず，穢れた存在となり，結婚できないということである．女性が男性と対等の権利を持ち得ないアフリカの伝統社会において，女性が結婚せずに生きていくのは困難であり，娘が可愛いければ，母親は施術費を用意して，娘に FGM を受けさせるのである．「アフリカ映画の父」と言われた故センベーヌ・ウスマン監督の映画「モーラーデ（Moolaadé）」（邦題　母たちの村）を是非見てほしい．

　FGM について，筆者が最も問題であると考えることの 1 つは，FGM を受ける年齢の低さである．成人女性が後遺症を納得した上で自らの意思で FGM を受けているならいざしらず，自分の体に何が起こるのかを理解できない年齢の少女たちに FGM が行われていることは問題である．さらに言えば，成人女性さえ，FGM の後遺症をきちんと理解して受けているわけではない．エジプトの医師であり小説家であるサーダーウィによれば，1973-74年当時，エジプトの医学部の学生さえ FGM と自分の体調不良についての関係を理解していなかったという [al-Sa'dāwī 1980: 邦訳 80]．自分の娘に死をもたらす可能性を理解して FGM を受けさせている両親はどれだけいるだろうか．

　FGM を文化相対主義の立場にたって擁護する研究者も少なくないが，彼ら

は，女性に，生命を懸けて伝統を守れと言うのだろうか．FGM は HIV/AIDS を含む感染症や難産の原因となり，伝統文化云々のレベルではなく，女性の生死に関わる問題として理解されるべきであり，男性による女性の性に対する支配としてみるべきものである．判断能力のない子どもが施術されていることや FGM の後遺症を考えると，FGM は明らかに，女性差別撤廃条約や子どもの権利条約に違反している．女性差別撤廃条約の関係で，FGM を法律で禁止する国も増加しているが，実際にこの慣習を完全になくしてしまうまでには至っていない．

筆者の調査地であるケニア北東部でも，かつては最も厳しいタイプⅢ（陰部封鎖 infibulations）がなされていたが，今20代くらいの女性からはタイプⅠ（クリトリデクトミー clitoridectomy）へと変わってきている．FGM に反対するイスラーム指導者も増えており，地元の NGO の長年の活動の大きな成果だとも言える．教育によって，FGM の後遺症についての知識が広がり，その一方で各地の FGM が進めているような FGM を含まない通過儀礼が広がり，民族にとって重要な慣習が女性の人権と両立出来る方向に進むことを願っている．

早　婚

　筆者の調査地であるケニアの北東部では，平均14歳くらいで家畜などの「婚資」と交換に，父親が結婚を決めてしまう．多くは年配の男性の第三夫人，第四夫人になるという．ケニアでは，就学中の女性を結婚させることは違法であるが，教師が気付かないうちに女子生徒が学校を去ってしまう．結婚のため退学するということは，読み・書き・計算を学ぶ機会を失ってしまうということであり，第5章で述べたように，母親が教育を受けていないということは，次の世代にも悪影響を及ぼす．援助機関から受け取った粉ミルクの缶に書かれた使用方法を読むことが出来ず，清潔ではない水で不適切な分量の粉ミルクを飲んだ赤ん坊がトラブルを起こすことなど，母親が字を読めないことが子どもの生死を決めることもある．

　早婚は別の病気も生む．産科瘻孔（フィスチュラ）である．フィスチュラとは，例えば，出産時に骨盤が狭いなどの理由で子どもの頭が出ず，数日にわたる難産になったなどの理由で，子どもの頭が膣周辺の壁を圧迫し，膀胱や直腸との間に孔があいてしまう病気である．膀胱との間の壁に孔があけば尿漏れ，直腸との間であれば糞漏れがコントロールできなくなる．先進国の女性のように医

療機関で診察を受けられれば，子どもの頭が骨盤に比べて大きすぎる場合でも，出産のときの適切な処置でフィスチュラを防ぐことができるが，アフリカの貧困地帯では，そのようなチャンスはまず得られない．

　体が未成熟なままで妊娠し，難産の末，子どもを失い，自分も排泄コントロールを失い，その臭気のために夫に家から追い出され，フィスチュラの女性たちはブッシュで集まって暮らすという[30]．

　難産を生き残ってフィスチュラになる女性もいれば，難産で命を落としてしまう女性もいる．『世界人口白書　2013』[31]によれば，「低所得国と中間所得国における15歳未満の母親の妊産婦死亡のリスクは，それ以上の年齢の女性の2倍である．さらにこの若い年齢層が産科的フィスチュラ（産科ろう孔）になる割合は，より年上の集団よりもはるかに高い」ということである．

**相続権とレヴィレート婚**

　ルワンダにおいて，女性に土地の相続が認められたり，一夫多妻制が禁じられたりしたことを紹介した．ルワンダでは法律の遵守が期待できるが，アフリカには，法律の制定も期待出来ない，もしくは法律はあるが実施が期待出来ないという国がまだ多く残っている．アフリカの多くの慣習法では，夫が亡くなると，妻には相続権が認められない（逆に，相続財産として扱われることもある[32]）．議会で家族法が制定され，妻に相続権が認められている場合においても，慣習法に基づき，夫の遺産を夫の親族に奪われてしまったザンビアのサッカー選手の寡婦たちの悲劇も報告されている［荒木 1999］．

　妻に相続権がないということは，老後の保障は，息子がいるかどうかにかかり，また何より，妻たちは子ども（特に男の子）を産むことを期待される．子どもがいなければ離婚というケースも少なくはない．

　ケニアのルオ人のように，夫の死後，その妻が，夫の男性親族（兄弟など）の妻にされる習慣をもつ民族がいる．これをレヴィレート婚という．和田正平「レヴィレート（婚）からの解放：寡婦の束縛と自由と独立」［和田編 1996］にあるように，近年，生活力のある女性がレヴィレート婚を拒否する事例もみられる．

**(2)　NEPAD と慣習法**

　第6章で紹介した「アフリカ開発のための新パートナーシップ（NEPAD）」

(2001年) にも, ジェンダーについての記載がある. 簡単にまとめてみると, 以下のようになる.

> 教育・トレーニングの場での能力強化, 信用にアクセスしやすくすることによる収入創出活動の発展, 政治・経済生活への女性の参加の確保によって, 社会・経済発展における女性の役割を促進する.
> 全ての活動における女性の役割を促進する.
> ジェンダーの平等・女性のエンパワーメントに向けて前進する.
> 2015年までに就学年齢児童の全てを小学校に就学させる.
> 2005年までに初等・中等教育の就学率での男女格差を解消する.
> 1990-2015年までに出産時の母親の死亡率を4分の3減少する.
> 女性の貧困削減に特別な注意を払う.
> 農業生産の改善に向けて, 女性農民に特別な注意を払う.
> 農業貸付を促進し, 女性農民の信用へのアクセスを改善する.
> 女性企業家に特別な注意を払いながら, 小規模企業の成長を奨励し, 資本へのアクセスを改善する.

　数値目標はミレニアム開発目標 (MDGs) とも重なるが, 筆者は2003年の時点でこの実現には懐疑的であった [戸田 2003]. その理由を紹介したい.

　アフリカで初等教育就学率 (net) が100％にならない理由は何だろうか. 序章から第9章まで多くの理由を提示してきた. ここでは, 男性よりも女性の就学率が低い理由, つまり, 女性がどうして学校に行けないのか, 行っていても中退が多いのかという疑問をまず考えてみよう.

　女性の就学率が低い理由の1つ目は,「女に教育は必要ない」という考え方である. 日本でも, 地域によっては, いまだに耳にすることのある台詞であるが,「男の子は家に残って親の面倒をみてくれる. 女の子はいずれ嫁に行ってしまう. だから, 学校に行かせるなら, 男の子優先」という話になる. 2つ目は, 貧困の問題である. 近年, 初等教育の無償化が進んでいるが, 無償といっても, 制服や文具代もかかり, 門番の費用など様々な諸費が学校から徴収される. この諸費の負担ができずに, 学校に行けない子どもがいる. 貧しい家庭では, 男の子を優先して学校に行かせるため, 家計に余裕が出るまでは, 学校に通いたくてもまだまだ女の子には高いハードルがある. 3つ目は, アフリカ女性の労働が過重なため, 女の子が, 母親から, 水汲み・薪拾い・料理・弟妹の

世話など家事や育児の手伝いを期待されることである．ここでも，男の子は勉強を優先に，女の子は家事の手伝いを優先にというジェンダーの問題がある．4つ目は，早婚の問題である．年配の男性の第三夫人・第四夫人として，金銭や家畜などと引き換えに，父親の一存で娘の結婚が決まってしまうため，当然，少女は学校をやめなければならない．このように，女性に教育の機会を与えるという問題1つについても，慣習や貧困の問題を改善しなければ，数値目標達成など絵に描いた餅でしかない．

　所得創出の問題も同様である．伝統的慣習法の下では，女性は相続権もなければ，土地の所有権もない．議会が，新たに家族法や土地法を制定し，平等な権利を認める条文をいれない限り，差別的な状況は改善されない．また，新たに法律が制定されても，女性が，自分の財産を使用し利用し売却する権利を完全に認められるとは限らない．女性が一生懸命働いて稼いでも，その財産は夫が管理するという慣習をもつ地域もある．さらに，水汲み・薪集めという重労働を含む家事労働と育児の負担を軽減しないままで「所得創出」を図ることは，ただでさえ長く重い女性の労働をさらに長時間労働にさせることになる．

　2015年を迎えたが，ルワンダのように女性の地位向上に多大な努力を重ねた国もあれば，ケニアのように婚姻法の法案を男性有利に議会で改正したような国もある（後述）．NEPADにしろMDGsにしろ，数値目標が達成できないのは政府と議会の責任であり，女性議員比率が極端に低い日本についても同様のことがいえる．

## 7　ジェンダー平等の必要性

　ミレニアム開発目標（MDGs）ゴール3（ジェンダー平等推進と女性の地位向上）の指標にも「国会における女性議員の割合」が用いられており，女性の参加が3割を超えれば社会が変わるという近年の研究成果もある［竹中 2011: 223］（他方，女性が3割以上占めるようにならないと変革を求める力にはならないとも言われている）．女性の政治参加が進むことで，女性や子ども，家族の利益を政策や法律の内容にさらに反映させることが期待されている．

　本章では，ジェンダーの視点をもつと何が変わるかということの一例として，「共生」の政治文化と「国民生活の安寧を護る」国家を作り上げようとしているルワンダを事例として取り上げた．ルワンダでは，伝統的な女性の地位が植

民地化によって低下したが，1994年のジェノサイドを契機に女性議員比率が急激に高まり，その結果，女性や子どもに関わる分野の立法が進んでいる．また，初等教育修了率は劇的に伸び，5歳未満児死亡率や妊産婦死亡率は激減している（図10-2，図10-3を参照）．

他にも，アフリカ連合（AU）の「ジェンダー政策」(2009年)（及び，南部アフリカ開発共同体（Southern African Development Community: SADC）の「ジェンダーおよび開発議定書」(2008年)）が，2015年までに議員（などの決定権者）の半数を女性にするよう求めている．AUのジェンダー政策において，男女の平等な参加やアクセスが求められているのは，政策決定の場だけではない．経済分野や平和・治安問題，教育，労働，HIV/AIDS, ITなど多岐にわたる．AUの女性ジェンダー開発局は，「アフリカ女性の10年」(2010-20年)を立ち上げている．

このように，アフリカでは，リベリアで女性大統領（エレン・サーリーフ）も生まれ，**表10-1**のように女性議員比率も日本を上回る国が圧倒的多数であるが，政治に女性が関わるべきではないとする風潮も強く，「ジェンダーに基づく暴力（GBV）」の被害にあう女性候補者も多い．例えばケニアでは，2007年の議会選挙に出馬しようとした女性候補者が，立候補を妨害するために酷い暴行を受け，数週間の入院を余儀なくされ，その結果，十分な選挙活動ができず落選した上に，翌年春，一人息子が殺害されている［Terah 2008］．ちなみにケニアは2014年11月1日現在IPUランキングで76位（表10-1参照．19.1%）である．

同じくケニアであるが，2014年4月に大統領が署名をし，施行された婚姻法（Marriage Act 2014）は一夫多妻制を認めているが，議会での議論の中で，女性団体の大反対にもかかわらず，現在の妻の了解を得るという条件が削除され，夫は自由に次の妻と結婚できるという内容改正が，男性議員の圧倒的多数を占める議会で行われた．南アフリカ共和国（南ア）は，女性議員比率は高いものの性暴力も世界第1位だと言われている．[33]

ルワンダも1994年のジェノサイドのときは，性暴力による被害を多くの女性が受けた．中には，レイプによって妊娠し，HIV/AIDSに感染した被害者も少なくはない．しかし，女性の政治参加を後押しする現政権発足後，女性と子どもを守る法律は着実に整備されている．ケニアや南アとルワンダを比較して最も異なることは，女性の社会的地位向上を政府が率先して後押しするかどうかである．

全ての女性議員が貧しい女性たちの利益のために戦っているとは言わない．

しかし，「女性議員は女性や子どものための政策を推進する」という欧米諸国発の仮説は，1994年以降にルワンダの女性たちが享受できるようになった権利をみれば，少なくともルワンダに当てはまることは明らかである．そして，「女性議員フォーラム」の活動は，ルワンダにおける国民和解，共存の政治文化，高レベルの治安維持，人びとの暮らしを安定させるためのインフラ整備との相乗効果で，女性や子どもだけではなく，男性の暮らしの向上につながっていることも間違いない．

　では，日本はどうだろうか．女性の社会的地位向上を日本政府は率先して後押ししているだろうか．これは有権者としての私たちの考え方が問われる問題である．**表10-1**にあるように，IPUが発表した下院における**女性議員比率**(2014年11月1日現在)では，日本より比率の高いアフリカ諸国（北アフリカを含めて）は46カ国にのぼるが，日本より少ない比率の国は4カ国だけである[34]．ジェンダーのメガネをかけて日本とルワンダを比べると，日本の女性議員の少なさが実感できる．そして，「アフリカよりも日本はすぐれている」という思い込みの危うさも実感できる．

●注
1) 「首相，配偶者控除見直し指示　女性就労拡大めざす」『日本経済新聞』2014年3月19日（http://www.nikkei.com/money/features/69.aspx?g=DGXNASFS1903A_19032014EE8000，2014年9月11日閲覧）．
2) 会議については内閣府税制調査会2014のサイトを参照（http://www.cao.go.jp/zeicho/gijiroku/zeicho/，2014年9月8日閲覧）．
3) 指導的地位とは，①議会議員，②法人・団体等における課長相当職以上の者，③専門的・技術的な職業のうち特に専門性が高い職業に従事する者とするのが適当（2007年男女共同参画会議決定）（www.gender.go.jp/kaigi/renkei/2020_30/pdf/2020_30_all.pdf，2015年1月21日閲覧）．
4) ECOSOC Report E/1990/90, "1990/15. Recommendations and conclusions arising from the first review and appraisal of the Implementation of the Nairobi Forward-looking Strategies for the Advancement of Women to the year 2000, ANNEX Recommendation VI" p.16 (http://daccess-dds-ny.un.org/doc/UNDOC/GEN/NR0/765/31/IMG/NR076531.pdf?OpenElement，2014年9月9日閲覧)．
5) http://www.47news.jp/CN/201408/CN2014081301001285.html （2014年9月8日確認）．議会報告書は下記を参照（http://fpc.state.gov/documents/organization/230749.pdf，2014年9月8日閲覧）．
6) 現在進行形の議論であるが，衆院選挙制度改革を検討する伊吹文明衆院議長の諮問機

関「衆議院選挙制度に関する調査会」の委員が2014年7月29日に議院運営委員会で決定された．議員定数削減，1票の格差是正など与野党協議でまとまらなかった課題が議論されるが，その中で，自民，公明両党が比例代表を30削減する案を提示している（『毎日新聞』（東京朝刊）2014年07月30日）（http://senkyo.mainichi.jp/news/20140730ddm005010108000c.html，2014年9月8日閲覧）．

7）例えば，1999年の第87回ILO総会事務局長報告において初めて用いられ，MDGsでも取り上げられている「ディーセント・ワーク（働きがいのある人間らしい仕事）」は，日本ではいまだに実現されていない課題である．男性の働き方を変えない限り，日本において女性の社会進出が促進されることはない．

8）富永［2004］によれば，日本人の文化人類学者がFGMに注目した初期の研究は，ケニアのグシィ社会を扱った松園［1982］とタンザニアのイラク社会とゴロワ社会の事例を比較調査した和田正平の業績［Wada 1984］だという．和田は1996年に『アフリカ女性の民族誌――伝統と近代のはざまで――』を編集している．

9）米国における性犯罪に関する法改正については斉藤［2009］，辻脇［2002］などを参照．「伝統的な強姦罪の規定においては，『身持ちの悪い』女性に対して強姦は成立せず，男性がこのような女性と強制的な性交渉を行っても責任を免れた」［斉藤 2009: 190］，「1970年代以降に各州で行われた刑法及び手続法の改革の目標は，……強姦神話や被害者に対する不信との決別，強姦の告訴率・起訴率・有罪率の増加，刑事司法における強姦被害者に対する取り扱いの改善，他の暴力犯罪と強姦罪との司法的取り扱いにおける格差の是正，性的強制行為として禁止される範囲の拡大，法による保護対象の拡大にあった」［辻脇 2002: 21］．

10）ナイジェリア国軍については，過激派が活動していた方が軍事予算が増えて将校の懐が豊かになるため，ボコ・ハラムについて，問題の解決を先延ばししているという指摘もある．

11）Nawal El Saadawi［1980: 邦訳 25］は次のように述べている．「私は，女子の割礼その他の逆行的で残酷な風習には反対である．私は，アラブの女で最初にそれを公然と告発した．……しかし私は，女子の割礼のような問題にばかり目をやり，それを，アフリカやアラブの国々の女だけが異常で野蛮な抑圧を受けていることを示す証拠にする，欧米の女たちの意見には賛成しない．……欧米の女たちは，クリトリスの外科的な除去こそ受けていないかもしれない．しかし彼女たちは，文化的・心理的なクリトリデクトノミーの犠牲者である」．訳書ではサーダウィと表記されているが，サーダーウィの方が現地の発音に近いため，本書ではサーダーウィと表記している．

12）最後の王であるキゲリ5世は，2014年8月現在米国に居住している．

13）息子である王が亡くなるとQueen Motherは，次のQueen Motherとその息子（次の王）のために自決したという（多くの場合はすでに死去）［Rusagara 2009: 34］．

14）ベルギーは，1931年，カトリックへの改宗を拒否し続けたユヒ5世を廃位・追放し，改宗した王子をムタラ3世として即位させた．間接統治と言いながら，この時点で，ルワンダ王国の政治体制は大きく変容した．コンセンサスの政治は失われ，首長（chief）の編成も大きく変わり，王の権限が強化された．また，職業の違いでしかなかったフトゥ

（農耕民），トゥチ（牧畜民），トゥワ（職人）という3つの区別が，対立する民族として固定化された．ベルギーがトゥチを優遇し支配者層としたため，既得権益を奪われたフトゥの反感はトゥチへと向かうこととなった．この反感を政治家や軍人が利用して自分たちの権力を守ろうとした作戦が，1994年のジェノサイドである．

15) ヨーロッパ人介入以前のルワンダ王国では一夫多妻制が認められており，ベルギーはこれには反対している．ルワンダの伝統文化が女性の権利を守り，ベルギーがそれを奪ったという単純な見方には反論もある．例えば Uwineza and Pearson [2009: 17] を参照．

16) http://www.iomjapan.org/press/20140411_rwanda.cfm（2014年9月18日閲覧）．

17) 1994年から2003年までの暫定政府の時代の議会（Transitional National Assembly）は一院制で，各政党による指名で議員は選ばれていた．RPF の所属議員は半数近くを女性が占めていた [Powley 2006: 5]．

18) 2014年8月，NGO 関係者からの聞き取り．

19) ポーリーは，女性が男性に対して5年の間に示した有能性以外の理由として，ジェノサイドの結果生まれた大勢の寡婦やレイプの被害を受けた女性に加え，加害者として夫が刑務所にいる女性と，レイプの結果生まれた子どもたちを支援する政策が必要であり政策がジェンダー化していったこと，ジェノサイドの原因を権威主義・中央集権国家だと考えた GNU が民主化と地方分権化を進めており，女性のリーダーシップとジェンダーの問題への取組みを民主化計画の証としたこと，ジェノサイドの扇動者が性暴力を用いてトゥチの共同体を崩壊させようとしたことから，ルワンダの再建にジェンダーの視点が必要であったこと，性暴力の被害者である女性の方が紛争の再発防止と平和構築に熱心であったこと，そして，亡命トゥチの二世が主体である RPF のメンバーが，訓練を受けたウガンダにおいて導入され，南アのアフリカ民族会議（ANC）も採用し成功したクオータ制の効果を理解していたことなどを挙げている [Powley 2003: 14-17]．

20) 日本も敗戦の翌年，1946年の第22回衆議院選挙で，女性議員が大量当選した．大選挙区制かつ連記制であったこと，戦前の指導者が公職追放となったことなどの理由が挙げられているが，特に選挙制度については，次の第23回選挙では「中選挙区制」に変更になり，「婦人候補には＜相当不利＞」という大臣の認識があったという．また，女性議員への中傷・野次はこの当時から相当厳しいものがあった（詳しくは大海 [2005: 30-64] を参照）．

21) Law N°22/99 of 12/11/1999 to Supplement Book I of the Civil Code and to Institute Part Five Regarding Matrimonial Regimes, Liberalities and Successions (http://www.migeprof.gov.rw/IMG/pdf/MATRIMONIAL_REGIMES_LIBERALITIES_AND_SUCCESSIONS-2.pdf, 2015年2月25日閲覧)．

22) 1999年の法律がルワンダ社会に与えた影響については以下を参照のこと (http://www.gmo.gov.rw/uploads/media/Gender_Impact_Assessment_of_the_Law.pdf, 2014年9月13日閲覧)．

23) 男性議員との議論については，Uwineza and Pearson [2009: 16], Carlson and Randell [2013: 4-7] を参照．

24) 女性の地位について，小規模農業を行う女性についての Action Aid の報告書では，

ルワンダの小規模農家の女性の71％は家庭内の意思決定に関わることができないとあった［Action Aid 2014: 9］。この報告書の記載についての聞き取り調査では，Action Aid が調査を行った地域が南部の保守的な地域であることと，家庭内での女性の地位は，夫の教育レベルによって大きな違いがあるという指摘があった。

25) 一部の国では，クオータ制を満たすために政治家の妻や娘が利用されたなどの批判もある。
26) FAO, *The State of Food and Agriculture 2010-2011*, 2011（http://www.fao.org/docrep/013/i2050e/i2050e.pdf, 2015年1月7日閲覧）．
27) 詳しくは戸田［2008; 2013: 150-154］を参照．
28) 政府の命令で廃止された中国の纏足や日本のお歯黒など．
29) FGM については戸田［2006］を参照．
30) 詳しくは落合・金田［2007］を参照．
31) 国連人口基金（UNFPA）『世界人口白書 2013』vページ（http://www.unfpa.or.jp/cmsdesigner/data/entry/publications/publications.00036.00000007.pdf, 2015年1月6日閲覧）．
32) 例えば，1980年代，タンザニアの国会で，女性に相続権を与える問題を議論したところ，女性は相続財産であり，相続財産が相続権を持つのはおかしいという意見がみられた．
33) 婚姻法については以下を参照（http://kenyalaw.org/kl/fileadmin/pdfdownloads/Acts/TheMarriage_Act2014.pdf, 2015年1月21日閲覧）．婚姻法の内容については，下記の記事などを参照のこと（"Kenya: Understanding the Marriage Bill." (*The Star*, 7 May 2014), http://allafrica.com/stories/201405080533.html, 2015年1月6日閲覧）．
34) 2014年12月1日現在においても，エジプトと中央アフリカとブルキナファソは議会不在のため，モザンビークは選挙結果が反映されていないため，ランキングのリストから除外されている．

## おわりに

　2000年から毎年，ケニアの北東部にあるガリッサ郡に通った．2010年の秋からは国際協力機構（JICA）の草の根技術協力事業に採択された女子教育推進プログラムを開始した．2011年8月に北東部各地の高校の先生方や視学官を対象に現地で実施したセミナーは大成功だった．ところが，第8章で述べたように，第2回セミナー開催直前の同年10月にケニア軍が隣国ソマリアに侵攻し，ソマリア南部を支配するアル・シャバブとの戦闘が始まって以来，首都ナイロビと北東部各地でアル・シャバブによる報復テロが起こり，北東部の治安が急激に悪化した．大変残念なことではあったが，セミナー参加者の安全を確保できなくなったため，1年半で事業中止を決断することになった．

　初めてガリッサの町に足を踏み入れて以来，怖い思いをしたことは一度もない．電気，ガス，水道のない生活を送っている人が大部分を占めているこの地域は，ケニアで最も貧しい地域といわれているが，人びとは早朝から懸命に働いている．今でも，暗いうちから聞こえるアザーン（モスクから流れるお祈りの呼びかけ）と人びとの話し声とロバの鳴き声が，町の風景と共に甦ってくる．少なくとも私の行動範囲に住む町の住民と村人は，貧しさに苦労しながらも平穏に暮らしていた．

　雨さえ適度に降れば，水と牧草地を巡って遊牧民が争うこともない．しかし，近年，スコールで慌てて洗濯物をしまうという経験をしなくなった．降雨量は間違いなく減少している．それに加えて，2011年夏，ソマリア暫定政府が旱魃に対処できなかったため，何万もの人びとがソマリアからケニア側に難民となって流入し，さらに，10月以降の報復テロが加わり，ケニア北東部の治安は一気に悪化した．

　2007年大統領選挙後にケニア全土を覆ったと言われた暴動の際も，北東部はイマームの言葉に従って平穏を保っていた．故に当時は，北東部はケニアで最も安全な地域だと評価されていた．ところが，件の2011年秋以降，教会やレストランで手榴弾が爆発し，子どもを含む死亡事件が現在まで続いている．全国で実施する試験の問題を配布していた車両も襲われ，同乗していた校長も殺害された．軍や警察も標的になったため，北東部での治安対策が強化された結果，

アル・シャバブとは無関係の住民まで弾圧され，人権が侵害されていると人権団体が告発したことも，本文中で述べた通りである．住民には何の責任もない理由で，この地域は安心して暮らせるところではなくなってしまった．

　縁あって，ガリッサの中等学校に通う生徒の学費を負担する里親になった．また，JICA のプロジェクトの準備と実施にあたり，地元 NGO や教育関係者から多大な支援を頂いた．アブディナシルやアーシャをはじめとする子どもたち，教育事務所や学校，セミナーの先生方，国連関係者や NGO のスタッフ，医療従事者，村長ら，多くの方々から大切な話を教えて頂いた．また，数カ国の経験しかないものの，ケニア以外のアフリカの国々でも，様々な職種の方との出会いがあった．毎日の生活の話から政治の話まで，貧困問題から紛争の話まで，色々な話を伺うことが出来た．出会った全ての方々に感謝している．

　平和とは何だろうか．学術的な定義は多様であるが，筆者は，安心して子どもを産み育てられる環境があることが平和な状態であると考えている．どうすれば苦しい生活が少しでも楽になり，十分な食事がとれるようになるのだろうか．紛争が起きないようにするには，安心して暮らすにはどうすればいいのだろうか．「欠乏からの自由」と「恐怖からの自由」を得て平和に安心して暮らすにはどのような政治制度が必要なのだろうか．比較政治学，平和学など様々な分野の先達が出してきた処方箋をみながら，アフリカの人びとが平和に暮らせる制度構築をこれからも考えていきたい．

　第 1 章の繰り返しになるが，アフリカの政治を学ぶためには，政治学だけではなく，歴史学，文化人類学や開発経済学など，様々な分野の研究成果を知っておくことが必要である．かつて米山俊直が「アフリカ学」と呼んだように（『アフリカ学への招待』NHK 出版［NHK ブックス］，1986年），筆者が日本アフリカ学会の会員になったばかりの1980年代は，アフリカ研究者たるもの，霊長類研究から地質学，農学から医学まで，様々な分野の報告を全学会員が一堂に会して拝聴するという時代であった．アフリカ政治の研究者だからと言って，政治系の報告だけを聞いていてはいけないのである．

　これから，アフリカのことを勉強するための入門的な本を紹介する．紙面に限りがあるため，決して網羅的ではないが，インターネットで資料探しをする前に，まず，出版されている専門書を読んでもらいたい．アフリカ全体については，日本アフリカ学会編『アフリカ学辞典』（昭和堂，2014年），小田英郎・川

田順造・伊谷純一郎・田中二郎・米山俊直監修『新版　アフリカを知る事典』(平凡社，2010年) がある．以下，分野別に紹介する．

　アフリカ政治を学ぶときは，最初に歴史を勉強してほしい．本文で何度も引用しているが，宮本正興・松田素二『新書アフリカ史』(講談社［講談社新書］，1997年) を読んで，白人が侵略する以前のアフリカの姿を知ってほしい．アフリカ全土がパラダイスだったとは言わない．しかし，ヘーゲルが言ったような「ほかの世界との交渉をもたない閉鎖地帯」では決してなかった (ヘーゲルのアフリカ観がいかに歪んでいるかは，ヘーゲル (長谷川宏訳)『歴史哲学講義 (上)』〔岩波書店，1994年，157-170頁〕で是非確認してほしい)．この『新書アフリカ史』は，年代順の歴史書ではなく，ニジェール川流域やナイル川流域などの，川世界ごとに歴史が分かるように構成されている．

　地域別に構成されているのが，山川出版社の世界現代史シリーズに収録されている『現代アフリカ史Ⅰ～Ⅴ』である．第1巻が総説と南部アフリカ (星昭，林晃史)，第2巻が東アフリカ (吉田昌夫)，第3巻が中部アフリカ (小田英郎)，第4巻が西アフリカ (中村弘光)，第5巻が北アフリカ (宮治一雄) となっている．

　個々の歴史についても，多くの本が出版されている．植民地経験については，藤永茂『「闇の奥」の奥』(三交社，2006年)，北川勝彦編『脱植民地化とイギリス帝国』(ミネルヴァ書房，2009年) を挙げておく．ジェンダーについては，歴史学の分野が進んでいる．ケニア独立闘争を舞台とした，コーラ・アン・プレスリー『アフリカの女性史』(未来社，1999年) やワンボイ・ワイヤキ・オティエノ『マウマウの娘』(未来社，2007年) (どちらも富永智津子訳) がある．また，ケープ植民地からヨーロッパに連れて行かれ見世物にされて亡くなったコイ人女性を描いた，バーバラ・チェイス＝リボウ『ホッテントット・ヴィーナス』(井野瀬久美恵・安保永子訳，法政大学出版局，2012年) を読めば，当時のヨーロッパの知識人たちがアフリカ人をどのように見ていたのかもわかる．

　政治学では，まず小田英郎『アフリカ現代政治』(東京大学出版会，1989年) を読んでから，各論に入っていってほしい．川端正久・落合雄彦編の『アフリカ国家を再考する』や『アフリカと世界』(共に晃洋書房)，武内進一『現代アフリカの紛争と国家』(明石書店，2009年)，落合雄彦編『アフリカの紛争解決と平和構築』(昭和堂，2011年) などを挙げておく．収録論文の引用文献もみると，個々のテーマを学ぶために必要な文献がわかる．小倉充夫『南部アフリカ社会の百年——植民地支配・冷戦・市場経済——』(東京大学出版会，2009年) は農村から

アフリカ政治・経済を見ている．

　アフリカ経済については，北川勝彦・高橋基樹編『現代アフリカ経済論』（ミネルヴァ書房，2014年）や平野克己『アフリカ問題』（日本評論社，2009年）に加え，末原達郎編『アフリカ経済』（世界思想社，1998年），杉村和彦『アフリカ農民の経済』（世界思想社，2004年）などがあるが，服部正也『援助する国　される国』（中央公論新社，2001年）も図書館で探して是非読んでほしい．

　開発の分野では，勝俣誠『新・現代アフリカ入門』（岩波書店［岩波新書］，2013年）が，フェア・トレードについては，辻村英之『農業を買い支える仕組み』（太田出版，2014年）が，人の移動については，佐藤誠編『越境するケア労働』（日本経済評論社，2010年）がある．

　アフリカの紛争の原因と解決策を考えたい人は，まず，民族のことから考えてみよう．福井勝義・赤阪賢・大塚和夫編『アフリカの民族と社会』（中央公論社，1999年）や和田正平編『現代アフリカの民族関係』（明石書店，2001年），日野舜也編『アフリカの文化と社会』（勁草書房，1992年）などを読んでみてほしい．言語も非常に政治的なものである．序章の注で紹介しているが，梶茂樹・砂野幸稔編『アフリカのことばと社会』（三元社，2009年）と，米田信子・若狭基道・塩田勝彦・小森淳子・亀井伸孝「アフリカの言語」（『アフリカ研究』78号，2011年）（＊日本アフリカ学会の学会誌である『アフリカ研究』の論文は，https://www.jstage.jst.go.jp/browse/africa/2011/78/_contents/-char/ja/のようにHPで公開されている）が基本文献になる．実際にアフリカの言語を学んでみたい人には，竹村景子『ニューエクスプレス　スワヒリ語』（白水社，2010年）などがある．

　アフリカの人びとが暮らす世界を知るには，映画と同じように，文学が重要な役割を果たす．現代を描く文学もあれば，村で収集した民話もある．ミリアム・トラーディ『二つの世界のはざまで』を読んだとき，筆者が抱いていた南アのアパルトヘイトのイメージは大きく変わった．英語ではなくキクユ語で作品を発表しているグギ・ワ・ジオンゴは，『泣くな，わが子よ』（宮本正興訳，第三書館，2012年）のような小説と，『精神の非植民地化』〔増補新版〕（宮本正興・楠瀬佳子訳，第三書館，2010年）のような言語文化論を記している．ジェンダーについては，ナワル・エル・サーダーウィの小説も示唆に富む．『神はナイルに死す』や『0（ゼロ）度の女──死刑囚フィルダス──』（共に三一書房）など図書館で探して読んでほしい．アフリカの民話については，江口一久『北部カメルーン・フルベ族の民間説話集Ⅰ〜Ⅴ』（松香堂書店，1996-2000年）のような専門書から，

江口一久他『語りつぐ人びと・アフリカの民話』(福音館書店［福音館文庫］,2004年)などがある．

　最後に，アフリカと日本の関わりについては，川端正久編『アフリカと日本』(勁草書房，1994年)などがある．溝口優司『アフリカで誕生した人類が日本人になるまで』(SBクリエイティブ［SB新書］,2011年) を読めば，経済よりも深いアフリカと日本の繋がりがわかるだろう．

　データを集めるときに使えるサイトも，一部ではあるが，紹介しておく．

　　(日本語サイト)
　　エイズ予防情報ネット　http://api-net.jfap.or.jp/
　　外務省「アフリカ」http://www.mofa.go.jp/mofaj/area/africa.html
　　「国際協力　政府開発援助ホームページ」http://www.mofa.go.jp/mofaj/gaiko/oda/index.html
　　「ミレニアム開発目標，ポスト2015年開発アジェンダ」http://www.mofa.go.jp/mofaj/gaiko/oda/doukou/mdgs.html
　　国際協力機構 (JICA)　http://www.jica.go.jp/
　　国際労働機関 (ILO) 駐日事務所　http://www.ilo.org/tokyo/lang--ja/index.htm
　　国連開発計画 (UNDP) 駐日代表事務所　http://www.jp.undp.org/
　　国連広報センター　http://www.unic.or.jp/
　　世界銀行東京事務所　http://www.worldbank.org/ja/country/japan
　　日本ユニセフ協会　http://www.unicef.or.jp/
　　(英語サイト)
　　CIA : The World Factbook https://www.cia.gov/library/publications/the-world-factbook/
　　SIPRI (ストックホルム国際平和研究所)　http://www.sipri.org/

　小学校から中学，高校，大学，大学院，そして研究会や学会において，これまで指導して下さった先生方に改めて御礼を申し上げると共に，熱心にアフリカの問題に取り組み示唆を与えてくれた学生の皆さんに感謝の言葉を送りたい．そして，これまで支えてくれた夫と，本書の作業を手伝ってくれた2人の息子たちに，この本を捧げる．

末筆ではあるが，本書の編集者を引き受けて叱咤激励して下さった晃洋書房編集部の丸井清泰さんと校正作業で大活躍をして下さった阪口幸祐さんに心からの謝意を表す．

　　2015年2月

戸田 真紀子

付 記

この本の出版には，京都女子大学の学内助成の他に，下記の助成を受けた．

科学研究費助成金（研究代表者）「アフリカ女性の社会進出のための伝統の取捨選択に関する研究」（2012年度-2014年度）．

科学研究費助成金（研究分担者）「国際体制変動のジェンダー・ダイナミクス」（研究代表者：竹中千春）（2008年度-2010年度）．

科学研究費助成金（研究代表者）「アフリカ女性の社会進出をめぐる政治力学の研究」（2006年度-2009年度）．

科学研究費助成金（研究分担者）「グローバル化時代の民主化と政軍関係に関する地域間比較研究」（研究代表者：玉田芳史）（2007年度-2008年度）．

科学研究費助成金（研究分担者）「『子どもの安全保障』の国際学的研究――子どもの日常性回復を目指して――」（研究代表者：初瀬龍平）（2007年度-2009年度）．

# 参 考 文 献

〈邦文献〉

荒木美奈子［1999］「異議申し立てと日々の生活から生まれた方策」，北川勝彦編『＜南＞から見た世界03　アフリカ――国民国家の矛盾を超えて共生へ――』大月書店．

アレキサンダー，ロニー［2001］「ジェンダー――国際関係論の研究においてジェンダーの視点がなぜ必要か――」，初瀬龍平・定形衛・月村太郎編『国際関係論のパラダイム』有信堂．

池本幸三・布留川正博・下山晃［1995］『近代世界と奴隷制――大西洋システムの中で――』人文書院．

井野瀬久美惠［2007］『興亡の世界史16　大英帝国という経験』講談社．

―――――［2009］「女たちの脱植民地化――フンミラヨ・ランサム-クティの場合――」，北川勝彦編『脱植民地化とイギリス帝国』ミネルヴァ書房．

岩崎正洋［2002］『政治発展と民主化の比較政治学』東海大学出版会．

岩崎美紀子［2005］『比較政治学』岩波書店．

岩田拓夫［2004］『アフリカの民主化移行と市民社会論――国民会議研究を通して――』国際書院．

上野千鶴子［1998］『ナショナリズムとジェンダー』青土社．

遠藤貢［2006］「崩壊国家と国際社会――ソマリアと『ソマリランド』――」，川端正久・落合雄彦編『アフリカ国家を再考する』晃洋書房．

―――――［2007］「ソマリアにおけるシアド・バーレ体制の再検討」，佐藤章編『統治者と国家――アフリカの個人支配再考――』アジア経済研究所．

大塚和夫・小杉泰・小松久男・東長靖・羽田正・山内昌之編［2002］『岩波　イスラーム辞典』岩波書店．

大海篤子［2005］『ジェンダーと政治参加』世織書房．

大林稔［1996］「冷戦後のフランスの対アフリカ政策」，林晃史編『冷戦後の国際社会とアフリカ』アジア経済研究所．

―――――［1999］「レント経済を越えて」，大林稔編『アフリカ――第三の変容――』昭和堂．

大林稔編［2003］『アフリカの挑戦―― NEPAD（アフリカ開発のための新パートナーシップ）――』昭和堂．

岡倉登志［1987］『二つの黒人帝国――アフリカ側から眺めた「分割期」――』東京大学出版会．

岡野八代［2012］『フェミニズムの政治学――ケアの倫理をグローバル社会へ――』みすず書房．

落合雄彦・金田知子編［2007］『アフリカの医療・障害・ジェンダー――ナイジェリア社会への新たな複眼的アプローチ――』晃洋書房．

梶茂樹・砂野幸稔編［2009］『アフリカのことばと社会――多言語状況を生きるということ――』三元社．

粕谷裕子［2014］『比較政治学』ミネルヴァ書房.
片岡貞治［2004］「AU（アフリカ連合）と『平和の定着』」『サブサハラ・アフリカにおける地域間協力の可能性と動向』日本国際問題研究所（http://www2.jiia.or.jp/pdf/global_issues/h15_africa/01_kataoka.pdf, 2015年1月16日閲覧）.
加藤陽子［2009］『それでも，日本人は「戦争」を選んだ』朝日出版社.
川端正久［2002］『アフリカ人の覚醒――タンガニーカ民族主義の形成――』法律文化社.
北川勝彦［2014］「アフリカ経済の変遷と世界」，北川勝彦・高橋基樹編『現代アフリカ経済論』ミネルヴァ書房.
楠瀬佳子［2002］「南アフリカの言語政策――マルチリンガリズムへの道――」『京都精華大学紀要』23.
河野勝［2004］「比較政治学の動向（上）」「比較政治学の動向（下）」『国際問題』528, 530.
河野勝・岩崎正洋［2002］『アクセス　比較政治学』日本経済評論社.
国際移住機関（IOM）［2014］「ニュース　2014年4月11日　ルワンダ　帰還民の社会統合を政府へ引き継ぎ」（http://www.iomjapan.org/press/20140411_rwanda.cfm, 2015年1月17日閲覧）.
国境なき医師団［1994］『国境なき医師団は見た――国際紛争の内実――』（鈴木主税翻訳），日本経済新聞社.
国連人口基金（UNFPA）［2013］『世界人口白書　2013』（http://www.unfpa.or.jp/cmsdesigner/data/entry/publications/publications.00036.00000007.pdf, 2015年1月6日閲覧）.
斉藤豊治［2009］「アメリカにおける性刑法の改革」『大阪商業大学論集』5（1）.
三藤亮介［2006］「ケニア独立運動の原点――『独立学校（インディペンデントスクール）』の役割――」，戸田真紀子編『帝国への抵抗』世界思想社.
進藤久美子［2004］『ジェンダーで読む日本政治』有斐閣.
杉木明子［2011］「『国家建設』モデルの再考序論――ソマリア沖海賊問題と『ソマリア国家』の事例から――」『国際法外交雑誌』110（1）.
妹尾裕彦［2009］「コーヒー危機の原因とコーヒー収入の安定・向上策をめぐる神話と現実――国際コーヒー協定（ICA）とフェア・トレードを中心に――」『千葉大学教育学部研究紀要』57（http://mitizane.ll.chiba-u.jp/metadb/up/AA11868267/13482084_57_203.pdf, 2015年1月27日閲覧）.
セン, A. K.（Sen, A. K.）［2002］『貧困の克服――アジア発展の鍵は何か――』（大石りら訳），集英社.
高橋基樹［1999］「1990年代における対アフリカ開発援助の新展開――第2世代アプローチとグローバライゼーション――」『国際協力論集』7（2）.
高林敏之［2006］「建国30周年を迎えたサハラウイの現状」『アフリカNOW』73.
滝澤美佐子［2006］「人間の安全保障と国際介入――破綻国家ソマリアの事例から――」，望月克也編『人間の安全保障の射程――アフリカにおける課題――』アジア経済研究所.
竹中千春［2011］「南アジアにおけるジェンダーと政治」，日本比較政治学会編『ジェンダーと比較政治学』ミネルヴァ書房.
田中克彦［1981］『ことばと国家』岩波書店［岩波新書］.

男女共同参画会議［2012］「男女共同参画会議　基本問題・影響調査専門調査会　報告書〜最終報告〜平成24年２月」(http://www.gender.go.jp/kaigi/senmon/kihon/kihon_eikyou/pdf/spinv_frep_1-3.pdf, 2014年９月８日閲覧).

月村太郎［2006］『ユーゴ内戦──政治リーダーと民族主義──』東京大学出版会.

辻村英之［2012］『おいしいコーヒーの経済論──「キリマンジャロ」の苦い現実──（増補版）』太田出版.

辻脇葉子［2002］「被害者保護と合衆国『性暴力法』改革の現状」『明治大学短期大学紀要』71.

寺西重郎［1995］『経済開発と途上国債務』東京大学出版会.

戸田真紀子［1991］「ナイジェリアの政党の変遷」『アフリカレポート』12.

─────［1992］「アフリカ──ナイジェリア政治論──」, 加藤晋章編『入門現代地域研究』昭和堂.

─────［2000］「アフリカ──民族紛争はなぜおきるか──」, 加藤普章編『新版エリア・スタディ入門──地域研究の学び方──』昭和堂.

─────［2003］「21世紀のアフリカと女性── NEPADは草の根の女性を救えるか？──」, 大林稔編『アフリカの挑戦── NEPAD（アフリカ開発のための新パートナーシップ）──』昭和堂.

─────［2004］「悲劇の紛争」『社会科學研究』55（5-6）.

─────［2006］「アフリカの女性性器切除と男性優位社会の秩序」『平和研究』31.

─────［2008］『アフリカと政治』御茶の水書房.

─────［2012］「アフリカは多民族国家が多いから紛争が多いのか？」, 戸田真紀子・三上貴教・勝間靖編『国際社会を学ぶ』晃洋書房.

─────［2013］『アフリカと政治　改訂版』御茶の水書房.

富永智津子［2004］「『女子割礼』をめぐる研究動向──英語文献と日本語文献を中心に──」, 『地域研究』6(1).

野間寛二郎［1968］「コンゴ侵略略史」, M. トゥエイン『レオポルド王の独白』理論社.

服部正也［2001］『援助する国　される国』中央公論新社.

羽場久浘子［1994］『統合ヨーロッパの民族問題』講談社.

馬場伸也［1980］『アイデンティティの国際政治学』東京大学出版会.

平野克己［2009］『アフリカ問題』日本評論社.

福井勝義［1999］「多様な民族の生成と戦略」, 福井勝義・赤阪賢・大塚和夫『アフリカの民族と社会』中央公論社.

福井憲彦［2008］『近代ヨーロッパの覇権』講談社.

福田歓一［1985］『政治学史』東京大学出版会.

藤永茂［2006］『『闇の奥』の奥──コンラッド・植民地主義・アフリカの重荷──』三交社.

プレスリー, コーラ・アン［1999］『アフリカの女性史──ケニア独立闘争とキクユ社会──』（富永智津子訳）, 未来社.

堀江孝司［2011］「ジェンダーの比較社会論・比較政策論と比較政治学」『日本比較政治学会年報』13.

眞柄秀子・井戸正伸［2004］『改訂版　比較政治学』放送大学教育振興会.
正木響［2014］「アフリカ経済のグローバル化とリージョナル化」,北川勝彦・髙橋基樹編『現代アフリカ経済論』ミネルヴァ書房.
松下洋［1987］『ペロニズム・権威主義と従属——ラテンアメリカの政治外交研究——』有信堂高文社.
―――［2004］「政治的特色とそれを見る視座の変化」, 松下洋・乗浩子編『全面改訂版　ラテンアメリカ　政治と社会』新評論.
松園典子［1982］「女子割礼——グシィ族の事例——」『民族学研究』47(3).
松本尚之［2008］『アフリカの王を生み出す人々——ポスト植民地時代の「首長位の復活」と非集権制社会——』明石書店.
三上貴教編［2013］『映画で学ぶ国際関係II』法律文化社.
三宅一郎［1989］『投票行動』(現代政治学叢書5), 東京大学出版会.
宮本正興・松田素二編［1997］『新書アフリカ史』講談社.
室井義雄［1992］『連合アフリカ会社の歴史　1897-1979年：ナイジェリア社会経済史序説』同文舘.
文部省［1947］「あたらしい憲法のはなし」(http://www.aozora.gr.jp/cards/001128/files/43037_15804.html, 2014年3月22日閲覧).
山川雄巳［1982］『増補　アメリカ政治学研究』世界思想社.
吉田昌夫［2000］『アフリカ現代史II』山川出版社.
米田信子［2012］「アフリカにおける識字を考える」『ことばと社会』14.
米田信子・若狭基道・塩田勝彦・小森淳子・亀井伸孝［2011］「アフリカの言語」『アフリカ研究』78.
リード, S. R. (Reed, S. R.)［2006］『比較政治学』ミネルヴァ書房.
列国議会同盟(IPU) "Women in National Parliament," (http://www.ipu.org/wmn-e/classif.htm, 2015年3月6日閲覧).
和田正平編［1996］『アフリカ女性の民族誌——伝統と近代のはざまで——』明石書店.
渡部重行［1983］「ヨルバ族の王国——森林地帯の都市国家と王権——」『季刊民族学』26.
―――［1985］「ヨルバ都市の伝統的政治組織——エキティ＝ヨルバの事例と比較の試み——」『アフリカ研究』26.

〈欧文献〉

Adekanye, J. 'B. [1989] "Politics in a Military Context," in P. Ekeh and G. Ashiwaju eds., *Nigeria Since Independence: The First 25 Years*, Vol.V. Ibadan (Nigeria): Heinemann Educational Books.

Abbott, W. L. [1892] *Ethnological Collections in the U.S. National Museum from Kilima-Njaro, East Africa*, Report of the U.S. National Museum, Washington, D.C.: Smithsonian Institution.

Action Aid [2014] Insights and Experiences of Women Smallholder Farmers in Ghana and Rwanda, (http://www.actionaid.org/sites/files/actionaid/full20report20final20publ

ic20281129.pdf, 2015年1月17日閲覧).
Afigbo, A. [1972] *The Warrant Chiefs: Indirect Rule in Southeastern Nigeria, 1891-1929*, London: Longman.
Aguilar, M. I. [1996] "Historical and Cultural Interaction, Symbiosis and Clientage: Waso Boorana and Somali in Eastern Kenya (1932-1992)," *The Journal of Oromo Studies*, 3 (1-2).
Ahmed Issack Hassan [2008] "The Legal Impediments to Development in Northern Kenya," A Paper presented at the Consultative Meeting for Members of Parliament at Naivasha, Kenya, 22-23 August.
Ajayi, A. I. [2007] *The Military and the Nigerian State, 1966-1993: A Study of the Strategies of Political Power Control*, Asmara, Eritoria: Africa World Press.
Almond, G. A. [1956] "Comparative Political Systems," *Journal of Politics*, 18(3) (http://web.unair.ac.id/admin/file/f_23123_CP_Almond.pdf, 2015年1月16日閲覧).
―――― [1970] *Political Development: Essays in Heuristic Theory*, Boston: Little, Brown and Company.
Almond, G. A. and J. S. Coleman eds. [1960] *The Politics of the Developing Areas*, Princeton: Princeton University Press.
al-Safi, M. A. G. H. [1995] "Kenya Somalis: The Shift from 'Greater Somalia' to Integration with Kenya," *Nordic Journal of African Studies*, 4(2).
Alwy, A. and S. Schech [2007] "Ethnicity, Politics, and State Resource Allocation: Explaining Educational Inequalities in Kenya," in G. W. Noblit and W. T. Pink eds., *International Handbook of Urban Education, Part1*, Dordrecht, The Netherlands: Springer.
Amnesty International [2010] "No End in Sight: The Ongoing Sufering of Somalia's Civilians," (http://www.amnesty.org/en/library/asset/AFR52/003/2010/en/6d0c975e-c16e-4974-a9ec-645d9a6aa5f2/afr520032010en.pdf, 2015年1月16日閲覧).
Anderson, B. [1983, 2nd edition 1991, Revised edition 2006] *Imagined Communities: Reflections on The Origin and Spread of Nationalism*, London and New York: Verso(白石隆・白石さや訳『定本 想像の共同体――ナショナリズムの起源と流行――』書籍工房早山, 2007年).
Apter, D. E. [1961] *The Political Kingdom in Uganda: A Study in Bureaucratic Nationalism*, Princeton, New Jersey: Princeton University Press (revised 1997).
AU [2000] Rwanda: The Preventable Genocide (http://www.refworld.org/pdfid/4d1da8752.pdf, 2015年1月16日閲覧).
Barry, B. [1975] "Review Article: Political Accommodation and Consociational Democracy," *British Journal of Political Science*, 5(4).
Baum, S. K. [2008] *The Psychology of Genocide*, Cambridge: Cambridge University Press.
Bayart, J.-F. [1993] *The State in Africa: the Politics of the Belly*, London; New York, N.Y.: Longman.
BBC [2006] "Ogaden draws in tension once more," 2 October (http://news.bbc.co.uk/2/

hi/africa/5383012.stm, 2015年1月16日閲覧).

――― [2008] "Ethnic tensions dividing Kenya," BBC News, 5 January (http://news.bbc.co.uk/2/hi/programmes/from_our_own_correspondent/7172038.stm,2014年12月19日閲覧).

――― [2014] "Q&A: Who are Somalia's al-Shabab?," (http://www.bbc.com/news/world-africa-15336689, 2015年1月27日閲覧).

Besada, H. ed. [2010] *Crafting an African Security Architecture*, Surrey: Ashgate.

Bienen, H. [1985] *Political Conflict and Economic Change in Nigeria*, London: Frank Cass.

Butenschøn, N. A. [1985] "Conflict Management in Plural Societies: The Consociational Democracy Formula," *Scandinavian Political Studies*, 8(1-2).

Carlson, K. and S. Randell [2013] "Gender and development: Working with men for gender equality in Rwanda," Agenda: Empowering women for Gender Equity, (http://www.ifuw.org/wp-content/uploads/2014/01/FINAL-PUBLISHED-COPY-Working-with-men-to-end-gender-based-violence-K.-Carlson-and-S.-Randell-1.pdf, 2015年1月17日閲覧).

Cervenka, Z. [1972] *A History of the Nigerian War 1967-1970*, Ibadan: Onibonoje Press.

Chau, D. C. [2010] "At the Crossroads of Cultures? A Historic and Strategic Examination of Kenya-Somalia Relations," *The Journal of the Middle East and Africa*, 1(1).

Coleman, J. S. [1960] *Nigeria: Background to Nationalism*, Berkeley: University of California Press.

Collier, P. [2007] *The Bottom Billion: Why The Poorest Countries are Failing and What can be Done About It*, New York: Oxford University Press (中谷和男訳『最底辺の10億人――最も貧しい国々のために本当になすべきことは何か？――』日経BP社, 2008年).

――― [2009] *Wars, Guns, and Votes: Democracy in Dangerous Places*, New York: Harper (甘糟智子訳『民主主義がアフリカ経済を殺す――最底辺の10億人の国で起きている真実――』日経BP社, 2010年).

――― [2010] *The Plundered Planet: How to Reconcile Prosperity with Nature*, London: A. Lane (村井章子訳『収奪の星――天然資源と貧困削減の経済学――』みすず書房, 2012年).

Collier, P. and A. Hoeffler [2004] "Greed and Grievance in civil war," *Oxford Economic Paper*, 56.

Decalo, S. [1990] *Coups and Army Rule in Africa: Motivations & Constraints*, 2nd edition, New Haven & London: Yale University Press.

Diamond, L. [1987] "Class Formation in the Swollen African State," *Journal of Modern African Studies*, 25(4).

――― [1995] "Nigeria," in L. Diamond, J. J. Linz, and S. M. Lipset eds., *Politics in Developing Counties: Comparing Experiences with Democracy*, London: Lynne Rienner Publishers.

Dibie, R. A. [2003] *Public Management and Sustainable Development in Nigeria: Military-Bureaucracy Relationship*, Aldershot: Ashgate.

Dike, P. C. [1991] "The Igbo in Colonial Anthropology," in A. E. Afigbo ed., *The Image of Igbo*, Lagos (Nigeria): Vista Books.
Downes, W. D. [1919] *With the Nigerians in German East Africa*, London: Methuen & Co., ltd (http://archive.org/stream/cu31924027831860/cu31924027831860_djvu.txt, 2015年1月27日閲覧).
dvv international [2006] "*The Kenya National Adult Literacy Survey,*" (http://www.iiz-dvv.de/index.php?article_id=802&clang=1, 2015年1月17日閲覧).
Easton, D. [1965] *A Framework for Political Analysis*, Englewood Cliffs, N. J.: Prentice-Hall (岡村忠夫訳『政治分析の基礎』みすず書房，1968年).
―――― [1971] *The Political System: An Inquiry into the State of Political Science*, Chicago; London: The University of Chicago Press (山川雄巳訳『政治体系　政治学の状態への探求』(第2版)，ぺりかん社，1976年).
―――― [1985] "Political Science in the United States: Past and Present," *International Political Science Review*, 6(1) (山川雄巳訳「アメリカ合衆国における政治学――その過去と現在――」『思想』729，1985年).
―――― [1990] *The Analysis of Political Structure*, New York: Routledge ((山川雄巳監訳『政治構造の分析』ミネルヴァ書房，1998年).
Ekeh, P. [1989] "Nigeria's Emergent Political Culture," in P. Ekeh, P. D. Cole and G. O. Olusanya eds., *Nigeria Since Independence: The First 25 Years*, Vol.V. Ibadan (Nigeria): Heinemann Educational Books.
Falola, T. [1987] *Britain and Nigeria: Exploitation or Development?* London: Zed Books.
Falola, T. and A. Paddock [2011] *The Women's War of 1929: A History of Anti-Colonial Resistance in Eastern Nigeria*, Durham, North Carolina: Carolina Academic Press.
Fanon, F. [1964] "*La mort de Lumumba: pouvions-nous faire autrement ?*" *Pour la Révolution Africaine*, Paris: F. Maspero (北山晴一訳「ルムンバの死――他に方法があっただろうか――」『フランツ・ファノン著作集4　アフリカ革命に向けて』みすず書房，2008年).
Forde, D. and G. I. Jones [1950] *The Ibo and Ibibio-speaking peoples of South-Eastern Nigeria*, London: International African Institute.
Fried, M. H. [1975] *The Notion of Tribe*, Menlo Park, Calif.: Cummings.
Gellar, S. [1973] "State-building and Nation-building in West Africa," in S.N. Eisenstadt and S. Rokkan eds., *Building States and Nations*, Vol.2. Beverly Hills & London: Sage Publications.
Graf, W. D. [1988] *The Nigerian State*, London: James Currey.
Grugel, J. [2002] *Democratization: A Critical Introduction*, Hampshire: Palgrave Macmillan (仲野修訳『グローバル時代の民主化――その光と影――』法律文化社，2006年).
Gunther, J. [1953] *Inside Africa*, New York: Harper & Brothers (土屋哲訳『アフリカの内幕』2巻，みすず書房，1956-57年).
Hazen, J. M. and J. Horner [2007] Small Arms, Armed Violence, and Insecurity in

Nigeria: The Niger Delta in Perspective (Small Armes Survey Occasional Paper 20) (http://www.smallarmssurvey.org/fileadmin/docs/B-Occasional-papers/SAS-OP20-Nigeria.pdf, 2015年1月4日閲覧).
Healy, S. [2010] "Seeking peace and security in the Horn of Africa," *International Affairs*, 87(1).
Hesse, B. J. [2010] "Introduction: The myth of 'Somalia'," *Journal of contemporary African Studies*, 28(3) (http://www.tandfonline.com/doi/pdf/10.1080/02589001.2010.499232, 2014年12月29日閲覧).
Hogg, R. [1985] "Re-Stocking Pastoralists in Kenya: A Strategy for Relief and Rehabilitation," Overseas Development Institute, London Pastoral Development Network Paper.
Horowitz, D. L. [1985] *Ethnic Groups in Conflict*, Berkeley: University of California Press.
―――― [1993] "Democracy in Divided Societies," *Journal of Democracy*, 4(4).
―――― [2001] *The Deadly Ethnic Riot*, Berkeley: University of California Press.
Howard, R. E. [1995] "Civil Conflict in Sub-Saharan Africa: Internally Generated Causes," *International Journal*, 51(1).
Human Rights Watch [2008] *Ballots to Bullets: Organized Political Violence and Kenya's Crisis of Governance*, 20(1) (http://www.hrw.org/sites/default/files/reports/kenya 0308web.pdf, 2015年1月16日閲覧).
―――― [2009] *"Bring the Gun or You'll Die: Torture, Rape, and other Serious Human Rights Violations by Kenyan Security Forces in the Mandera Triangle"*, New York: Human Right Watch (http://www.hrw.org/sites/default/files/reports/kenya0609web.pdf, 2015年1月23日閲覧).
―――― [2010] *Harsh War, Harsh Peace*, Human Rights Watch (http://www.hrw.org/sites/default/files/reports/somalia0410webwcover_0.pdf, 2015年1月16日閲覧).
―――― [2012] *Criminal Reprisals: Kenyan Police and Military Abuses against Ethnic Somalis* (http://www.hrw.org/sites/default/files/reports/kenya0512webwcover.pdf, 2015年1月9日閲覧).
Huntington, S. P. [1968] *Political Order in Changing Societies*, New Haven; London: Yale University Press (内山秀夫訳『変革期社会の政治秩序』(上下巻), サイマル出版会, 1972年).
―――― [1991a] "Democracy's Third World," *Journal of Democracy*, 2(2).
―――― [1991b] *The Third Wave: Democratization in the Late Twentieth Century*, Norman, OK. and London: University of Oklahoma Press.
―――― [1995] "Reforming Civil-Military Relations," *Journal of Democracy*, 6.
Ibrahim M. Hussein, Bashir S. Ali and Abdi Ali Hirsi et al. [2012] *Shariff Shibly and the Development of Education in Northern Kenya: Recollections and Reflections by its Pioneers*, Nairobi: RED Design & Printing.
Ignatieff, M. [1993] *Blood and Belonging: Journeys into the New Nationalism*, New York: The

Noonday Press(幸田敦子訳『民族はなぜ殺しあうのか――新ナショナリズムの6つの旅――』河出書房新社, 1996年).

Ilibagiza, I. and S. Erwin [2006] *Left to Tell*, Carlsbad, Calif.: Hay House(堤江実訳『生かされて』PHP研究所, 2009年).

Illiffe, J. [1979] *The Modern History of Tanganyika*, Cambridge: Cambridge University Press.

Ishichei, E. [1987] *A History of Nigeria*, Oxford: Oxford University Press.

James, M. and S. H. Broadhead [2004] *Historical Dictionary of Angola*, new edition, Lanham, MD: Scarecrow Press.

Jeng, A. [2012] *Peacebuilding in the African Union*, Cambridge: Cambridge University Press.

Joseph, R. [1987] *Democracy and Prebendal Politics in Nigeria: The Rise and Fall of the Second Republic*, Cambridge: Cambridge University Press.

Kamunde-Aquino, N. [2014] "Kenya's Constitutional History," (http://www.4cmr.group.cam.ac.uk/filecab/redd-law-project/20140821%20BP%20Kenyas%20Constitutional%20History.pdf, 2015年1月8日閲覧).

Kasaija, A. P. [2010] "The UN-led Djibouti peace process for Somalia 2008-2009: results and problems," *Journal of contemporary African studies*, 28(3).

Kirk-Green, A. H. M. [1971] *Crisis and Conflict in Nigeria*, Vol.1., London: Oxford University Press.

Lewis, S. [2006] *Race Against Time: Searching for Hope in AIDS-Ravaged Africa*, 2$^{nd}$ ed., Toronto: House of Anansi Press.

Lewis, W. A. [1965] *Politics in West Africa*, London: Allen and Unwin.

Lijphart, A. [1974] "Consociational Democracy," in K. D. McRae ed., *Consociational Democracy*, Toronto: McClelland & Stewart.

―――― [1977] *Democracy in plural societies: A comparative exploration*, New Haven: Yale University Press.

―――― [1984] *Democracies: Patterns of Majoritarian and Consensus Government in Twenty-one Countries*, New Haven: Yale University Press.

Lloyd, P. C. [1972] *Africa in Social Change*. Baltimore, MD: Penguin Books.

Lynn, M. ed. [2001] *Nigeria: British Documents on the End of Empire, Series B, Volume 7, Part II: Moving to Independence 1953-1960*, London: London The Stationery Office University of London Institute of Commonwealth Studies.

Macridis, R. C. [1963] "The Survey of the Field of Comparative Government," in H. Eckstein and D. E. Apter eds., *Comparative Politics: A Reader*, New York: The Free Press(*The Study of Comparative Government*, New York: Random House, 1955 の一部を再録).

Macridis, R. C. and B. E. Brown eds. [1968] *Comparative Politics: Notes and Readings*, 3rd edition, Homewood, Ill.: Dorsey Press.

Maier, K. [2000] *This House has Fallen: Nigeria in Crisis*, London: Penguin Books.

Matera, M., Bastian, M. L. and S. K. Kent [2011] T*he Women's War of 1929: Gender and Violence in Colonial Nigeria*, London: Palgrave Macmillan.

Mathooko, M. [2009] "Actualizing Free Primary Education in Kenya for Sustainable Development," *The Journal of Pan African Studies*, 2 (8).

Mburu, N. [2005] *Bandits on the Border: The Last Frontier in the Search for Somali Unity*, Asmara: The Red Sea Press.

McRae, K. D. [1974] "Introduction," in K. D. McRae ed., *Consociational Democracy*, Tronto: McClelland & Stewart.

Miners, N. J. [1971] *The Nigerian Army 1956-1966*, London: Methuen.

Ministry of State for Planning, National Development and Vision 2030, Republic of Kenya [2010a] *The First Annual Progress Report: On the Implementation of the First Medium Term Plan (2008-2012) of The Kenya Vision 2030*, Nairobi, OCTAWNS Limited.

――――― [2010b] "*Public Expenditure Review: Policy for Prosperity.*"

Mohammadu, T. and M. Haruna [1989] "The Making of the 1979 Constitution," in P. Ekeh and G. Ashiwaju eds., *Nigeria Since Independence: The First 25 Years*, Vol.V. Ibadan (Nigeria): Heinemann Educational Books.

Moore, S. F. and P. Puritt [1977] *The Chagga and Meru of Tanzania*, London: International African Institute.

Moyo, D. [2009] *Dead Aid: Why Aid is not Working and How There is Another Way for Africa*, London: Allen Lane, an imprint of Penguin Books (小浜裕久監訳『援助じゃアフリカは発展しない』東洋経済新報社, 2010年).

Nelson, D. H., Laughlin, J. and J. B. Marvin [1972] *Area handbook of Nigeria*, Washington, D. C.: US Government Printing Office.

*New African* [2009] May 2009 No 484 IC Publicatrions

Ngou, C. M. [1989] "The 1959 Elections and Formation of the Independence Government," in P. Ekeh and G. Ashiwaju eds., *Nigeria Since Independence: The First 25 Years*. Vol. V, Ibadan (Nigeria): Heinemann Educational Books.

Nigeria Police Force HP "History of Nigeria Police Force," (http://www.npf.gov.ng/history-of-nigeria-police/, 2015年1月26日閲覧).

North Eastern Province [2010] "North Eastern Province Education Brief as at 23 June 2010," (hand-out).

Northern Frontier District Commission [1962] *Kenya: Report of the Northern Frontier District Commission*, London: Her Majesty's Stationery Office.

Novogratz, J. [2009] *The Blue Sweater: Bridging The Gap Between Rich and Poor in An Interconnected World*, *Emmaus*, PA: Rodale Press (北村陽子訳『ブルー・セーター――引き裂かれた世界をつなぐ起業家たちの物語――』英治出版, 2010年).

Nwankwo, A. A. [1990] *Retreat of Power: The Military in Nigeria's Third Republic*,

Enugu, Nigeria: Fourth Dimention.
Obasanjo, O. [1987] *Nzeogwu*, Ibadan: Spectrum Books.
Obiezuofu-Ezeigbo, E. C. [2007] *The Biafran War and the Igbo in Contemporary Nigerian Politics*, Nigeria: Genius Press.
Ollawa, P. E. [1989] "The 1979 Elections," in P. Ekeh, P. D. Cole and G. O. Olusanya eds., *op. cit.*
Oxfam International [2002] *Rigged Rules and Double Standards: Trade, Globalisation and the Fight Against Poverty*, Oxfam International（渡辺龍也訳『貧富・公正貿易・NGO ——WTOに挑む国際NGOオックスファムの戦略——』新評論，2006年）.
Oyewole, A. and J. Lucas [2000] *Historical Dictionary of Nigeria Second Edition* Lanham, Maryland: Scarecrow Press.
Paden, J. N. [1986] *Ahmadu Bello, Sardauna of Sokoto: Values and Leadership in Nigeria*, London: Hodder and Stoughton
Partridge, M. and D. Gillard eds. [1996a] *British Documents on Foreign Affairs: Reports and Papers from the Foreign Office Confidential Print*, Part I Series G, Vol. 20, University Publications of America (UPA).
——— [1996b] *British Documents on Foreign Affairs: Reports and Papers from the Foreign Office Confidential Print*, Part I Series G, Vol. 21, UPA.
Pfaff, W. [1995] "A New Colonialism," *Foreign Affairs*, 74(1).
Powley, E. [2003] "Strengthening Governance: The Role of Women in Rwanda's Transition," Hunt Alternatives Fund (http://www.un.org/womenwatch/osagi/meetings/2004/EGMelectoral/EP5-Powley. PDF, 2015年1月17日閲覧).
——— [2006] "Rwanda: The Impact or Women Legislators on Policy Outcomes Affecting Children and Families," UNICEF, The State of the World's Children 2007 Background Paper.
Presley, C. A. [1992] *Kikuyu Women, The Mau Mau Rebellion, and Social Change in Kenya*, Boulder: Westview Press（富永智津子訳『アフリカの女性史——ケニア独立闘争とキクユ社会——』未來社，1999年）.
Republic of Kenya [2010] "The Indemnity (Repeal) Bill, 2010," *Kenya Gazette Supplement*, 7(2), Nairobi: The Government Printer.
Saadawi, N. E. [1980] *The Hidden Face of Eve: Women in The Arab World*, London: Zed Books（村上真弓訳『イヴの隠れた顔——アラブ世界の女たち——』未來社，1994年）.
Samatar, S. S. [2010] "An Open Letter to Uncle Sam," *Journal of Contemporary African Studies*, 28(3).
Schatz, S. [1984] "Pirate Capitalism and the Inert Economy of Nigeria," *Journal of Modern African Studies*, 22(4).
Schatzberg, M. G. [1988] *The Dialectics of Oppression in Zaire*, Bloomington and Indianapolis: Indiana University Press.
Sen, A. K. [1981] *Poverty and Famines: An Essay on Entitlement and Deprivation*, Oxford: Clarendon Press（黒崎卓・山崎幸治訳『貧困と飢饉』岩波書店，2000年）.

Seton-Watson, H. [1977] *Nations and States: An Enquiry into the Origins of Nations and the Politics of Nationalism*, Boulder, Colorado: West-View Press.

SIPRI (Stockholm International Peace Research Institute) [2003] *SIPRI Yearbook 2003: Armaments, Disarmament, and International Security*, Oxford University Press.

Smock, A. C. [1971] *Ibo Politics: the role of the ethnic unions in eastern Nigeria*, Cambridge, Mass.: Harvard University Press.

Terah, F. [2008] *They Never Killed My Spirit, But They Murdered My Only Child*, Nairobi: The Olive Marketing and Publishing Co.

The UN Inter-agency Group for Child Mortality Estimation [2014] Levels & Trends in Child Mortality 2014, (http://www.unicef.org/media/files/Levels_and_Trends_in_Child_Mortality_2014.pdf, 2014年12月27日閲覧).

TJRC (Truth, Justice and Reconciliation Commission) [2013] *Kenya Report of the Truth, Justice and Reconciliation Commission* (2015年1月22日現在, 次のサイトで閲覧が可能. http://www.kenyamoja.com/tjrc-report/).

Toyin, F. [1987] *Britain and Nigeria: Exploitation or Development?* London: Zed Books Ltd.

Twain, M. [1905] *King Leopold's Soliloquy: A Defense of His Congo Rule*, Boston: The P. R. Warren (佐藤喬訳『レオポルド王の独白――彼のコンゴ統治についての自己弁護――』理論社, 1968年). 本文のみ下記で読むことができる (diglib1.amnh.org/articles/kls/twain.pdf, 2014年12月31日閲覧).

Uchendu, V. C. [1965] *The Igbo of Southeastern Nigeria*, New York: Holt, Rinehart & Wilson.

UNDP [1994] *Human Development Report 1994*, New York; Oxford: Oxford University Press (広野良吉・北谷勝秀・佐藤秀雄監修『人間開発報告書 1994』国際協力出版会, 1994年).

―― [2013] *Human Development Report: The Rise of the South*, UNDP (http://hdr.undp.org/sites/default/files/reports/14/hdr2013_en_complete.pdf, 2015年1月19日閲覧).

―― [2014] *Human Development Report 2014* (http://hdr.undp.org/en/content/human-development-report-2014, 2014年12月29日閲覧).

UNDP/FAO [1971] "Range Development in Isiolo District, United Nations Development Programme, Rangeland Surveys," Kenya, AGP: SF/KEN 11, Working Paper No.9, Nairobi.

UNEP [2011] *Environment Assessment of Ogoniland*, UNEP (http://postconflict.unep.ch/publications/OEA/UNEP_OEA.pdf, 2015年1月4日閲覧).

UNICEF, WHO, The World Bank and UN Population Division [2007] "Levels and Trends of Child Mortality in 2006: Estimates developed by the Interagency Group for Child Mortality Estimation," (http://www.childinfo.org/files/infant_child_mortality_2006.pdf, 2015年1月20日閲覧).

United Nations [2012] Security Council SC/10550 (http://www.un.org/News/Press/

docs/2012/sc10550.doc.htm, 2015年1月16日閲覧).
US Department of State [2011] "Somalia," International Religious Freedom Report for 2011 (http://www.state.gov/documents/organization/192969.pdf, 2015年1月16日閲覧).
Uwineza, P. and E. Pearson [2009] "Sustaining Women's Gains in Rwanda," The Institute for Inclusive Security, Hunt Alternatives Fund (http://www.inclusivesecurity.org/wp-content/uploads/2012/08/1923_sustaining_womens_gains_nocover.pdf, 2015年1月17日閲覧).
van den Berghe, P. L. [1976] "Ethnic Pluralism in Industrial Societies: A Special Case?" *Ethnicity*, 3.
van Wyk, D. G. [2006] *Kenya's Northern Frontier District (NFD)*. Raleigh, North Carolina: Lulu Press.
Wada, S. [1984] "Female Initiation Rites of the Iraqw and the Gorowa," *Senri Ethnological Studies*, 15.
Wente-Lukas, R. [1985] *Handbook of Ethnic Units in Nigeria*, Stuttgart: F. Steiner Verlag Wiesbaden.
Wiarda, H. J. [1993] *Introduction to Comparative Politics: Concepts and Processes*. Belmont: Wadsworth (大木啓介訳『入門 比較政治学――民主化の世界的潮流を解読する――』東信堂, 2000年).
――― [2007] *Comparative Politics: Approaches And Issues*, Lanham: Rowman & Littlefield.
Wiarda, H. J. ed. [1985] *New Directions in Comparative Politics*, Boulder: Westview (大木啓介・大石裕・佐治孝夫ほか訳)『比較政治学の新動向』東信堂, 1988年).
Williams, E. E. [1944] *Capitalism & slavery*, Chapel Hill: University of North Carolina Press (中山毅訳『資本主義と奴隷制――ニグロ史とイギリス経済史――』理論社, 1978年).
World Bank [2000] *World Bank Atlas*, World Bank (http://www-wds.worldbank.org/external/default/WDSContentServer/WDSP/IB/2013/06/21/000425962_20130621174352/Rendered/PDF/203830PUB0Box30orld0Bank0Atlas02000.pdf, 2015年1月22日閲覧).
――― [2002] *Tanzania at the turn of the century: Background Papers and Statistics*, World Bank.
――― [2003] *World Development Report 2003: Sustainable Development in a Dynamic World: Transforming Institutions, Growth, and Quality of Life*, World Bank.
――― [2008] "Kenya Poverty and Inequality Assessment Volume1: Synthesis Report," (http://siteresources.worldbank.org/INTAFRREGTOPGENDER/Resources/PAKENYA.pdf, 2015年1月16日閲覧).
Young, C. and T. Turner [1985] *The Rise and Decline of the Zairian State*, Madison: The University of Wisconsin Press.

# 人名索引

## 〈ア 行〉

アイディード, M. F.（Mohamed Farrah Aidid） 158
アオロオ, O. J.（Obafemi Jeremiah Oyeniyi Awolowo） 25, 122, 136, 141, 143, 144, 147, 175, 184, 204
アギー＝イロンシ, J. T.（Johnson Thomas Aguyi-Ironsi） 124, 128, 129, 136, 146, 181, 182, 203, 205
アキントラ, S.（Samuel Akintola） 141
アジキエ, B. N.（Benjamin Nnamdi Azikiwe） 141
アナン, K. A.（Kofi Atta Annan） 74
アバチャ, S.（Sani Abacha） 91, 124, 129, 175, 176, 185, 187, 201, 205
アビオラ, M. K. O.（Moshood Kashimawo Olawale Abiola） 124, 185
アプター, D.（David Apter） 45, 51
アブドルムタラブ, U. F.（Umar Farouk Abdulmutallab） 199
アーモンド, A.（Gabriel A. Almond） v, 36-40, 44, 45, 49, 50
アンダーソン, B.（Benedict Anderson） 41
イーストン, D.（David Easton） 34, 35, 38, 48, 50
ウィーアルダ, H. J.（Howard J. Wiarda） 31, 35, 46, 48-50
ヴィクトリア（Victoria）女王 130
ウォーラーステイン, I.（Immanuel Wallerstein） 37, 39
ウスマン・ダン・フォディオ（Usman dan Fodio） 123, 124
ウフェ＝ボワニ（Félix Houphouët-Boigny） 66
エケー, P.（Peter P. Eke） 122, 188
エリオット（Charles Norton Edgecumbe Eliot）卿 153, 167
オヴェラミ（Oba Overami）王 146, 181
オジュク, チュクエメカ・オドゥメグ（Chukwuemeka Odumegwu-Ojukwu） 63, 203

オディンガ, O.（Oginga Odinga） 59, 65
オディンガ, R.（Raila Amolo Odinga） 43, 57, 193
オドーネル, G.（Guillermo O'Donnell） 38
オニウケ, G. C. M.（G. C. M. Onyiuke） 167
オバサンジョ（Oluṣẹgun Mathew Okikiọla Arẹmu Ọbasanjọ） 124, 128, 129, 141, 143, 144, 175, 176, 181, 183, 184, 186, 187, 190, 204, 205

## 〈カ 行〉

カイバンダ, G.（Grégoire Kayibanda） 222
カガメ, P.（Paul Kagame） 112, 221, 222
カサヴブ, J.（Joseph Kasa-Vubu） 109
カダフィ（Mu'ammar'abū Minyār al-Qaḏḏāfī） 74
カーマ, S.（Seretse Khama） 91
ガリ, B. B.（Boutros Boutros-Ghali） 74
ガルトゥング, J.（Johan Galtung） 110
キバキ, M.（Mwai Kibaki） 43, 193
グギ・ワ・ジオンゴ（Ngũgĩ wa Thiong'o） 240
グラント, J.（James P. "Jim" Grant） 114
ケイタ, モディボ（Modibo Keïta） 107
ケニヤッタ, J.（Jomo Kenyatta） 43, 44, 54, 55, 59, 60, 65, 154-156, 167, 194
ケニヤッタ, U. M.（Uhuru Muigai Kenyatta） 55, 57
ゴウォン（Yakubu "Jack" Dan-Yumma Gowon） 124, 129, 181-183, 185, 186, 203, 205
コリアー, P.（Paul Collier） v, 101
コルコーレ, A.（Alex Kholkhole） 154
ゴールディ, G. D. T.（George Dashwood Taubman Goldie） 134, 145, 146
コールマン, J. S.（James Smoot Coleman） 36

## 〈サ 行〉

サヴィンビ（Jonas Malheiro Savimbi） 192
サーダーウィ, N. E.（Nawal El Saadawi） 227, 234, 240

人名索引　257

サロ＝ウィワ, K.（Ken Saro-Wiwa）　176, 177, 201, 204, 206
サンゴール, L. S.（Léopold Sédar Senghor）　66
シェイク・シャリフ（Sheik Sharif Sheikh Ahmed）　159
シャガリ（Shehu Shagari）　124, 142-144, 184, 188
ジャジャ（Jaja）王　136, 142, 181
ショインカ, W.（Wọlé Sóyinká）　174
ジョナサン, G.（Goodluck Ebele Jonathan）　124, 129, 187, 198, 205
スタンリー, H. M.（Henry Morton Stanley）　7, 24, 25, 81
ステパン, A. C.（Alfred C. Stepan）　38, 140
セン, A. K.（Amartya Kumar Sen）　93, 94, 105, 114
センベーヌ, O.（Sembène Ousmane）　227

〈タ 行〉

ダイアモンド, L.（L. Diamond）　188
ダール, R. A.（Robert Alan Dahl）　197
ダンジュマ, T. Y.（Theophilus Yakubu Danjuma）　175
チェイニー, R. B.（Richard Bruce "Dick" Cheney）　201, 202
チャーチル, W. L.（Sir Winston Leonard Spencer-Churchill）　190, 191
チョンベ, M. K.（Moïse Kapenda Tshombe）　109
トゥエイン, M.（Mark Twain）　81
ドス・サントス, J. E.（José Eduardo dos Santos）　192

〈ナ 行〉

ナナ（Nana Olomu）王　136, 142
ナワル・エル・サーダーウィ（Nawal El Saadawi）　218
ニエレレ, J. K.（Julius Kambarage Nyerere）　66, 86, 87, 89

〈ハ 行〉

バイヤール, J.-F.（Jean-François Bayart）　202
ハイレ・セラシエ1世（Haile Selassie I）　168
パーソンズ, T.（Talcott Persons）　40, 49, 50
ハック, M.（Mahbub ul Haq）　93
ハッサン・シェイク・モハマド（Hassan Sheikh Mohamud）　159
服部正也　86, 97-100, 102, 240
ババンギダ, I. B.（Ibrahim Badamasi Babangida）　124, 129, 175, 181, 184-187, 205
ハピ, W.（Wako Happi）　154
ハビャリマナ, J.（Juvénal Habyarimana）　195, 196, 222, 224
バボ, L. K.（Laurent Koudou Gbagbo）　194, 195
ハマーショルド, D. H. A. C.（Dag Hjalmar Agne Carl Hammarskjöld）　110
バリー, B.（Brian Barry）　i , ii , 166
バーレ, S.（Siad Barre）　71, 152, 157, 158, 168
バレワ, A. T.（Alhaji Abubakar Tafawa Balewa）　136, 142, 147, 148, 188
ハンティントン, S. P.（Samuel Phillips Huntington）　v , 26, 38, 179, 188
馬場伸也　26
ピアソン, L. B.（Lester Bowles Pearson）　99
ファノン, F. O.（Frantz Omar Fanon）　109, 110
ファン・リーベック, J.（Jan van Riebeeck）　80
ブハリ, ムハマドゥ（Muhammadu Buhari）　124, 129, 130, 181, 184, 187, 198, 205
ヘーゲル, G. W. F.（Georg Wilhelm Friedrich Hegel）　239
ベロ, A.（Ahmadu Bello）　141, 176
ボカサ, J.-B.（Jean-Bédel Bokassa）　91, 111, 112
ボガート, M. P.（M. P. Bogert）　167

〈マ 行〉

マクリディス, R.（Roy Macridis）　35, 37, 38, 49
マシェル, S. M.（Samora Moisés Machel）　91
マレアーリ, T.（Thomas Marealle）　20
マンサ＝ムーサ（Mansā Mūsā）　7

ミッテラン, F. M. S. M.（François Maurice Adrien Marie Mitterrand）　46, 59, 191
ムウィニ, A. H.（Ali Hassan Mwinyi）　87
ムハマッド, M. R.（Murtala Ramat Mohammed）　124, 128, 129, 181, 183, 184, 197
ムボヤ, T.（Tom Mboya）　59
メンギスツ・ハイレ・マリアム（Mengistu Haile Mariam）　168
モイ, D. T. A.（Daniel Toroitich Arap Moi）　60, 65, 139
モブツ（Mobutu Sese Seko Kuku Ngbendu Wa Za Banga）　91, 96, 107-109, 111
モヨ, D. F.（Dambisa Felicia Moyo）　101
モルガン, J. P.（John Pierpont Morgan）　81
モルトゥアン, G.（Georges Mortehan）　222

〈ヤ 行〉

ヤア・アサンテワ（Yaa Asantewaa）　219
ヤラドゥア, U. M.（Umaru Musa Yar'Adua）　124, 130, 187, 205
ユスフ, ムハマッド（Mohammed Yusuf）　4

〈ラ 行〉

リットン伯爵（Earl of Lytton）　155
リプセット, S. M.（Seymour M. Lipset）　39, 40

リンカーン, A.（Abraham Lincoln）　190, 197
リンス, J. J.（Juan José Linz）　38, 140
ルイス, S.（Stephen Lewis）　82, 89, 91, 101, 113, 117, 118
ルイス, W. A.（William Arthur Lewis）　45, 195, 197
ルガード, F. J. D.（Sir Frederick John Dealtry Lugard）　123, 125, 135, 136, 144, 146
ルムンバ, P.（Patrice Émery Lumumba）　67, 102, 107-109
レイプハルト, A.（Arend Lijphart）　 i , 45, 51, 148, 196
レオポルド2世（Léopold II）　24, 25, 81, 88, 121
ローズ, C. J.（Cecil John Rhodes）　81
ロストウ, W. W.（Walt Whitman Rostow）　39, 40
ロックフェラー, J. D.（John Davison Rockefeller）　81
ローベングラ（Lobengula）王　81, 88

〈ワ 行〉

ワタラ, A.（Alassane Ouattara）　194, 195
ンクルマ, K.（Kwame Nkrumah）　66, 67, 102
ンゼオグ, C. K.（Chukwuma Kaduna Nzeogu）　141, 182

# 事項索引

〈アルファベット〉

AK-47（カラシニコフ）　149
AMISOM →アフリカ連合ソマリア・ミッション
ASWJ →アル・スンナ・ワル・ジャマア
AU →アフリカ連合
BHN →基本的人間ニーズ
BOP ビジネス　106, 107
ECA →国連アフリカ経済委員会
FGM →女性器切除
HDI →人間開発指数
HIV/AIDS（エイズ）　27, 117, 170, 227, 228, 232, 241
ICC →国際刑事裁判所
IPU →列国議会同盟
KANU →ケニア・アフリカ人国民同盟
LAR →神の抵抗軍
LIVE AID　89
MDGs →ミレニアム開発目標
MEND →ナイジャー・デルタ解放運動
MOSOP →オゴニ人生存運動
MPLA →アンゴラ解放人民運動
MPRI 社　206, 207
NEPAD →アフリカ開発のための新パートナーシップ
NFD →北部辺境地域
NFD 委員会　155, 167
NIEO →新国際経済秩序
OAU →アフリカ統一機構
PRSP →貧困削減戦略文書
RNC →王立ナイジャー会社
RPF →ルワンダ愛国戦線
SIPRI →ストックホルム国際平和研究所
TICAD →アフリカ開発会議
U5MR →5歳未満児死亡率
UIC →イスラーム法廷連合
UNCTAD →国連貿易開発会議
UNITA →アンゴラ全面独立民族同盟

〈ア　行〉

アイデンティティ
　　民族――　11, 12, 21, 43, 61, 62, 130, 179
　　宗教――　11, 12, 61, 62, 130, 179
アカッサの虐殺　135, 146
アクスム王国　7
アグリビジネス　106
アサンテヘネ　219
アシャンティ帝国　8, 25, 135, 219
アバの女性戦争　144, 219
アパルトヘイト　48, 121, 240
アフリカ開発会議（TICAD）　22
アフリカ開発のための新パートナーシップ（NEPAD）　101, 229
アフリカ社会主義　66, 87, 107
アフリカ統一機構（OAU）　66-68, 74
アフリカの年　82, 154
アフリカ分割　7
アフリカへ毛布を送る会　102, 114
アフリカ連合（AU）　68-73, 75, 159, 232
――ソマリア・ミッション（AMISOM）　71-73, 75, 159
アミナ・ラワル事件　124
アル・シャバブ　iv, 71, 73, 75, 152, 159-163, 165, 166, 169, 217, 237, 238
アル・スンナ・ワル・ジャマア（ASWJ）　75, 159, 166
アルーシャ和平会議　74
アルーシャ和平協定　196
アンゴラ解放人民運動（MPLA）　192, 193, 205
アンゴラ全面独立民族同盟（UNITA）　192, 193, 205
イジョ人　123, 130, 177, 189, 201, 206
イスラーム法廷連合（UIC）　159, 160, 169
委任状首長　136, 145, 219
イボ人　19, 21, 22, 42, 63, 123, 125, 127-129, 144, 147, 174, 182, 191, 203, 205
インフォーマル・セクター　22
ウィリアムズ・テーゼ　80, 88
ウジャマー社会主義　66, 87
ウティ・ポッシデティスの原則　42
エスニシティの復興　41

エミール　123, 125, 136, 145, 181, 192
王立ナイジャー会社（RNC）　134, 135, 145, 146
オガデン戦争　157, 167
オゴニ人　206
　——生存運動（MOSOP）　177
オゴニランド　175, 177, 201
オックスファム・インターナショナル　103, 105, 106
オボボ　142, 181

〈カ　行〉

カサブランカ・グループ　66, 67
ガチャチャ　222
ガーナ帝国　7
カネム・ボルヌ帝国　5
神の抵抗軍（LAR）　27
ガリッサ大虐殺　139
間接統治　125
希望回復作戦　158
基本的人間ニーズ（BHN）　22
恐怖からの自由　238
近代化論　39, 41, 51, 98
クオータ制　55, 211, 212, 223, 235, 236
クシュ王国　7
クライエンテリズム　95, 96
軍の中立性　140, 141, 179, 188
欠乏からの自由　238
ケニア・アフリカ人国民同盟（KANU）　54, 59, 60, 65, 155
権威主義体制　38
　官僚主義的——　38
公私二元論批判　209
公正な貿易ルール　105, 106
構造調整　61, 85-87, 100, 101, 104, 105, 113, 124, 176
構造的暴力　110
行動論革命　34, 35
国際刑事裁判所（ICC）　149, 150, 215
国連アフリカ経済委員会（ECA）　400
国連貿易開発会議（UNCTAD）　99
5歳未満児死亡率（U5MR）　83, 90, 91, 186, 224, 225, 232
コスト・シェアリング　86

国家の私物化　62, 173, 174, 183
国家の肥大化　183
国家の崩壊　62, 73, 158, 166, 173
子ども兵　121, 149
コンゴ王国　7, 25, 81
コンゴ自由国　7, 24, 81, 121
コンゴ戦争　111, 172, 222
コンゴ東部紛争　110
コンゴ動乱　ii, 67, 109
コンディショナリティ　100, 113

〈サ　行〉

サハラ・アラブ民主共和国　26, 67
サラダ・ボウル　41
産科瘻孔（フィスチュラ）　228, 229
ジェノサイド　10, 18, 26, 48, 68, 74, 81, 82, 150, 195, 196, 198, 199, 203, 222, 232, 235
シェブロン　206
シェル（Shell）　130, 176, 177, 201, 204, 206
児童労働　116
ジニ係数　205
「シフタ」戦争　153-156, 167
シャリーア　11, 126, 173, 176, 226
　——紛争　124, 129, 173, 174, 177, 180, 187, 190
ジャンジャウィード　27
従属論　38, 51
集団懲罰　133, 137-140, 165-167
純就学率（net）　89
勝者が全てを獲得する（Winner takes all）　46, 183, 191, 192, 195, 197, 221
植民地化の遺産　120, 122, 167
ジョス　124, 147, 178, 204
女性議員比率　211-213, 218, 223, 224, 232, 233
女性性器切除（FGM）　48, 215, 218, 220, 227, 228
初等教育就学率（gross）　87, 95, 96, 163, 224
初等教育就学率（net）　230
新国際経済秩序（NIEO）　99
真実正義和解委員会　139, 156, 168
人種のるつぼ（メルティング・ポット）　41
新植民地主義　48, 97, 105, 107, 110
ストックホルム国際平和研究所（SIPRI）　171, 172

事項索引　261

スーフィー　166, 169
世界システム論　39
早婚　218, 220, 228, 231
総就学率（gross）　89
ソコト帝国　5, 123, 124, 135, 181, 192
ソマリア・シンドローム　168
ソマリ人　iii, 12, 22, 44, 73, 75, 94, 95, 122, 131, 132, 134, 137, 138, 140, 145, 152-157, 161, 166, 167, 169, 194
ソンガイ帝国　7

〈タ　行〉

多極共存型民主主義　i, 45, 51, 148, 196
多極共存主義　45, 51, 54
ダルフール紛争　27
タンタル　111
チムレンガ　81
チャガ人　19-21
チャド湖　5, 6
懲罰・懲罰的遠征　135-138
ティヴ人　123, 136, 137, 141, 147
ディーセント・ワーク　234
トゥチ　10, 12, 18, 222, 235
トゥワ　235
特許会社　134
トリクル・ダウン理論　85
奴隷貿易　7, 18, 48, 80, 120-122, 198, 216

〈ナ　行〉

ナイジャー・デルタ　189, 204
　──解放運動（MEND）　130
ナショナリズム
　民族──　12, 21, 60-62, 130, 176
　宗教──　12, 130, 176
ナマ人　81, 88
南北問題　97, 99, 100, 113
西サハラ　26, 67, 74
人間開発指数（HDI）　79, 82, 84, 93
人間の安全保障　209
『人間の顔をした調整』　100
妊産婦死亡率　83, 84, 186, 224, 225, 232
ネイション・ビルディング思想　39-44
ネグリチュード（negritude）　66

〈ハ　行〉

バーグ報告　100
パトロン・クライアント関係　iv, 60, 62, 202
ハロウィーン大虐殺　193, 198
パワー・シェアリング　33, 169, 195, 196, 198
パン・アフリカニズム　66, 107
パン・ソマリズム　167
ピアソン報告　99
ビアフラ戦争　ii, 13, 63, 124, 173, 175, 176, 182, 186, 198, 204
貧困
　──削減戦略文書（PRSP）　100
　絶対的──　91, 92, 112
　相対的──　112
フィスチュラ（産科瘻孔）　228, 229
フェア・トレード　48, 105, 240
不公平な貿易ルール　97, 101
部族主義　41, 43, 44, 202, 203
フトゥ　10, 12, 18, 222, 234
ブラザヴィル・グループ　67
「プロサバンナ」計画　106
分割統治　42, 122, 131, 155
平和構築　33, 73, 75, 215
ベニン王国　7, 80, 135, 181
ベルリン会議　7
ヘレロ人　81, 88
貿易のための援助　101
法と秩序　179
法の支配　53, 140, 142, 189, 200, 201
北部辺境地域（NFD）　94, 95, 122, 131-133, 139, 145, 152, 154-156
ボコ・ハラム　3-5, 178, 217, 234
ポリアーキー　197
ポリオ　iii
ホワイト・ハイランド　132

〈マ　行〉

「マウマウ」闘争（ケニア土地自由軍による植民地解放闘争）　134, 214
マジマジ（Maji Maji）の反乱　81
マリ帝国　7, 79
マルカ・マリの虐殺　139
ミス・ワールド暴動　124

ミドルベルト　136, 141, 147, 205
ミレニアム開発目標（MDGs）　23, 24, 27, 100, 224, 231, 241
民間軍事会社　201, 206
民主化　46, 59, 60, 65, 140, 174-176, 180, 190, 191, 222
　　――の第三の波　iv, 38, 214
民主主義モデル
　　コンセンサス型――　33, 45, 46, 197
　　多数決型――　33, 45, 46, 54, 191, 197, 221
民族　v, 13, 14, 19-21, 41-44, 61
モノカルチャー経済　97, 98, 102, 103, 114
モノモタパ王国　7
モバイル・スクール　170
モンロヴィア・グループ　67

〈ヤ　行〉

ユニオン・ミニエール　109
良い統治（good governance）　69, 112, 200, 201

ヨルバ人　19, 20, 22, 63, 123, 127-129, 135, 141, 147, 175, 219

〈ラ　行〉

ラゴス行動計画　100
理論の島々　48
リンガフランカ　14, 26
ルワンダ王国　8-10, 192, 221, 234, 235
ルワンダ愛国戦線（RPF）　74, 195, 222
冷戦の代理戦争　121, 150, 167
レヴィレート婚　220, 229
列国議会同盟（IPU）　55, 212, 213, 223, 233
レント・シーキング　95, 113
ロイヤル・ダッチ・シェル（Shell）→シェル

〈ワ　行〉

ワガラ大虐殺　139
ンデベレ王国　7, 81

《著者紹介》

戸田 真紀子 (とだ まきこ)

 1963年　生まれ
 1986年　大阪大学法学部卒業
 1992年　大阪大学大学院法学研究科博士課程後期単位取得退学
 天理大学国際文化学部教授を経て，2009年より京都女子大学現代社会学部教授．
 博士（法学）．専攻：比較政治学（アフリカ地域研究）．

**主要業績**

『アフリカと政治　改訂版』（御茶の水書房，2013年）
『国際社会を学ぶ』（共編著，晃洋書房，2012年）
『国際関係のなかの子ども』（共編著，御茶の水書房，2009年）
『帝国への抵抗』（編著，世界思想社，2006年）

---

貧困，紛争，ジェンダー
——アフリカにとっての比較政治学——

| 2015年4月20日　初版第1刷発行 | ＊定価はカバーに表示してあります |

| 著者の了解により検印省略 | 著　者 | 戸田 真紀子 © |
| --- | --- | --- |
| | 発行者 | 川 東 義 武 |
| | 印刷者 | 河 野 俊 昭 |

発行所　株式会社　晃 洋 書 房

〒615-0026　京都市右京区西院北矢掛町7番地
電　話　075(312)0788番(代)
振替口座　01040-6-32280

ISBN 978-4-7710-2631-5　　印刷・製本　西濃印刷㈱

**JCOPY**〈㈳出版者著作権管理機構　委託出版物〉

本書の無断複写は著作権法上での例外を除き禁じられています．複写される場合は，そのつど事前に，㈳出版者著作権管理機構（電話 03-3513-6969, FAX 03-3513-6979, e-mail:info@jcopy.or.jp）の許諾を得てください．